4차 산업혁명의 실천

디지털 트랜스포메이션

DIGITAL TRANSFORMATION

권병일 안동규 권서림

도서출판 청람

■ 들어가는 말 ■

2007년 6월 아이폰이 세상에 등장하면서 스마트 시대가 열렸고, 그로부터 10여 년이 지난 오늘날, 디지털 시대에 진입했다는 사실을 부정하는 사람은 누구도 없다. 이는 시대적 요청이며, 경쟁에서 살아남기 위해서는 너무도 당연하기 때문이다.

1984년 영화 〈터미네이터〉가 상영되었을 당시만 해도 영화 속에는 휴대폰과 인공지능이 없었다. 영화는 핵전쟁이 일어난 2029년 로스앤젤레스를 배경으로 하고 있다. 최고의 SF영화에서조차 불과 20여 년 후를 예측하지 못한 것이다. 그러나 지금은 어린이까지도 컴퓨터기능을 겸비한 스마트폰을 들고 다니고, 인공지능이 최고의 바둑 고수를 격파한 보도가 인터넷을 도배하는 상황이다.

다시 말해서 향후 20년 후의 디지털화된 시대의 모습은 우리가 감히 상상하기 힘들다. 그래서 정부, 기업, 사회, 개인은 디지털에 대한 대응에 보다 적극적으로 임해야 한다. 정부에서는 4차 산업혁명을 국가에 활력소를 불어넣을 정책으로 추진한다. 미국은 디지털 트랜스포메이션으로 재도약을 하고 있으며, 독일과 일본은 인더스트리 4.0을 추진하고 있다. 따라서 본서는 기업과 공공기관이 4차 산업혁명의 실천 수단으로 디지털 트랜스포메이션을 추진하기 위한 교과서 및 방법론 지침서로 집필되었다.

본서의 'Part 1 디지털 트랜스포메이션의 개요'는 디지털 트랜스포메이션이 등장한 배경 및 이를 추진해야 하는 당위성에 대해서 자세히 설명한다. 'Part 2 디지털 트랜스포메이션의 접근'은 아날로그 시대의 비즈니스 트랜스포메이션, 인터넷 시대의 e-트랜스포메이션, 모바일 시대의 디지털 트랜스포메이션과 같이 트랜스포메이션의 발전과정과 사례를 보여준다. 'Part 3 고객의 이해'는 디지털 트랜스포메이션 추진의 첫걸음인 고객본질에 접근하기 위한 12가지의 방법으로 고객관점, 모델 관점, 사회적 관점으로 나누어서 설명하였다. 'Part 4 디지털 트랜스포메이션 방법론'은 기업 및 공공기관의 디지털 트랜스포메이션 추진에 도움을 주기 위해 '고객 및 환경분석', ' 비즈니스 모델 수립', '목표 모델 개발', '이행계획 수립'의 4단계와 12개의 공정, 48개의 활동으로 세분화하여 기술하였다. 'Part 5 산업별 디지털 트랜스포메이션 방향성'은 기업 및 공공기관이 산업별로 디지털 트랜스포메이션을 추진하기 위해 금융, 물류, 식품, 출판, 디지털 미디어, 공공의 6개 영역 17개 산업에 대한 방향성을 제시하였다.

본서는 기존의 디지털 관련 서적과 IBM, 딜로이트, AT커니 등 글로벌 컨설팅기업의 화이트페이퍼를 다수 참조하였으며, 독자의 이해를 돕고 실행을 용이하게 하기 위해서 많은 그림과 도표를 포함하였다.

최근에 4차 산업혁명, 디지털 트랜스포메이션, 인더스트리 4.0에 관련된 서적들이 다수 출간되었으나, 대부분의 책이 일반인을 위한 도서들로 추진의 필요성만을 제시하고, 추진의 전문적인 방법에 대해서는 다루지 않았다. 따라서 본서는 이러한 부족한 부분에 대해서 기업 및 공공기관의 실무자들이 목말라하는 현실을 목격하고, 현장에서 디지털 트랜스포메이션을 추진하기 위한 전문적인 실용서로서 활용되고자 하는 간절한 마음에서 집필되었다.

저자는 30여 년간에 걸쳐서 IT전략, 포털전략, e-비즈니스, CRM, 경영전략, 이러닝, 마케팅, 프로세스 혁신 등의 분야와 금융, 물류,

건설, 제조, 서비스, 유틸리티, 공공 분야 등의 영역에서 50여 차례 컨설팅과 다수의 강의를 수행한 바 있다. 이를 바탕으로 본서를 집필할 수 있는 원동력이 되었다. 그러나 아직은 미래의 디지털 시대에 대해서는 장님이 코끼리 더듬는 수준이라는 한계를 인정할 수밖에 없는 실정이다. 따라서 출간 이후에도 지속해서 보완하여 완벽한 디지털 트랜스포메이션 지침서를 만들고자 노력할 것이다.

본서를 읽는 독자들은 저자의 뜻에 동참하는 입장에서 본서에 대한 오류와 보완할 사항을 지적해주고 따가운 질책을 보내주기를 간절히 바라는 바이며, 궁금한 점에 대해서 언제라도 문의하는 것을 기대한다.

본서를 완성하기까지는 여러 사람의 헌신적인 도움이 컸다. 특히 본서를 출판할 수 있게 기회를 주시고, 집필하는 데 아낌없는 성원을 해주신 도서출판 청람의 이수영 대표님에게 감사를 드린다.

2017년 12월

저자 씀

■ 차 례 ■

Part 1 디지털 트랜스포메이션의 개요

Chapter 1 디지털 시대의 도래

디지털 시대의 화두 ······ 2

디지털 화두의 추세 ······ 4

디지털화에 대한 전망 ······ 5

Chapter 2 디지털 트랜스포메이션의 동인

디지털 시대의 배경 ······ 7

동인 1 : 경제 활성화 요구 ······ 8

동인 2 : 기업경영의 활성화 요구 ······ 9

동인 3 : 개인 중심의 경제 도래 ······ 10

동인 4 : 데이터의 증가와 분석의 활성화 ······ 11

동인 5 : 디지털 기술의 발전 ······ 13

- 디지털 기술의 발전 추세 14
- 주요 디지털 기술 현황 15
- 향후 예견되는 디지털 기술 17

Chapter 3 디지털 트랜스포메이션의 개념

트랜스포메이션의 진화 ······ 19

디지털 트랜스포메이션의 정의 ······ 21

디지털 트랜스포메이션에 대한 9가지 오해 ······ 23

인더스트리 4.0에 대한 견해 ······ 25

인더스트리 4.0 특징 25

인더스트리 4.0의 국내 적용의 한계 26

4차 산업혁명에 대한 정부 정책 ······ 27

Chapter 4 디지털 가치의 발견

디지털 가치 ······ 29

비즈니스 측면의 디지털 가치 30

기술 측면의 디지털 가치 32

디지털 시대의 기업 포트폴리오 ······ 34

Part 2 디지털 트랜스포메이션의 접근

Chapter 5 비즈니스 트랜스포메이션

필요창조형 마케팅 ······ 38

사업설계 ······ 40

비즈니스 트랜스포메이션 ······ 41

이케아 사례 ······ 41

고객응축 42

현상분석 42

고객본질 43

고객경험 설계 43

운영 모델 설계 44

시우스웨스트 항공 사례 ······ 45

고객응축 이해 46

현상분석 46
고객본질 도출 47
고객경험 설계 48
운영 모델 설계 49

맥도날드 사례 50
고객웅축 이해 50
고객본질 도출 50
현상분석 51
고객경험 설계 52
운영 모델 설계 53

Chapter 6 e-트랜스포메이션

e-비즈니스의 발전 단계 55
비즈니스 모델의 유형 58
e-마케팅의 속성 60
비즈니스 모델 정의 61
비즈니스 모델 구조도 63
비즈니스 모델 캔버스 64
e-트랜스포메이션 66
아마존 사례 67
미쓰비시 중공업 사례 69
ANX 사례 71

Chapter 7 디지털 트랜스포메이션

디지털 경영 모형 73
GE의 상상경영 75
디지털 트랜스포메이션 78

스타벅스 사례 79
ZARA 사례 83
에어비앤비 사례 88
GE 프레딕스와 디지털 트윈 89
아마존 AWS 사례 91
BBVA 사례 93
국내 인터넷은행 사례 95
모바일뱅킹 95
국내 인터넷전문은행 98

Chapter 8 디지털 트랜스포메이션의 추진

디지털 프로세스 102
디지털 경영요소 103
디지털 경영의 핵심사상 104
디지털 트랜스포메이션의 구축 절차 106
디지털 트랜스포메이션 추진 시 고려사항 107

Part 3 고객의 이해

Chapter 9 고객본질의 개념

고객경험의 수준 110
고객본질 111
고객경험 112
고객가치 116
고객본질의 접근법 118

Chapter 10 고객 관점의 접근

고객고통의 해결 120

누코철강 사례 121

아이팟 사례 121

고객고통의 국내 사례 122

고객고통의 전통적인 사례 123

고객의 사용 상황 발견 124

관찰에 의한 방법 124

FGI에 의한 방법 126

설문조사방법 128

크라우드 소싱 방법 130

고객의 요구 해결 131

Chapter 11 모델 관점의 접근

기존 고객가치의 속성 변화 134

아날로그 시대의 속성 변화 135

소셜 네트워크서비스 135

고객의 프로세스 또는 시나리오 지원 138

고객 프로세스 지원 139

고객 시나리오 지원 141

기존 비즈니스 모델 개량 144

T map 사례 144

아메리소스버진 사례 145

운영 모델 업그레이드 149

공유경제 151

Chapter 12 사회적 관점의 접근

고객의 재정의 153

증권회사 사례 154
자동차보험 사례 155
미래에 대한 상상력 …… 156
디지털 교과서 156
아마존 고 158
사회적 트렌드 연구 …… 160
조미료시장 160
휴대용 오디오 161
수질오염 161
직장인 자기계발 162
어린이 상해 종합보험 사례 162
특별한 참조그룹 지원 …… 164
조기 영어교육 164
롱테일계층 164
DIY 165

Part 4 디지털 트랜스포메이션 방법론

Chapter 13 방법론 개요

디지털 트랜스포메이션 컨설팅 방법론 …… 168

Chapter 14 고객 및 환경분석

고객 및 환경분석 방법론 …… 170
조직 현황분석 …… 171
고객이해 …… 173
고객세분화 173
고객 FGI 및 설문조사 175
고객 핵심질문 179

고객경험지도 작성 180
고객경험 테이블 181
고객본질 정의 183

기술, 사례, 아이디어, 동인의 조사 185

Chapter 15 비즈니스 모델 수립

비즈니스 모델 수립 방법론 188

비전 수립 189
비전 체계 수립 189
사업설계 191
운영전략 수립 192

비즈니스 모델 193
비즈니스 모델 구조도 193
비즈니스 모델 캔버스 195
오퍼링 커버리지 작성 196
기브 앤 테이크 모델 197

전략과제 식별 199
SWOT 분석 199
전략과제 도출 200

Chapter 16 목표 모델 개발

목표 모델 개발 202

운영 모델 개발 절차 203
이해관계자 식별 204
MOT 정의 205
니즈 & 원츠 식별 206
제공서비스 도출 207
인에이블러 결정 208
분야별 구현과제 정리 211

플랫폼 설계 ······ 212

정보 모델링 213

서비스 및 분석 지원 모델링 216

응용업무설계 219

인프라 구조 개발 220

CDO 조직설계 ······ 221

CDO 조직설계 방향 221

CDO 조직의 설계 및 구조 개발 222

CDO 조직의 역량관리 224

CDO 조직의 성과관리방안 개발 226

Chapter 17 이행계획 수립

이행계획 수립 절차 ······ 229

프로젝트 정의 ······ 230

사업계획 수립 ······ 231

변화관리 ······ 232

조직 변화관리 232

장벽 극복방안 마련 234

조직의 재구성방안 236

기대효과 및 권고안 개발 238

Part 5 산업별 디지털 트랜스포메이션 방향성

Chapter 18 금융산업

은행 ······ 242

주요 핀테크영역 244

지급결제와 송금 핀테크 246

P2P대출과 크라우드 펀딩 248

인공지능을 이용한 자산관리서비스 251

가상화폐와 금융보안 ········ 253

가상화폐의 세계 254

비트코인 256

블록체인 261

보험회사 ········ 264

Chapter 19 물류산업

우체국서비스 ········ 268

우체국 창구 간소화 269

우편집중국 다량 우편물 처리의 간소화 270

디지털 포스트 구축 272

택배 및 해운산업 ········ 274

택배기업 274

해운회사 274

Chapter 20 식품산업

맞춤형 건강식품 ········ 276

친환경 농축산물 오픈마켓 ········ 279

Chapter 21 출판산업

대형서점 ········ 281

출판사 ········ 284

Chapter 22 디지털 미디어산업

TV 화상포털 ········ 286

매스컴 ········ 289

디지털 콘텐츠 유통 ······ 291

Chapter 23 공공 분야

건강보험 ······ 293
스마트 워 ······ 297
가로등 제어 ······ 301

■ 찾아보기 303

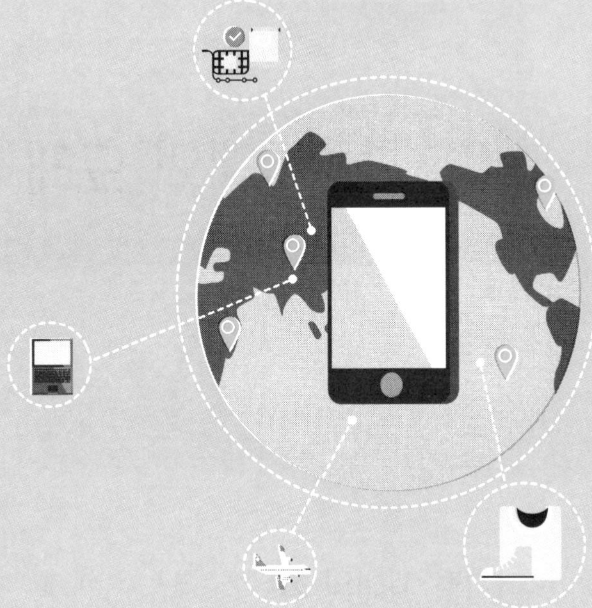

Part 1

디지털 트랜스포메이션의 개요

Chapter 01 디지털 시대의 도래

Chapter 02 디지털 트랜스포메이션의 동인

Chapter 03 디지털 트랜스포메이션의 개념

Chapter 04 디지털 가치의 발견

Chapter 1

디지털 시대의 도래

디지털 시대의 화두

최근 미국 등을 중심으로 디지털 트랜스포메이션이 주목을 받고 있고, 독일 및 일본에서는 인더스트리 4.0이 활발하게 전개되고 있으며, 국내에서는 4차 산업혁명이 이슈로 등장하고 있다.

디지털 트랜스포메이션은 글로벌 기업 또는 디지털 기반의 신생 기업이 기존 사업을 강화하거나 새로운 사업영역으로 진출하기 위하여 디지털 기술과 비즈니스 모델을 활용하는 것을 의미한다. 이는 GE와 같은 제조업, 스타벅스와 같은 서비스업, 페이스북 같은 디지털 기업에도 적용되고 있으며, 미국에서는 2010년대 초반부터 꾸준히 진척되어왔다.

인더스트리 4.0은 사물인터넷(internet of things)을 통해 생산설비와 생산품 간의 정보교환이 가능한 제조업의 완전한 자동생산체계를 구축하고 전체 생산과정을 최적화하는 산업 정책이다. 이는 중소 제조업을 중심으로 디지털 기술을 적용하여 고객과 소통을 통한 맞춤형 상품을 생산하는 방법이다. 따라서 인더스트리 4.0은 브랜드를 가진 중소 제조업이 활성화된 독일과 일본에서 활발하게 전개되고 있다.

4차 산업혁명은 한국에서 특정되는 개념으로 2016년 다보스 포럼(WEF : World Economic Forum) 의장인 클라우스 슈밥이 향후 세계가 직면할 화두로 4차 산업혁명을 제시한 것과 출발을 같이 한다. 같은 해 3월 알파고(AlphaGo)와 이세돌의 바둑 대결은 4차 산업혁명 확산에 불을 지폈다. 하지만 현재 4차 산업혁명의 추진은 많은 도전을 받고 있다. 이는 개념이 정확하지 않으며, 새로운 디지털 기술을 적용해야 한다는 명제만 있을 뿐, 실행하는 방법에 대해서는 추상적이며 너무 거창하다. 4차 산업혁명은 인더스트리 4.0과 디지털 트랜스포메이션을 아우르는 개념으로 보면 적합할 것이다.

디지털 혁신에 대한 개념 비교

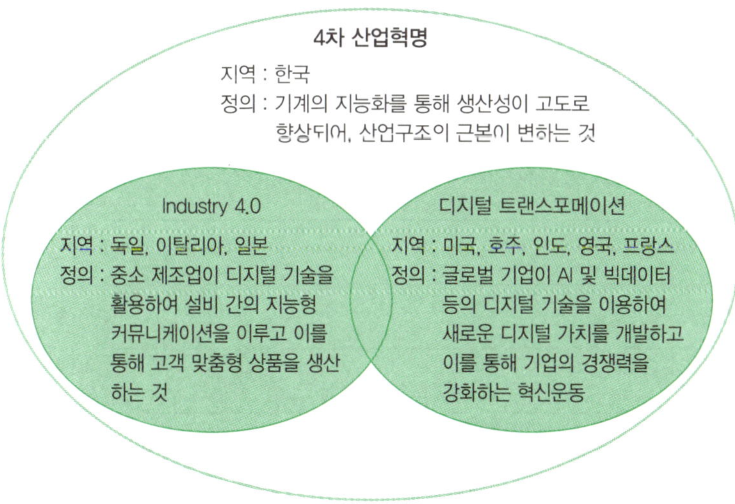

디지털 화두의 추세

구글 트렌드를 통해서 키워드를 분석해보면 디지털 트랜스포메이션, 인더스트리 4.0, 4차 산업혁명의 순서로 조회가 많은 것을 알 수 있다. 또한 디지털 트랜스포메이션과 인더스트리 4.0은 2014년 이전부터 추진되어 왔으며, 4차 산업혁명은 2016년 이후에 급격히 회자되었음을 알 수 있다. 구글의 검색 결과를 통해 보면 디지털 트랜스포메이션은 조회 건수가 2.6억 건, 인더스트리 4.0은 1.8억 건, 4차 산업혁명은 62만 건으로 나타난다. 따라서 본서에서는 다음과 같이 정리를 하고자 한다. 4차 산업혁명은 국가 차원에서 추진하기에 적합한 개념이다. 반면에 기업 및 공공기관 차원에서는 디지털 트랜스포메이션을 추진하는 것이 바람직하다. 인더스트리 4.0은 제조 기반의 기업이 생산현장에서 적용해야 할 것이다.

디지털 혁신의 추세 비교

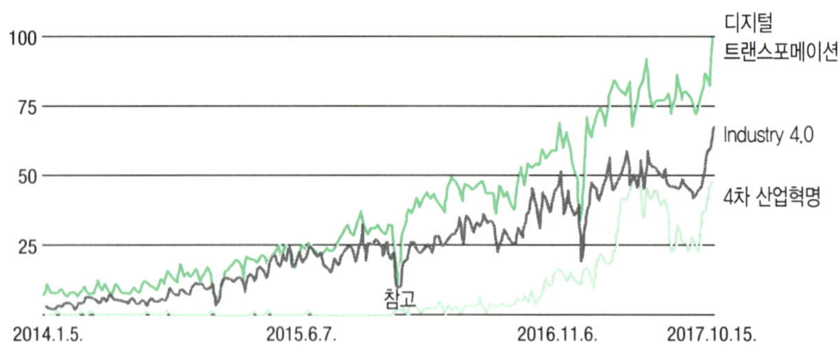

출처 : 구글 트렌드

2016년 기준으로 미국 뉴욕증시에서 글로벌 시가총액 톱 5 기업은 애플, 알파벳(구글 지주회사), 마이크로 소프트, 아마존, 페이스북 등 모두 디지털 기업으로 채워졌다. 이들 회사는 모두 디지털 트랜스포메이션을 주도하는 기업들이다. 따라서 본서는 4차 산업혁명의 한 축으로 기업 및 공공기관이 디지털 트랜스포메이션을 추진하는 지침서로 전개하고자 한다.

국내 기업 및 공공기관이 디지털 트랜스포메이션을 추진하기 위해서 이를 위한 기술, 사회, 문화적인 인프라가 확충되어야 한다. 이는 기업이나 기관이 독자적으로 추진하기 어려운 부분이다. 이러한 국가적 인프라를 혁신하는 것은 정부가 주도하는 4차 산업혁명의 역할이 될 것으로 본다.

디지털화에 대한 전망

앨런 그린스펀(Allan Greenspan)이 1993년 샌프란시스코 신문에 기고한 글은 25년이 지난 지금에 와서도 무척 공감이 가는 메시지이다. 1980년대 미국은 제조업 붕괴가 이루어졌고, 2007년 금융위기에는 미국 경제가 위축되어 더는 희망이 없다고 예견하였다. 그러나 10년 후 현재 미국의 경제가 다시 살아나는 것은 애플, 구글, GE 등의 글로벌 기업들이 디지털 가치를 통해 디지털 생산성을 추구하는 것과 같이 부(富)를 창조하는 방법이 근본적으로 바뀐 것이다.

> 새로 창조된 생산성으로 이익이 높아 가고 있다.
> 이로 인해 많은 새로운 투자가 일어나고 있고, 이러한 환경에서 역사가 말하고 있는 것은 기업의 큰 확장을 의미한다.
> … 중략 …
> 이 과정에서 특이한 것은 기업이 컴퓨터를 기반으로 한 기술과 통신을 사용하면서 지금까지 하던 일이 근본적으로 바뀐 것이다.
> … 중략 …
> 이리하여 부(富)를 창조하는 과정이 근본적으로 바뀐 것이다.
>
> 앨런 그린스펀 미국 연방정부 은행장
> 샌프란시스코 신문, 1993년 5월 26일

Chapter 2

디지털 트랜스포메이션의 동인

디지털 시대의 배경

디지털 트랜스포메이션이 등장한 배경은 무엇일까? 이는 거시적 환경분석인 PEST(Political, Economic, Social, Technological) 관점에서 조명할 수 있다. 정책적인 측면에서는 청년실업난 해결 및 장기적인 경제침체를 벗어나기 위한 방안이다. 경제적인 측면에서는 기존 경영이론의 진부화 및 산업 내의 교착상태를 해결하기 위한 탈출구이다. 사회적인 측면에서는 인터넷 보급에 따라 개인이 포털을 검색하여 정보를 얻게 되었으며, 이는 정보 대칭을 통해 개인 중심의 경제가 도래한 것이다. 또한 인터넷 사용에 따른 데이터의 폭발적 증가에 따라 데이터 기반의 분석이 필요하게 되었다. 기술 관점에서는 모바일 통신, 인공지능, IoT, VR/AR과 같은 기술이 급격히 발전하였다.

디지털 트랜스포메이션의 동인

관점	동인
정책 관점	4차 산업혁명을 통한 고용확대 및 장기적인 경제침체 탈피
경제 관점	경영이론의 진부화 및 산업 내의 교착상태 해결
사회 관점	인터넷 보급에 따른 개인 중심의 경제 도래
	데이터의 폭발적 증가에 따라 데이터 기반분석의 필요성
기술 관점	디지털 기술의 급격한 발전

동인 1 : 경제 활성화 요구

정책적 관점에서 미국의 디지털 트랜스포메이션의 출발은 2008년 서브프라임 모기지 파동에 따른 리먼브라더스의 몰락과 글로벌 금융위기에 기인한다. 국내의 경우 4차 산업혁명을 추진하는 이유는 청년 실업 해결 및 고용 확대와 장기적인 경기침체를 탈피하고자 하는 것이다. 국내의 경기침체는 아직도 서비스산업의 비율이 OECD 평균 70%보다 낮은 60% 수준에도 이르지 못하고 있으며, 2014년 OECD의 평균적인 서비스산업 생산성이 90%인데 한국은 45% 수준이다. 따라서 유통 및 서비스 일자리의 숫자를 늘리는 것도 필요하지만 이를 고부가가치영역으로 확대를 하여야 한다. 따라서 4차 산업혁명과 디지털 트랜스포메이션은 국내의 산업구조 변화를 위해서 필수적으로 추진되어야 한다.

동인 2 : 기업경영의 활성화 요구

아날로그 시대의 경영이론은 1940년대 미군의 관리기법을 채용하여 경영학의 기본을 갖추었다. 1980년 전후로 마이클 포터의 경쟁전략(competitive strategy), 경쟁우위(competitive advantage) 등 경쟁이론의 등장은 경영전략의 핵심을 이루었다. 그리고 마케팅 분야에서는 필립 코틀러에 의해 정립된 이론이 사용되었다.

정보화 시대의 경영이론은 1990년을 전후해서 등장한 경영혁신기법인 업무 프로세스 재설계(BPR), 정보전략계획(ISP), 전사자원관리(ERP), 고객관계관리(CRM), 공급망관리(SCM), 균형성과관리(BSC), 활동중심원가(ABC), 가치경영(VBM), 전략적 경영관리(SEM), 조직변화관리(OCM), 비즈니스 프로세스관리(BPM), 거버넌스 등은 경영이론을 최고 수준으로 발전시켰다. 이러한 이론이 등장하고 30년이 가까워진 지금에는 모든 기업이 앞에서 열거한 경영혁신기법을 채택하고 있다. 따라서 경영혁신은 더 이상 경쟁우위를 위한 도구가 될 수 없다. 이로써 글로벌 대기업 중에서 디지털산업을 제외한 오프라인 기업들은 성장 없는 경쟁 상황인 교착상태에 빠진 것이다.

2000년을 전후로 하여 e-비즈니스가 등장하고 인터넷을 통한 비즈니스가 활성화되었다. 2007년에는 아이폰 출시와 더불어 급속하게 스마트폰이 확산되면서 서서히 아날로그 시대에서 디지털 시대로 전환되었다.

디지털 시대의 상징인 구글, 애플, 아마존, eBay, 페이스북, 유튜브 등과 같은 선도기업은 경영전략과는 무관하게 비즈니스 모델을 바탕으로 발전이 되었다. 이로써 전략 컨설팅업체가 선도기업을 위해 할 수 있는 역할은 대폭 축소되었다. 드디어 디지털 시대가 시작된 것이다.

디지털 시대의 경영이론은 새롭게 개발되어야 한다. 디지털 시대의 선도기업은 비즈니스 모델로 굳건히 무장하고 있다. 아날로그 시대의 법칙인 규모의 경제(economy of scale)는 더 이상 의미가 없다. 페이스북, 유튜브, 우버 등과 같이 어느 순간에 새로운 사업 개념을 갖고서 시장의 생태계를 한순간에 파괴하는 작지만 민첩한 포식자가 등장하기 때문이다. 지금은 디지털 시대의 초창기이다. 시간이 지나면서 디지털 시대를 위한 경영이론이 정립될 것이다.

동인 3 : 개인 중심의 경제 도래

아날로그 시대는 기업은 기술력을 통해 경쟁력 있는 상품을 개발하고 마케팅을 하면, 소비자들이 구매하는 공급자 중심의 경제였다. 소비자는 상품의 정보와 가격을 비교할 수 없는 불완전 경쟁시장에서 비이성적인 구매 의사결정을 수행하였다. 이 당시 기업은 단지 산업 내의 다른 기업과의 경쟁에서 이기면 되는 체제였다. 이를 위해 기업은 원가 리더십, 차별화, 집중화에 따른 경영전략을 적용하였다.

디지털 시대인 요즘은 인터넷에 상품의 사양과 가격이 노출되는 완전 경쟁시장이다. 개인이 자신에게 필요한 상품을 검색하고, 사양과 가격을 비교하며, 다른 사람의 사용 후기를 읽고 판단해서 구매를 결정한다. 이렇게 개인 중심의 경제는 소비자가 거래의 주도권을 갖는다. 따라서 기업은 데이터분석을 통해 소비자에 대한 연구를 수행하고, 고객에 대한 통찰력을 가져야 하며, 다양한 고객경험을 기반으로, 상품 큐레이션과 개인별 맞춤형 상품을 제공해야 한다.

경제 중심의 이동

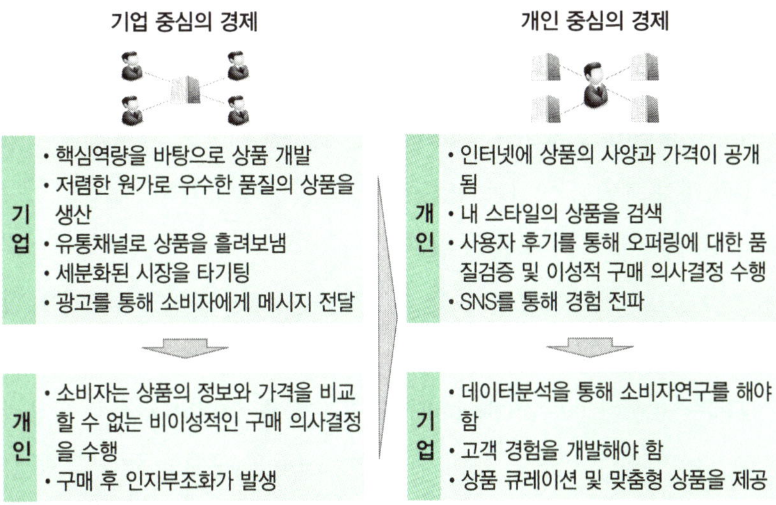

동인 4 : 데이터의 증가와 분석의 활성화

인터넷과 스마트폰의 대중적인 보급으로 인하여 우리 사회의 데이터는 폭발적으로 증가하였다. 포털 사용에 따른 데이터, 신용카드 사용에 따른 데이터 등과 함께 기업과 공공기관의 고객 데이터가 지속해서 증가하고 있다. 이제 데이터는 물리적 자산보다 더 가치가 있는 자산으로 취급이 된다. 빅데이터는 사회적으로 유통되는 비정형 데이터를 바탕으로 버즈분석, 연관성분석, 감성분석, 텍스트 마이닝 등을 통하여 의미 있는 분석의 결과를 도출해낸다.

일반적으로 데이터를 분석하는 방법은 DW/OLAP, 빅데이터, 데이터분석(data analytics) 등이 있으며 이를 통칭하여 비즈니스분석(business analytics)이라고 한다. 이는 과거의 데이터와 사례를 분석하여 어떤 이슈의 인과관계를 밝혀내고, 향후 비즈니스 방향과 의사결정을 내리는 데 도움을 주는 분석기법이다. 기업은 이를 통해 기존에 인지하지 못했던 사실을 알아내며, 소비자에 대한 통찰(insight)을 얻는 활동이다. 이는 다음과 같은 4가지 관점에서 접근한다.

서술적 분석(descriptive analytics)은 과거에 수집한 데이터를 기반으로 미래를 예측하는 기본적인 분석으로, "누가 구입하는가?", "어디서 구입하는가?", "무엇을 구입하는가?", "언제 구입하는가?", "어떻게 구입하는가?", "특정 상품을 선택하는 이유는 무엇인가?"에 대한 결과를 얻는다.

예측분석(predictive analytics)이란 미래 상황에 대한 가정을 활용하여 고객이 제안에 반응을 보이거나 특정 상품을 구매할 확률 등과 같은 비즈니스활동 결과를 예측하는 것이다. 예로써 "특정 상품을 구매한 고객의 80%는 다른 어떤 상품도 구매한다."와 같은 시장바구니분석이 있고, 구글 트렌드분석 결과 '인플루엔자'라는 검색어가 증가하기 때문에 유행성 독감을 예견할 수 있다. 구글에서 '클린턴'보다 '트럼프' 검색 결과가 많으므로 트럼프가 대통령이 될 확률이 높다든가, 특정 키워드의 연관분석을 통해 선호 및 불선호를 판단하는 감성분석 등이 있다.

지시적 분석(prescriptive analytics)은 실제로 어떤 것을 수행하기 전에 그 결정이 어떤 영향을 미칠 것인지에 대해 예측하려는 분석이다. 예로서, 해외 논문, 특허, 웹 데이터, 소셜 데이터, 링크드 데이터 등의 다양한 문헌 빅데이터를 수집, 처리, 통합, 분석을 수행하여 특정 학문 분야에 연구자들의 관심이 어디로 향하는지 알아내는 것과 같은 것이다.

의사결정분석(decision analytics)이란 통계적 기법을 이용하여 결정자가 가진 선택사항과 이에 따른 결과를 예측하는 것이다. 예로서 ARIMA 모델을 이용하여 국내 도시가스 수요를 예측하고 이를 기반으로 액화천연가스 인수기지의 규모와 위치 및 주배관망 건설의 노선을 위한 투자의사결정을 할 수 있다.

비즈니스분석의 8단계

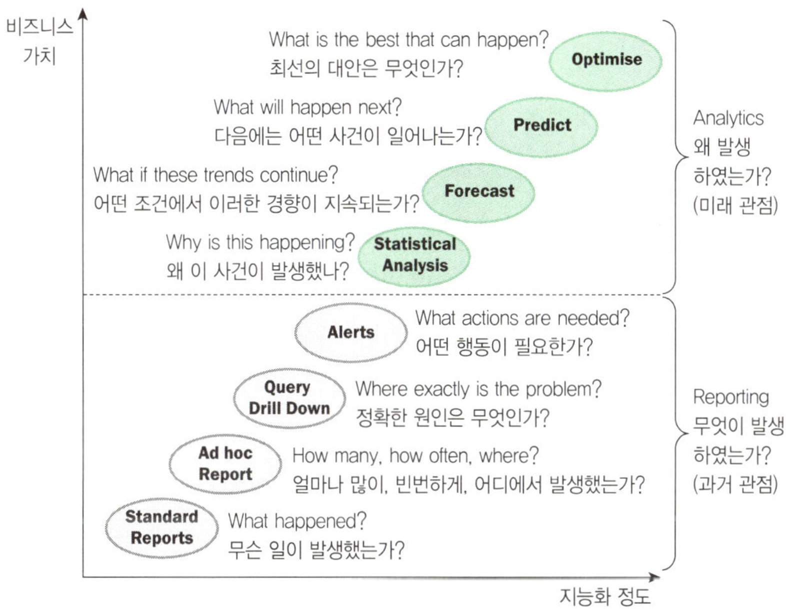

출처 : SAS, *Competing on Analytics* by Davenport, Harris

동인 5 : 디지털 기술의 발전

사회적 변화의 바탕에는 기술의 발전이 필요하다. 과거 로마제국과 중국의 진나라의 등장은 철기 문명에 기인한다. 식민지를 개척했던 제국주의 시대는 증기기관의 출현에 의한 것이었다. 1900년대를 전후한 전기의 등장과 1970년대의 컴퓨터 활용은 문명을 다음 단계로 진보시켰다. 이처럼 철기, 증기기관, 전기, 컴퓨터 기술은 인류의 생산성을 혁신하였다. 이제는 디지털 기술이 디지털 생산성 혁신을 견인하고 있다.

디지털 기술의 발전 추세

디지털 기술의 발전은 1997년 IBM에 의해 e-비즈니스가 등장했으며, 2007년 아이폰의 등장과 함께 모바일 비즈니스가 가능해졌다. 2011년 IBM 왓슨이 제퍼디 퀴즈쇼에서 우승하면서 지능형 에이전트가 본격화하였다. 향후에는 가상 인공 비즈니스가 등장할 예정이며, 이는 인공지능의 발전에 의한 것이다. 가상 인공 비즈니스가 현실화된다면, 주식거래와 부동산 투자는 에이전트에게 맡겨 놓을 수 있을 것이다.

최근 국내에는 4차 산업혁명이라는 표현이 적합한가에 대한 논란이

디지털 기술의 발전 방향

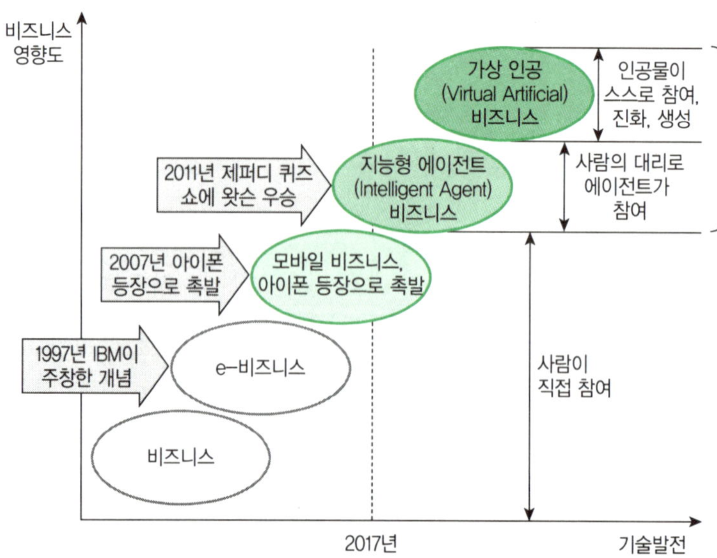

계속되고 있다. 현재의 모바일 통신과 디지털 기술만을 놓고 말하면 이를 4차 산업혁명이라고까지 표현하는 것은 지나친 점이 있지만, 장차 지능형 에이전트 비즈니스와 가상 인공 비즈니스까지 현실화된다면 4차 산업혁명이 완성될 것이다.

주요 디지털 기술 현황

2000년대 이후에 등장한 디지털 기술 및 개념은 모바일 통신, 스마트폰, SNS, Cloud, 빅데이터, IoT, O2O, 웨어러블, 인공지능(AI), 3D프린터, 로봇, 자율주행차, 드론, DIY, 게임화, 플랫폼, VR/AR, 블록체인, 핀테크, 옴니채널, 크라우드 소싱, UX/UI, 서비스 디자인 등이다. 디지털 기술에 대해서는 독자들이 잘 알고 있으므로 주요한 기술에 대해서만 요약하기로 한다.

모바일 인터넷과 스마트폰은 이동 중에 정보처리를 가능하게 하였다. 이는 PC로 수행하던 업무를 모바일에서 가능하게 함으로써 유비쿼터스를 실현한 것이다. 이제는 이동 중에 메일을 사용하고, TV 시청과 신문을 보며, SNS를 즐길 수 있다. 또한 GPS는 위치정보를 제공하며, 운전자를 도와주는 내비게이션을 가능하게 한다. 최근에는 종이 화폐를 대체하는 모바일 결제시스템이 등장했다. 현재 네이버의 특정 블로그에서 접속자 유입경로를 분석한 결과 모바일 접속이 65%의 비중을 차지하고 있다. 이는 고객의 접근 채널이 모바일로 전환되고 있음을 의미한다.

SNS는 우리나라의 싸이월드 미니 홈페이지로부터 시작하였지만, 모바일과 접목한 트위터, 페이스북은 우리 생활의 일부가 되었다. 2016년 기준으로 페이스북은 기준 가입자가 20억 명에 이르렀다. 네이트온에서 개념이 발전한 카카오톡은 모바일과 접목하여 실시간 정보 공유와 유통 그리고 팀 프로젝트를 위한 협업을 가능하게 한다. 카카오 페이지는 개인이 작성한 콘텐츠 판매를 지원하며, 카카오 게임샵, 카카오택시, 카카오대리운전, 카카오내비게이션, 카카오페이, 카카오뱅크 등과 함께 새로운 가치창출 모델을 제시하였다.

클라우드(cloud)서비스는 모바일과 결합하여 사물인터넷을 위한 원격 통신이 가능하게 해주며, 애플의 iCloud는 아이폰, 아이패드, 맥북 컴퓨터 등의 서로 다른 디바이스가 데이터를 공유하도록 해준다. 또한 소프트웨어와 하드웨어 등을 손쉽게 빌려 쓰고, 데이터를 백업해주는 기반을 제공한다. 클라우드서비스는 기기 간의 연결이 가능하게 하였다. 또한 최근에 주목을 받는 SaaS(Software as a Service), IaaS (Infrastructure as a Service), PaaS(Platform as a Service)와 같은 서비스는 저렴한 비용으로 확장성 있는 정보시스템 구축을 가능하게 한다.

데이터 기반분석은 SNS, IoT 등으로부터 수집한 대규모의 데이터를 빅데이터 등의 기법으로 분석하여 비즈니스 인텔리전트를 가능하게 하며, 소비자에 대한 인사이트를 얻어서 기술적(descriptive) 정보뿐 아니라 예측적(predictive) 정보까지 제공한다.

인공지능은 머신러닝과 딥러닝을 통해서 방대한 데이터를 기반으로 학습하고, 컴퓨터가 의사결정을 하도록 도와준다. IBM이 암 진단을 위해 개발한 왓슨이나 구글이 사용하는 다국어 번역, 자율주행차, 음성인식, 번역, 예측분석, 챗봇 등에 대한 적용은 높은 성과를 보여준다.

3D 프린터는 원격지에 정보를 보냄으로써 상품을 제공할 수 있게 하며 이는 물류를 감소시킬 수 있다. 또한 센서 기술과 결합하여 신발과 같은 상품을 개인에게 적합하도록 제작해준다. GE는 항공 엔진용

연료 노즐을 3D 프린팅 기술(적층제조기술)로 생산하고 있다.

IoT는 사물과 사물을 인터넷으로 연결해줌으로써 초연결사회를 가능하게 해준다. 특히 IoT는 제조현장의 설비와 설비, 설비와 제품 간의 연결을 통해서 생산과정을 통제하고 모니터링하며, 설비의 유지보수를 용이하게 함으로써 다품종 소량생산과 생산설비 효율화에 기여를 한다.

플랫폼은 공급자와 수요자를 연결해주는 마켓플레이스 기능을 수행함으로써, 기존의 가치사슬을 해체하고 비즈니스 생태계를 가능하게 해준다. 플랫폼의 유형은 우버와 같은 공유경제 플랫폼, 크라우드 소싱 플랫폼, 크라우드 펀딩 플랫폼, 핀테크를 적용한 금융 플랫폼, 옴니 채널을 지원하는 유통 플랫폼, 간편 결제를 지원하는 핀테크 플랫폼, 가치사슬을 지원하는 서비스 플랫폼 등 그 종류는 이루 말할 수 없을 정도로 다양하다.

향후 예견되는 디지털 기술

디지털 기술의 트렌드를 알기 위해서는 가트너그룹의 Hype Cycle을 참조하는 것이 바람직하다. 기술촉발 단계는 이제 갓 등장한 기술이다. 부풀려진 기대의 정점 단계는 제시된 기술로서 무엇이든지 가능하리라 믿는 기간이다. 환멸 단계는 기술이 가시적으로 적용되지 않아서 사람들로부터 외면을 받는 시점이다. 계몽 단계는 서서히 기술이 적용되어서 기대를 받는 상황이다. 생산성 안정 단계는 비로소 기술이 현실적으로 적용이 되는 시점이다.

2017년에 발표된 Hype Cycle에 따르면 기술촉발 단계의 기술은 스마트 더스트 초소형 센서, 4D 프린팅, 범용인공지능, 강화학습, 증강인간, 5G 통신, 서버리스 PaaS, 디지털 트윈, 퀀텀 컴퓨팅, 부피측정 디스플레이, 브레인-컴퓨터 인터페이스, 대화형 사용자 인터페이스, 스마트 워크스페이스, 증강형 데이터 디스커버리, 엣지 컴퓨팅, 스마트 로봇이 포함된다. 부풀려진 기대의 정점에 있는 기술은 IoT 플랫폼, 가상 보좌관, 커넥티드 홈, 딥러닝, 머신러닝, 자율주행차, 나노튜브 일렉트로닉스, 인지 컴퓨팅, 블록체인, 상업용 드론이 있다. 환멸 단계에 이르는 기술은 인지적 전문 조언자, 전사적 분류 및 온톨로지관리, 증강현실이 있다. 계몽 단계에 이르는 기술은 가상현실이 있다. 생산성 안정 단계의 기술은 우리가 사용하는 다양한 기술이 포함된다.

가트너가 Hype Cycle을 통해 제시한 기술은 디지털 트랜스포메이션을 추진하면서, 향후 가능한 기술의 목록으로서 참조를 통해 비즈니스 모델을 구상하면 효율적일 것이다.

가트너 Hype Cycle - Emerging Technologies, 2017

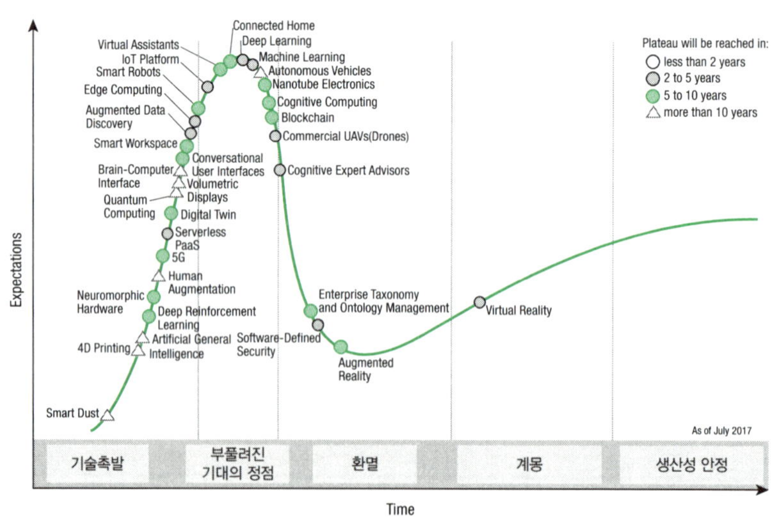

Chapter 3

디지털 트랜스포메이션의 개념

트랜스포메이션의 진화

트랜스포메이션이란 고객이 원하는 본질적인 요구인 원츠(wants)를 알아내고, 디지털 가치를 활용하여 문제를 해결하는 조직의 혁신을 의미한다. 따라서 고객의 본질적 요구에 따라 오퍼링을 혁신하고, 비즈니스 모델과 운영 모델을 개발하며, 플랫폼 구축을 통해 가치전달을 하게 된다. 이를 위해서는 조직의 업무 프로세스가 변경되어야 하며, 조직의 역할과 책임(R&R : Role and Responsibilities) 및 문화가 새롭게 조정되어야 한다. 트랜스포메이션은 시대별로 3가지로 나눌 수 있는데, 아날로그 시대의 비즈니스 트랜스포메이션, 인터넷 시대의 e-트랜스포메이션, 디지털 시대의 디지털 트랜스포메이션이다.

비즈니스 트랜스포메이션은 비즈니스 프로세스를 혁신하고 이를 시스템화한 것을 말한다. 포드의 컨베이어시스템, 맥도날드, 사우스웨스트 항공, 이케아 가구 등이 대표적인 사례일 것이다. 이들은 사업설계, 표준화, 업무 프로세스 혁신, 자동화, 매뉴얼화, 고객만족 등의 혁신기법을 활용한다.

e-트랜스포메이션은 선진 사례를 참조하여 ERP를 구축한 것을 말한다. 월마트, Fedex, 델 컴퓨터, 아마존, 이베이, 시스코, 구글 등이 대표적인 사례이다. 이들은 1990년대 이후에 컴퓨터와 인터넷을 사용하는 비즈니스 모델을 통해서 새로운 시장을 개척하고 경쟁우위를 확보하여 성공하였다.

디지털 트랜스포메이션은 스스로 선진 사례를 만들고 플랫폼을 구축한 것을 의미한다. 애플, 구글, 페이스북, 아마존, 우버, 에어비앤비, 스타벅스, ZARA 등이다. 이들은 2000년대 중반 이후에 등장한 모바일 통신, 스마트폰, 디지털 기술을 바탕으로 생태계(ecosystem)를 통해 디지털 가치를 제공하게 된다. 디지털 트랜스포메이션의 3가지 유형은 디지털 고객경험 혁신, 디지털 비즈니스 모델 혁신, 디지털 운영모델 혁신으로 나뉜다.

트랜스포메이션의 발전 단계

이러한 3가지 유형의 트랜스포메이션의 공통점은 다음과 같다.

① 고객의 응축된 고통을 통해 고객본질을 이해한다.

② 고객본질이 현실화가 되도록 당시에 등장한 기술 및 이론을 적극적으로 채택하였다.

③ 사업설계, 비즈니스 모델, 플랫폼 기반의 생태계 모델을 적용한다.

④ 운영 모델 혁신을 통해서 운영 최적화를 이룬다.

⑤ 이들은 기업혁신을 넘어서 산업혁신(industrial transformation)을 이루며, 상품의 카테고리를 만들었다.

디지털 트랜스포메이션의 정의

우리는 모바일 통신과 스마트폰의 출현으로 촉발된 디지털 시대의 초반부에 진입하였다. 최근에 선도적인 경영 컨설팅업체와 IT기업들은 이를 해결하기 위한 돌파구로서 디지털 트랜스포메이션이 필요함을 간파하고 적극적인 대응을 하고 있다. 주로 AT Kearney, PWC, Bain & company, IBM, Microsoft, IDC, World Economic Forum 등과 같은 조직이며, 이들은 디지털 트랜스포메이션에 대한 성공 사례와 방법론 제시 및 적극적인 컨설팅에 주력하고 있다. 이들이 제시한 디지털 트랜스포메이션의 정의는 다음과 같다.

디지털 트랜스포메이션의 정의

구분	정의
AT Kearny	모바일, Cloud, 빅데이터, AI, IoT 등 디지털 기술로 촉발되는 경영 환경상의 변화에 선제적으로 대응하고 현재 비즈니스의 경쟁력을 획기적으로 높이거나 새로운 비즈니스를 통한 신규 성장을 추구하는 기업활동
PWC	기업경영에서 디지털 소비자 및 에코시스템이 기대하는 것들을 비즈니스 모델 및 운영에 적용시키는 일련의 과정
Bain & company	디지털 엔터프라이즈산업을 디지털 기반으로 재정의하고 게임의 법칙을 근본적으로 뒤집음으로써 변화를 일으키는 것
IBM	기업이 디지털과 물리적인 요소들을 통합하여 비즈니스 모델을 변화시키고 산업에 새로운 방향을 정립하는 것
Microsoft	고객을 위한 새로운 가치를 창출하기 위해 지능형 시스템을 통해 기존의 비즈니스 모델을 새롭게 구상하고 사람과 데이터, 프로세스를 결합하는 새로운 방안을 수용하는 것
IDC	고객 및 시장의 변화에 따라 디지털 능력을 기반으로 새로운 비즈니스 모델, 제품서비스를 만들어 경영에 적용하고 주도하여 지속 가능하게 만드는 것
World Economic Forum	디지털 기술 및 성과를 향상시킬 수 있는 비즈니스 모델을 활용하여 조직을 변화시키는 것

디지털 트랜스포메이션 리더들이 제시한 정의에서 식별된 키워드는 디지털 기술, 경쟁력, 신규성장, 디지털 소비자, 에코시스템, 비즈니스 모델, 운영, 게임의 법칙, 디지털 · 물리적 요소, 새로운 방향, 가치창출, 지능형 시스템, 사람 · 데이터 · 프로세스, 고객 · 시장 변화, 디지털 능력, 상품 · 서비스, 지속 가능, 조직변화 등이다. 따라서 이들의 키워드를 재조합하면 디지털 트랜스포메이션에 대하여 다음과 같은 정의를 내릴 수 있다.

디지털 고객경험을 바탕으로, 디지털 비즈니스 모델을 개발하고, 고객가치를 구체화하는 디지털 운영혁신을 하며, 디지털 기술을 적용한 플랫폼 생태계 구축을 통해, 혁신적인 디지털 가치를 제공하고 디지털 생산성을 창출하는 조직의 혁신활동이다.

디지털 트랜스포메이션에 대한 9가지 오해

디지털 트랜스포메이션은 기존의 경영혁신이나 IT혁신과는 특성이 다르다. 따라서 디지털 트랜스포메이션의 정확한 이해를 돕고 오해를 방지하기 위한 몇 가지 관점을 조명해보기로 한다.

- 디지털 트랜스포메이션은 아날로그적 사고를 디지털로 일대일 변환하는 것을 의미하지 않는다. 아날로그의 영역인 물리적 세계와 사이버 세계를 유기적으로 결합한 디지털 세계를 의미한다.
- 디지털 트랜스포메이션은 디지털 기술을 현장에 적용하는 것으로 이해하면 안 된다. 조직의 업(業)에 대한 개념이 이상적으로 바뀌고, 조직 전반에 걸친 변혁을 요구한다.
- 비즈니스 트랜스포메이션은 현실적인 한계를 고려한 To-Be 개념으로 설계를 하지만 디지털 트랜스포메이션은 현실의 제약을 고려하지 않은 Should-Be 개념으로 설계한다.
- 디지털 트랜스포메이션은 산업 내의 다른 기업이 적용한 선진 사례를 벤치마킹하는 것이 아니다. 조직의 고객경험을 바탕으로 한 고유한 비즈니스 모델을 개발하고 서비스를 디자인한다.
- 디지털 트랜스포메이션은 조직의 문제를 해결하는 것이 아니라, 백지상태에서 고객의 본질을 연구하고 이를 통해 디지털 고객경

험을 개발하고, 비즈니스 모델과 디지털 기술을 활용하여 해결하려는 시도이다.

- 디지털 트랜스포메이션은 IT 조직이 중심이 되어서 추진하는 정보시스템 개발이 아니다. 고객가치를 제공하고 산업 생태계를 활성화하는 플랫폼을 구축하는 것이다. 이를 위해 전사적으로 조직원의 역할과 책임이 변화되어야 하며, 이는 CDO 조직을 중심으로 추진하게 된다.
- 디지털 트랜스포메이션의 범위는 해당 산업 내에서 한정을 짓는 것이 아니다. 기존 상품 및 서비스는 단절시키고 새로운 오퍼링의 패턴을 제시하는 것이다.
- 디지털 트랜스포메이션은 기업 내부를 혁신하는 것이 아니다. 아날로그 시대의 기업자원관리(ERP : Enterprise Resource Planning)는 인사관리, 재무관리, 생산관리, 영업관리 등의 기업의 내부를 통제하는 경영방식이다. 인터넷 시대에는 확장된 기업자원관리(X-ERP : Extended-Enterprise Resource Planning)는 고객관계관리, 전략적 경영관리, 인력자원관리, 공급망관리 등과 같이 기업과 외부를 연결하는 게임의 법칙을 바꾸는 기법이다. 디지털 트랜스포메이션은 고객, 공급자 등의 가치를 최대화하기 위한 조직 외부 관점의 혁신이다.
- 디지털 트랜스포메이션은 기업활동을 디지털로 전환하는 것이 아니라, 고객에게 제공하는 오퍼링, 고객과 조직의 상호작용 확대를 위한 비즈니스 모델과 이를 가능하게 하는 내부 운영 측면에서 혁신하는 것이다. 과거의 상호작용은 광고, 거래에 국한되었지만, 이제는 아이디어 제공 · 투자 · 데이터 수집 · 고객 소통 등 다양한 상호작용이 필요하다.

인더스트리 4.0에 대한 견해

독일 등에서 추진되는 인더스트리 4.0은 미국 중심의 디지털 트랜스포메이션과 별개로 전개가 되면서 비교가 된다. 인더스트리 4.0은 중소 제조업이 발달한 독일, 이탈리아, 일본에서 활발히 전개되며, 디지털 트랜스포메이션은 서비스산업이 발달한 미국, 호주, 인도, 영국, 프랑스 등에서 주도적으로 이루어지고 있다. 따라서 국내에서는 어떠한 해결책을 채택하여야 할지를 고민해야 한다.

인더스트리 4.0 특징

인더스트리 4.0은 독일 정부가 중소기업의 제조능력 활성화를 위하여 추진한 것으로 다음과 같은 특징이 있다.

- 사물인터넷(IoT : Internet of Things)을 통해 생산설비와 생산품 간의 정보교환이 가능한 제조업의 완전한 자동생산체계를 구축하고 전체 생산과정을 최적화하는 산업 정책이다.
- 상품수명주기관리(PLM : Product Life cycle Management)시스템을 필수적으로 갖춰야 한다.
- 독일은 생산현장의 자동화를 위한 임베디드 소프트웨어가 발달하였다.
- 독일의 중소기업은 브랜드를 갖는 고부가가치 상품을 대상으로 한다.
- 기존의 다품종 소량생산 및 소품종 대량생산체계로부터 고객별 맞춤생산을 위한 소품종 소량생산이 가능한 유연생산체계를 지원하며, 고객과의 소통을 목표로 한다.

인더스트리 4.0의 국내 적용의 한계

그러나 국내 중소기업의 경우 독일 및 일본보다 경영의 여건이 다음과 같이 차이가 난다.

- 국내 중소기업은 PLM 도입이 미흡하다. 이는 PLM 소프트웨어가 수십억 원에 이르는 고가이며, PLM 인력을 양성하여도 결국 대기업으로 이직하기 때문이다.
- 한국은 임베디드 소프트웨어의 적용 수준이 미흡하다.
- 한국의 중소기업은 대기업의 하도급생산을 하는 경우가 많으며, 자체 브랜드를 가진 상품이 미약하며, 고부가가치 상품이 부족하다.
- 한국은 아직 고객별 맞춤생산을 해야 하는, 소품종 소량생산이 요구되는 상품이 많지 않다.

또한 인더스트리 4.0은 거시적 관점에서 산업 전체가 바뀌어야 하고, 국가가 적극적으로 나서서 인프라 구축과 변화관리를 추진해야 하며, 기술적으로 복잡하다. 또한 효과가 불분명한 사업에 대한 과도한 투자재원 확보와 5~10년간의 오랜 기간이 소요되는 특징으로 인해 추진의 어려움이 예상된다. 반면에 디지털 트랜스포메이션은 미시적인 관점으로 기업 수준의 혁신이며, 3~5년 정도에 이행할 수 있으며, 현존하는 기술을 적용하여 가능하므로 더욱 매력적이라 할 수 있다.

4차 산업혁명에 대한 정부 정책

정부는 2016년부터 본격적으로 지능형 정보사회를 대비한 4차 산업혁명을 정책적으로 추진하고 있다. 이는 고도화된 정보통신기술 인프라를 통해, 생성 및 수집된 데이터와 인공지능이 결합한 지능정보기술이 경제와 사회 및 생활의 모든 분야에서 보편적으로 활용됨으로써, 새로운 가치가 창출되고 발전하는 사회를 의미한다. 따라서 데이터와 지식은 기존의 노동 및 자본 같은 생산요소보다 중요해지고, 다양한 제품 및 서비스의 융합으로 산업 간의 경계가 허물어지며, 지능화된 기계를 통한 자동화가 지적 노동영역까지 확장됨으로써 사회 전반에 변혁이 발생한다고 보고 있다.

정부는 4차 산업혁명의 중장기 정책 방향으로 글로벌 수준의 지능정보기술 기반을 확보하고, 전 산업의 지능정보화를 촉진하며, 사회정책 개선을 통한 선제적 대응을 꼽고 있다. 정부의 '지능정보사회 중장기 종합대책(2016.12.)'에서 4차 산업혁명의 추진과제로는 ① 미래 경쟁력의 원천인 데이터 자원의 가치창출, ② 지능정보기술 기반 확보, ③ 데이터 및 서비스 중심의 초연결 네트워크 환경 구축, ④ 국가근간서비스에 선제적인 지능정보기술 활용, ⑤ 지능정보산업 생태계 조성을 통한 민간 혁신 파트너 역할 수행, ⑥ 지능형 의료서비스를 통한 혁신가치창출, ⑦ 제조업의 디지털 혁신, ⑧ 지능정보사회를 위한 미래 교육혁신, ⑨ 자동화 및 고용형태 다변화에 적극적 대응, ⑩ 지능정보사회에 대응한 사회안전망 강화, ⑪ 지능정보사회에 대비한 법제 정비 및 윤리 정립, ⑫ 사이버 위협, AI 오작동 등 역기능 대응 등이 있다.

또한 한국정보화진흥원에서 2017년 3월에 발표한 '4차 산업혁명과

지능정보사회의 정책과제 100선' 자료에서 2022년까지 달성하고자 하는 TOP 22 정책과제는 3대 전략과 9대 분야의 22개 정책과제를 제시하였다.

4차 산업혁명 TOP 22 정책과제

전략	9대 분야	TOP 22 정책과제
혁신을 통한 선도	과학 · 기술	시민 참여형 과학기술 실증 및 리빙랩 운영
		지능정보사회를 대비한 신규 직업군 인재 양성
	교육 · 문화	지능정보사회를 지향한 교육 패러다임 전환
		지능형 학교교육 인프라 구축
	규제개혁 · 법제도 정비	지능정보화 기본법 및 범국가 추진체계 마련
		AI 기반의 전 산업융합을 촉진하기 위한 네거티브 규제의 실효적 도입
공정 · 소통 사회 구현	보건 · 복지	개인맞춤형 예방 중심 의료시스템 구축
		지능정보기술 기반 정신건강 인프라 구축
		지능정보사회 복지 패러다임 전환
	재난 · 안전 · 치안	지진, 원전 등 X-이벤트에 대비한 재난 · 안전체계 구축
	정치 · 정부혁신	블록체인 기반 온라인 민주주의
		시빅 해킹과 전자투표를 통한 점진적 직접 민주주의 실현
		행정서비스 공급 채널의 민간참여 확대
모든 분야에 ICT 융합	산업 · 경제 · 통상 · 농림 · 금융	기술 기반 강소전문기업으로의 성장 환경 구축
		스마트팜 및 도시농업산업 육성
		공유경제 기반 디지털 플랫폼 구축
	에너지 · 환경 · 국토 · 교통	에너지믹스 기반 저탄소 에너지 자족 도시 인프라 구축
		지속 가능한 클린 환경시스템 구현
		융합형 스마트시티 테스트 베드 구축
		국토 지능화 공간정보 플랫폼 구축
	국방 · 외교 · 안보 · 통일	지능형 사이버 위협대응기술 개발
		지능정보기술(디지털 트윈, 인공지능) 기반 국방체계 구축

Chapter 4

디지털 가치의 발견

디지털 가치

아날로그 시대에 기업이 고객에게 제공하는 오퍼링은 상품가치와 서비스 가치뿐이다. 그러나 디지털 기술이 발전한 요즘에는 디지털 가치라는 새로운 개념이 등장하였다.

오퍼링이 3가지 수준

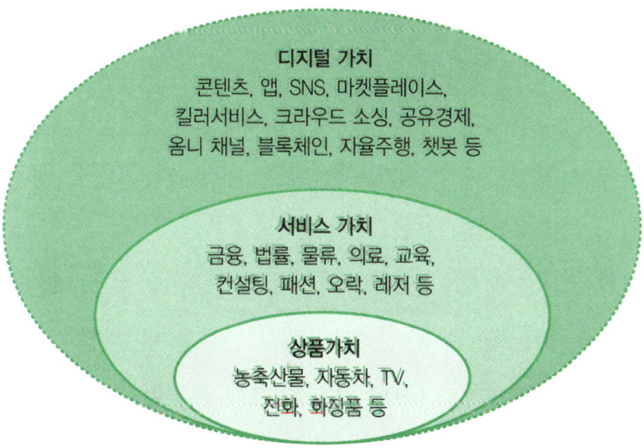

상품가치는 자동차, TV, 전화, 화장품 등과 같이 제품을 통해서 생활과 업무를 편리하게 하며, 생산성을 향상해주며 1차 및 2차 산업의 산물이다.

서비스 가치는 금융, 법률, 물류, 의료, 교육, 컨설팅, 패션, 오락, 레저 등의 서비스를 통해서 가치를 전달하며 이는 3차, 4차, 5차 산업의 산물이다.

디지털 가치는 상품과 서비스가 제공하는 가치와 별개로 디지털 기술을 활용하여 부가가치를 창출하고 생산성을 높여주는 것으로 정의할 수 있으며, 콘텐츠, 앱, SNS, 마켓플레이스, 공유경제 등과 같은 것이다. 기업 및 공공기관은 디지털 가치를 적극적으로 활용한다면, 고객을 감동하게 하고, 조직의 경쟁력을 키울 뿐만 아니라 조직의 변화도 가능할 것이다. 최근에는 모바일, Cloud, 인공지능, 빅데이터 등의 디지털 기술에 기반을 둔 디지털 가치들이 다양하게 출현하였다.

비즈니스 측면의 디지털 가치

다음은 본서에서 사례로 등장하는 비즈니스 측면의 디지털 가치를 열거한 것이다.

- 비즈니스 모델 : 아날로그 상거래를 비즈니스 모델을 통해서 온라인 상거래로 전환한다.
- 디지털 고객경험 : 아날로그 시대에 느낄 수 없는 고객본질을 스타벅스의 개인화 · 주문 · 결제 · 리워드 등을 가능하게 하는 디지털 플라이휠과 같이 디지털 기술을 통해 전달한다.
- 양방향 고객 커뮤니케이션 : 컨택센터를 통한 양방향 소통을 하

며, 이를 자동화하기 위해서 챗봇을 활용한다.

- 검색엔진 : 개인에게 모든 정보의 접근이 가능해짐에 따라 경제의 주도권이 기업으로부터 개인에게 넘어간다. 네이버의 경우 검색을 통해서 파워링크, 지식백과, 뉴스, 카페, 블로그, 지식iN, 매거진, 도서, 실시간 검색, 웹 문서, 비즈니스 사이트, 검색 결과 추가 보기(학술정보, 어학사전, 동영상, 이미지, 포스트, 방송정보, 앱정보, 사이트, 쇼핑, 책 본문, 뉴스 라이브러리, 지도)를 찾을 수 있다. 검색의 기능은 색인 지원, 연관 검색어 지원, 인기 검색어관리 등을 한다. 검색은 지식과 경험을 공유하는 디지털 가치이다.
- 포털 : 구글 및 네이버와 같은 포털의 검색엔진을 통해 기사, 논문, 이미지, 동영상 등 모든 콘텐츠를 찾을 수 있다.
- 농업 포털 : 농업 작황을 예측하고, 토지 및 농기계 자원을 공유하며, 영업 및 마케팅활동과 영농관리를 지원한다.
- e-Procurement : 아메리소스버진은 병원의 전자구매 및 물류정보시스템 제공을 통해 재고의 신속한 조달과 운영비용을 낮춰준다.
- A/S시스템 : 비쓰비시 중공업은 모바일 통신을 통해 중장비 정비를 신속히 하여 건설현장의 작업 지체를 방지함으로써 중장비 고장으로 인한 막대한 손실을 방지해준다.
- SNS : 유용한 정보를 제공받고, 타인에 대한 호기심을 충족하며, 지인들과 안부를 물을 수 있다. SNS는 정보의 확산 속도가 빠르며 범위가 넓은 것이 특징이다.
- 공유경제 : 우버와 에어비앤비는 온라인 마켓플레이스를 통해 자동차와 숙소를 제공한다.
- 스마트폰 및 태블릿 PC : 모바일 통신을 통해 이동전화 및 컴퓨

터기능을 수행한다. 또한 앱 스토어를 기반으로 다양한 앱을 제공하고 소비하는 생태계를 만들며, 사용자는 앱을 통해서 편리한 생활을 영위한다.

- 모바일 인터넷 : 이동 중에 정보검색, 조회, 상거래서비스를 할 수 있다. 최근에는 PC를 통한 인터넷 접속보다 모바일 접속이 더 높은 비중을 보이고 있다.
- 모바일 고객관리 : 스타벅스는 스마트폰으로 주문, 결제, 개인화, 리워드서비스를 지원하는 디지털 플라이휠을 운영한다.
- 크라우드 소싱 : ZARA는 고객으로부터 얻은 데이터를 내부 SNS를 이용하여 공유하며, 패션 디자인을 결정하고, 공급자 사슬을 단축하여 최신 패션을 신속히(time to market) 제공한다.
- 디지털 교과서 : 아이패드는 출판사나 교사가 개발한 교재를 디지털 교과서로 배포하여 학생이 학습할 수 있도록 한다.
- 롱테일 : 아마존은 오프라인 서점에서 구하기 어려운 도서를 온라인에서 쉽게 구입한다.

기술 측면의 디지털 가치

다음은 본서에서 사례로 등장하는 기술 측면의 디지털 가치를 열거한 것이다.

- 빅데이터 : 조직 내외부 데이터분석을 통해 고객 트렌드, 버즈분석, 텍스트 마이닝, 고객 감성, 키워드 연관성 등을 분석하고 예측한다.
- 빅데이터 트렌드 : 구글 트렌드는 키워드에 대한 시간대별 빈도 및 지역별 빈도를 실시간으로 서비스한다.

- 데이터 과학 : 기술분석, 예측분석, 지시적 분석, 의사결정분석을 수행한다.
- 인공지능 : 치료를 위한 의학적 판단, 군사적 판단, 계약, 투자, 가석방 심사, 대출 심사, 직원채용, 상업광고 콘티 작성, 그림 그리기, 작곡, 번역, 음성서비스 등 인간의 의사결정을 지원할 뿐 아니라 지적인 활동영역을 지원하는 기능을 제공한다.
- 증강현실/가상현실 : 물리적 공간과 사이버 공간이 통합되고, 가상체험을 가능하게 한다.
- 가상물리시스템(CPS : Cyber Physical System) : GE는 프레딕스 플랫폼과 디지털 트윈을 통해 기계설비의 상태를 분석하고, 정비를 위한 정보를 제공하여, 설비의 가동률을 높여주고 사고를 예방한다.
- 플러그 앤드 플레이 : 아마존의 온라인 쇼핑과 택배회사의 물류에 대한 가치사슬이 실시간으로 확장된다.
- 드론 : 무선전파로 조정하는 무인기로서 카메라, 센서, 통신시스템 등이 탑재되어 있다. 최초 군사용 목적으로 개발되었으나, 최근에는 상업용으로 배달, 감시, 구조, 고공 촬영, 환경오염 측정, 농약 살포 등을 수행한다.
- 자율주행 : 운전자가 핸들과 가속페달, 브레이크 등을 조작하지 않아도 정밀한 지도, 위성항법시스템(GPS) 등 차량의 각종 센서로 상황을 파악해 스스로 목적지까지 찾아가는 자동차기술이다. 2~3시간 정도의 출퇴근시간에 다른 일을 할 수 있게 해주는 장점이 있다.
- 챗봇 : 인공지능으로 음성인식, 구문분석 등을 하여, 음성 및 문자로 고객의 질문에 대한 상담을 해주는 채팅 로봇으로 컨택센터의 자동화를 통해 인력을 절감한다.

- 로보어드바이저 : 알고리즘과 빅데이터를 통해 인간 프라이빗 뱅커 대신 스마트폰과 PC를 통해 포트폴리오관리를 수행하는 온라인 자산관리서비스를 한다. 비대면으로 자산배분전략을 짜주기 때문에 개인 맞춤형 서비스를 제공할 수 있고, 수수료가 저렴하며, 낮은 투자금 하한선을 설정할 수 있다.
- 스마트 창고 : 아마존의 키바 로봇은 40cm 크기에 150kg 무게이지만 최대 340kg의 짐을 운반하며, 수납공간을 절반으로 줄이고, 기존 60~75분이었던 물류 순환속도를 15분으로 단축하였고, 운영비용 20%를 절감하였다.
- NFC : 근거리 무선통신(Near Field Communication)의 약어로 교통카드, 신분증 등에 활용된다. 자동차가 톨게이트를 지날 때 자동으로 요금계산을 함으로써 교통체증을 방지하거나, 물류 합리화 등에 적용할 수 있다.
- 클라우드 인프라 : 아마존 AWS는 기업이 별도의 하드웨어, 소프트웨어, 네트워크 등을 구입할 필요 없이 이러한 인프라를 빌려서 정보시스템을 구축할 수 있게 해준다.

디지털 시대의 기업 포트폴리오

디지털 시대에는 선도기업, 일반경쟁기업, 퇴보기업으로 기업 유형을 구분할 수 있다.

선도기업은 디지털 트랜스포메이션을 적극적으로 추진하고 있으며, 디지털 가치를 개발하고 디지털 생산성을 통해 시장을 선도하며, 앞으로 기업이 무엇을 해야 할지를 잘 알고 있다.

일반경쟁기업은 정보화 중심의 e-트랜스포메이션에 머무르고 있으며, 그들의 경영전략과 경영혁신은 더 이상 경쟁우위를 지킬 수 없으며 매출이 늘지 않고 신제품이 출시되지도 않는 교착상태에 머무르고 있다.

퇴보기업은 아날로그 기반의 비즈니스 트랜스포메이션 이후에 더 이상 진전이 없는 상태이며, 기업이 무엇을 해야 할지를 모르는 통제불능상태에 있다.

오늘날 기업의 환경은 인터넷 중심으로부터 급격하게 디지털 사회와 디지털 기술에 마주치고 있다. 따라서 디지털 트랜스포메이션에 신속히 대응하는 것은 조직의 생존을 위한 필수적인 행동이 될 것이다. 디지털 트랜스포메이션을 추진하는 선도기업의 특징은 시장을 이끌어가는 것뿐만 아니라, 디지털 생산성을 극대화하며, 무엇을 해야 할지에 대한 방향성이 뚜렷하다.

기업의 포드폴리오

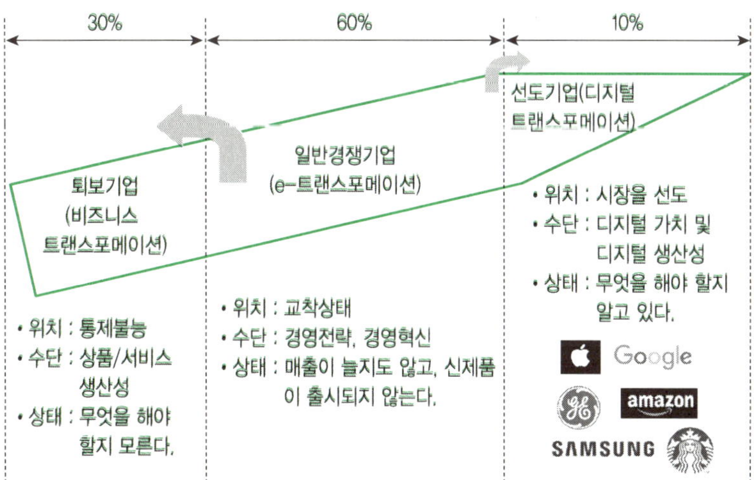

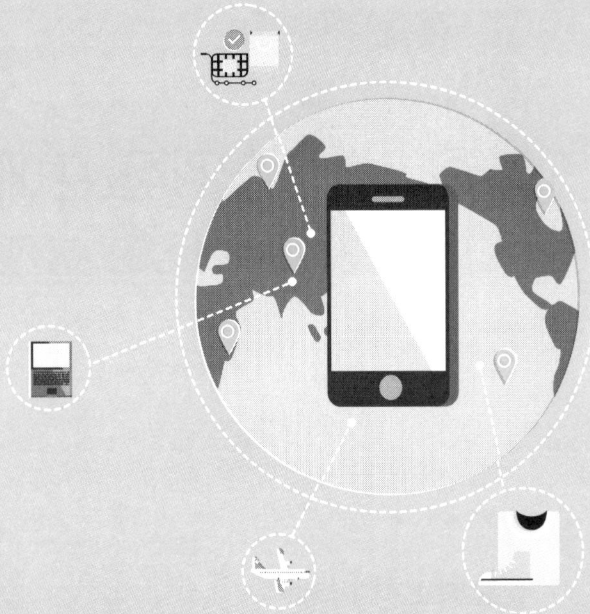

Part 2

디지털 트랜스포메이션의 접근

Chapter 05 비즈니스 드렌스포메이선

Chapter 06 e–트랜스포메이션

Chapter 07 디지털 트랜스포메이션

Chapter 08 디지털 트랜스포메이션의 추진

Chapter 5

비즈니스 트랜스포메이션

필요창조형 마케팅

마케팅에서 고객의 일차적 욕구를 니즈(needs), 고객의 이차적 욕구를 원츠(wants)라 한다. 고객 니즈를 배부르게 해주는 음식이라고 한다면, 고객 원츠는 맛있는 음식이라고 할 수 있다. 니즈는 모든 고객이 공통으로 요구하는 사항이고, 원츠는 고객조차도 상상하지 못했던 가치를 제공하는 것이다.

니즈란 고객의 기본적인 욕구이며 표층적 욕구이다. 소비자가 이미 인식을 하고 있으며, 이미 존재하는 니즈를 식별해서 충족을 시켜주면 된다. 자동차를 예로 들자면 고장이 없고, 연비효율이 높으며, 가격이 적정하면 되는 것이다.

원츠란 고객조차도 인식하지 못하는 것이며, 소비자의 내면에 있는 심층적 욕구이다. 고객 원츠를 반영한 대표적인 사례는 딤채, 워크맨 소니, MP3 플레이어, 아이폰, 하이브리드 자동차와 같은 것이다. 따라서 디지털 트랜스포메이션은 고객 원츠를 개발하는 것이다.

고객반응의 유형

고객의 반응	제공가치와 지불가치 비교	비고
고객 불만	제공가치 < 지불가치	고객 니즈를 충족하지 못함
고객 만족	제공가치 = 지불가치	고객 니즈를 충족함
고객 감동	제공가치 > 지불가치	고객 원츠를 제공함

마케팅의 유형은 반응형 마케팅, 예견형 마케팅, 필요창조형 마케팅의 관점으로 분류한다.

반응형 마케팅은 고객 욕구를 발견하고 충족시키는 일이다. 여성이 요리와 세탁에 소요되는 시간을 줄이고 싶어 함으로써 세탁기, 식기세척기, 전자레인지 등이 개발되는 것이다. 이는 표출적 고객 니즈를 충족한다.

예견형 마케팅이란 발생 중이거나 숨어 있는 욕구를 알아내는 것이다. 지역 수질이 나빠지면 생수나 정수기를 판매하는 것과 같다. 이는 심층적 고객 니즈를 충족한다.

필요창조형 마케팅은 아무도 필요로 하지 않거나 생각조차 못 했던 상품이나 서비스를 제공하는 것이다. 조깅하는 사람들을 위한 소니 워크맨, PC 저장 매체인 USB 메모리, 전화와 휴대용 컴퓨터 역할을 하는 아이폰과 같은 것이다. 이는 고객의 니즈에 만족하지 않고, 고객이 스스로 찾아오게 하며, 새로운 상품 카테고리를 개발한다.

사업의 위험도는 '반응형 마케팅 < 예견형 마케팅 < 필요창조형 마케팅'의 순서이다. 그러므로 디지털 트랜스포메이션을 위해서는 고객도 상상하지 못했던 원츠를 발견하고, 필요창조형 마케팅을 통해서 수요창조를 하는 것이 성공을 판가름하는 관건이다.

사업설계

파괴적 혁신(disruptive innovation)은 고객에게 제공하는 오퍼링의 가치가 기존과 단절되는 획기적 변화를 의미한다. 이러한 혁신 유형은 기술혁신, 프로세스 혁신 그리고 사업설계 또는 비즈니스 모델이 있다.

기술혁신의 예로는 플로피 디스크가 USB 메모리로 전환되고, 녹음테이프가 오디오 CD로 바뀌며, 미니디스크가 출시되고, 이어서 MP3 플레이어로 전환되는 것이다. 대표적인 기술혁신의 사례인 디지털카메라의 등장은 카메라 필름 제조업체인 이스트먼 코닥을 산업계에서 퇴출하는 결과를 가져왔다.

프로세스 혁신은 JIT(Just In Time)방식을 도입한 토요타 생산방식이 대표적인 사례이다. 미국의 빅3 자동차회사인 GM, 포드, 크라이슬러는 JIT로 생산 프로세스를 최적화한 토요타에 의해 자동차산업에서 경쟁력을 상실하였다. 1990년대에 비즈니스 프로세스 재설계(BPR)와 프로세스 혁신(process innovation)과 같은 기법을 모든 기업이 채택함으로써 업무의 효율성과 생산성을 가져왔다.

사업설계(business design)는 1996년 에이드리언 J. 슬라이워츠키가 저술한 '가치이동(*Value Migration*)'에서 개념이 제시되었다. 그는 기업의 성공은 기술이 아닌 사업설계로 보고, 이는 고객의 관심 사항 진화에 따라 고객에게 제공하는 가치 역시 진보되어야 한다고 보았다. 따라서 고객이 원하는 가치를 제공할 수 있도록 사업설계가 되어야 하며 이를 위해 기업의 프로세스와 자원조달방법 역시 재설계된다고 하였다. '가치이동'에서 제시한 대표적인 사업설계 사례는 저가의 철강을 생산한 누코, Every Day Low Price를 실현한 월마트, 노선별

직항시스템을 도입한 사우스웨스트 항공 등이 있다.

비즈니스 트랜스포메이션

사업설계는 아날로그 시대의 비즈니스 트랜스포메이션이라고 할 수 있다. 사업설계란 고객에게 오랫동안 누적된 고통스러운 부분인 고객응축을 이해하며, 현상분석을 통해 현행의 상품 및 서비스 제공의 측면에서의 한계를 분석하고, 이를 요약한 고객본질을 도출하여, 새로운 고객경험을 설계하는 것이다. 이러한 접근은 앞으로 논의하고자 하는 디지털 트랜스포메이션을 위한 중요한 시각을 부여한다. 따라서 여기서는 이케아, 사우스웨스트 항공, 맥도날드에 대한 사례를 제시하도록 한다.

사업설계 절차

이케아 사례

이케아는 중저가 생활가구를 공급하는 글로벌 체인이다. 판매하는 상품은 조립식 가구, 침구류, 주방용품, 욕실용품 등이다. 이케아는 1943년 스웨덴에서 설립되었으며, 현재는 35개국에 253개 매장을 운영하고 있다. 이케아가 아날로그 시대에 비즈니스 트랜스포메이션을 수행한 절차를 알아보자.

고객응축

스웨덴의 잉바르 캄프라드(Ingvar Kamprad)는 이케아(IKEA)라는 가구점을 오랫동안 운영하였다. 그는 가구점을 운영하면서 대부분의 고객이 전시된 가구를 둘러보고 만족을 하면서도 발길을 돌리는 것을 알게 되었다. 그는 그러한 이유를 조사하였다. 그 이유는 "가구 상품들이 품질은 좋으나 가격이 비싸다."는 것이다. "저소득층, 특히 젊은 부부나 독신자들은 가구를 신용구매하여야 하고, 그 빚을 갚느라고 고생하게 된다."라는 통찰력을 얻게 되었다. 그래서 그는 "왜 고객들은 자기가 원하는 가구를 원하는 가격에 만족스러운 구매를 할 수 없는 걸까?"라는 의구심을 가졌다.

현상분석

그는 이러한 문제를 해결하기 위해서 오랫동안 몰입을 하면서 다음과 같이 분석한다.

- 일반적으로 가구는 튼튼하게 설계하고 제작함으로써, 대를 물려 쓰는 경향이 있다. 하지만 이것은 저소득층이나 신혼부부에게는 필요하지 않다.
- 좋은 가구는 장인들에 의해 수작업으로 제작이 됨으로써 많은 생산원가를 차지한다.
- 가구점은 전시공간인 동시에 재고를 보관하게 됨으로써, 점포를 유지하는 비용이 비싸진다.

- 가구를 구매하면 배달하고, 설치를 해주어야 함으로써 물류비용이 상승한다.
- 가구는 다품종 소량생산을 함으로써 표준화가 어렵고, 다양한 자재를 소량으로 구입해야 하므로 원재료의 구매단가를 낮추기 어렵다.

고객본질

따라서 캄프라드는 "고품질 가구를 낮은 원가에 생산하여 저렴한 가격에 판매할 방법은 없을까?"라는 화두를 갖게 된다.

고객경험 설계

캄프라드는 분식을 바당으로 "고객이 운반하고 조립할 수 있는 표준화된 가구를 대량으로 생산하여 가격을 낮추자."라는 유레카를 얻는다. 그는 가시화를 위해서 다음과 같은 사항을 실행에 옮기기로 하였다.

- 대량구입, 대량주문으로 재료 및 부품의 구매가격을 낮춘다.
- 가구는 '플랫팩,' 즉 조립형으로 설계하여 납작하게 쌓아 운반하게 하여 운송비용을 절감한다.
- 고객은 전시장에서 조립된 가구를 보고 마음을 정한 다음, 창고에서 직접 그 가구를 찾는 셀프서비스를 하며, 값을 지불한 뒤, 차에 실어 집으로 가져감으로써 배달비용을 절감한다.
- 고객이 스스로 가구를 조립하게 함으로써 제조업자와 상점의 비용을 더욱 절감한다.

- 젊은 사람의 취향을 고려하여 신세대 감각으로 가구를 디자인한다.
- 잉바르 캄프라드는 가구의 사업설계는 가격, 디자인, 품질, 서비스, 고객체험을 생각하게 되는데, 품질 때문에 가격이 상승하는 것을 원하지 않았다.

운영 모델 설계

이케아는 상품 속성에 대한 접근법을 다음과 같이 정의하였다.

- 디자인은 시각적 요소 충족 및 기능과 실용성을 강조한다. 컬러풀하면서도 화사한 색감과 통통 튀는 밝은 패턴의 컬러들이 밝은 이미지와 활력을 불어 넣어준다.
- 품질은 한 세대 동안 사용할 수 있는 정도로 만족을 시킨다.
- 서비스는 캐시 앤 캐리 시스템(cash and carry system)으로 "불편함을 팔아라."를 모토로 한다. 고객이 혼자 움직이고 혼자 결정한다. 옆에 따라다니면서 귀찮게 하거나 부담스럽게 하는 매장 직원을 줄여 인건비를 줄인다. 고객이 운반하고 조립을 함으로써 물류비용과 제작비용을 절감한다.
- 고객체험 측면을 위해서 고객들이 이케아로 소풍을 오게 한다. 또한 아이들 놀이터를 제공하고, 스웨덴식 저가 레스토랑을 운영한다. 이는 "즐거움은 결과가 아닌 과정에 있다."라는 이케아의 철학을 공유하게 한다.

이와 같은 사업설계는 전통적인 상점이 마진은 높고 매출이 적은 반면, 이케아는 마진은 낮지만, 매출을 높이는 데 역점을 두는 것이었다. 통상 이케아의 가구는 타 상점보다 20% 정도 저렴하지만, 박리다매(薄利多賣)로 많은 이익을 얻게 되었다.

이케아 가구전시장

사우스웨스트 항공 사례

사우스웨스트 항공(Southwest Airlines)은 소도시와 소도시를 연결하는 직항노선을 최초로 도입한 항공사이며, 오늘날 중저가 항공사 모델의 효시이다. 사우스웨스트 항공사는 1967년에 3대의 비행기로 사업을 시작하였다. 이 새로운 시도는 여행객으로부터 대단한 반응을 얻었다. 2015년에는 723대의 항공기를 운항하고 있으며, 미국 항공사 중 3위의 항공사로 성장하였다. 사우스웨스트 항공은 2012년 1억4천만 명의 승객을 실어 날랐다. 사우스웨스트 항공은 여행객의 소중한 시간과 비용을 절약해주고 있다. 사우스웨스트 항공의 비즈니스 트랜스포메이션 과정을 살펴보자.

고객응축 이해

1966년 작은 항공사를 운영하던 롤린 킹, 은행가 존 파커, 변호사 허브 캘러허가 한자리에 모였다. 그들은 당시 여행객이 미국의 소도시에서 소도시를 비행기로 여행하는 데 불편하다는 것을 알았다. 미국에는 뉴욕, LA, 시카고, 덴버, 댈러스 등의 허브 공항이 있다. 만약에 워싱턴주의 시애틀에서 애틀랜타주의 필라델피아를 가기 위해서는 시애틀에서 허브 공항인 LA 공항으로 가고, 거기서 허브 공항인 워싱턴 DC의 댈러스 공항으로 가서 다시 애틀랜타 공항으로 가야 한다. 무려 3번의 항공기를 갈아타야 하는 불편함이 있었다. 이는 많은 시간과 경비를 요구하는 참기 힘든 상황이다. 당시 이런 서비스를 제공하던 전통적인 항공사는 아메리칸 에어라인, 델타 항공, 유나이티드 에어라인 등이었다. 허브 캘러허 등은 "왜 이렇게 불편한 항공노선을 유지하고 있는 것일까?" 하는 의구심에 잠겼다.

현상분석

그들은 1967년 에어 사우스웨스트 항공사를 설립하고 분석을 통하여 다음과 같은 사항을 알게 되었다.

- 현재의 고객은 '소도시 → 허브 공항 → 허브 공항 → 소도시'의 3개 항공편을 이용해야 하는 번거로움이 있다.
- 이러한 시스템은 여행객에게 많은 시간이 들고 갈아타는 불편함과 비싼 항공료를 지불해야 하는 단점이 있다.
- 대형 항공사는 친절한 기내서비스를 제공하지만 비싼 운임을 받고 있다.

- 고객이 요구하는 것은 시간, 비용의 절감과 환승하는 번거로움의 해소이다.
- 그들은 소도시와 소도시 간에 여행을 하는 승객을 조사한 결과 상당한 잠재 수요가 있다는 것을 알게 되었다.

고객본질 도출

사우스웨스트 항공은 "이러한 상황에서 도시에서 도시로 직항하는 노선은 불가능한 것일까?"라는 의구심을 품었다. 그들은 고객의 본질을 충족하기 위해서 "소도시를 직항(point to point)으로 연결하는 노선을 개발하고, 원가를 절감하여 저렴한 항공기 운임을 통해 경쟁한다."라는 목표를 세웠다.

전통적인 항공여행노선

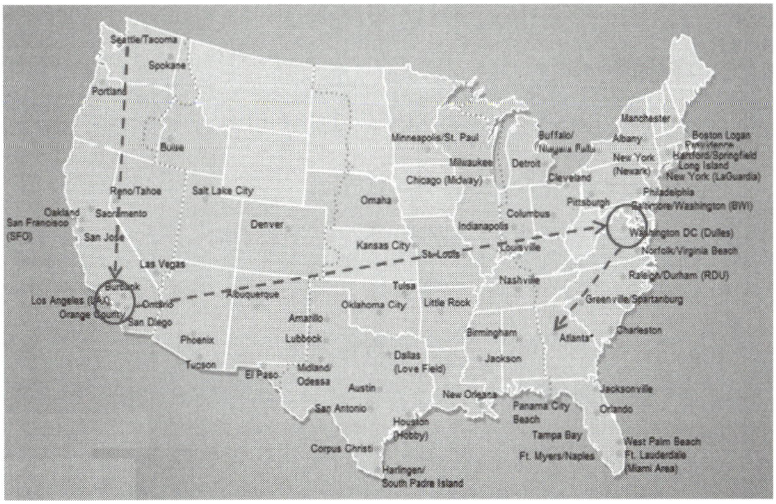

시애틀에서 출발하는 사우스웨스트 항공사의 노선

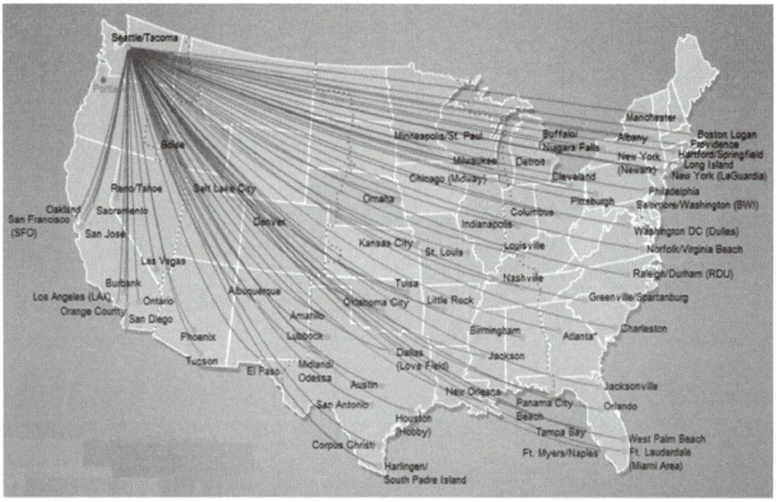

출처 : 구글 이미지 검색

고객경험 설계

사우스웨스트 항공사는 1971년 첫 운항을 시작하면서 다음과 같은 사항을 가시화한다.

- 사업 초창기에는 짧은 구간을 운영하고 단거리 여행객을 대상으로 한 소도시 직항노선을 개설한다.
- 승객 수를 감안하여 중소형 항공기를 운항한다.
- 항공기 정비 및 관리의 효율화를 위해 동일한 기준을 유지한다.
- 항공요금을 절감하기 위해 원가를 절감하고, 기내식 제공 등의 서비스를 없앤다.
- 신속한 탑승을 위해 지정 좌석을 적용하지 않는다.
- 공항 사용료를 절감하기 위해서 소도시 주변의 덜 붐비는 공항을 이용한다.

- 기장이 수화물서비스를 돕는 등 전 직원이 서비스에 참여한다.
- 고객에게 친절히 대하고, 유머서비스를 한다.
- 여행사를 거치지 않고 직접 발권업무를 한다.
- 유가 헤징을 함으로써 원가를 절감한다.
- 직원의 충성심 유도를 위해 장기근속제도를 채택한다.

운영 모델 설계

이러한 사우스웨스트 항공사의 운영전략을 나타낸 것을 액티비티 시스템(activity system map)이라고 한다.

사우스웨스트 항공사의 운영 모델

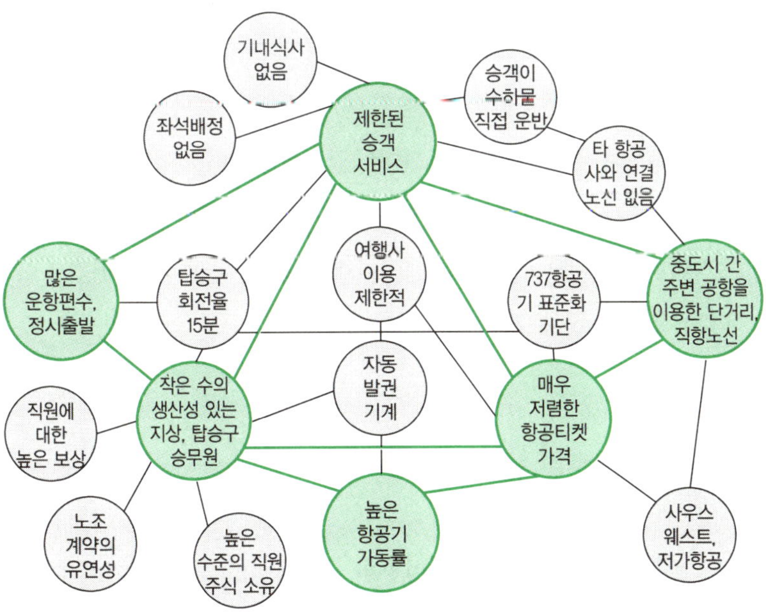

출처 : Michael Porter, "What Is Strategy?", *HBR*, 1966

맥도날드 사례

맥도날드는 오늘날 지구상의 모든 프랜차이즈 식당의 출발점이다. 그들은 최초로 스토어 컨셉을 창안하였다. 맥도날드는 버거, 스낵, 음료 등을 팔고 있으며, 2013년 기준으로 3만5천여 개의 매장을 운영하고 있다. 맥도날드의 창시자 레이 크록(Ray Kroc)이 구상한 비즈니스 트랜스포메이션 과정을 살펴보자.

고객응축 이해

고객의 고통을 해결한 대표적인 사례는 맥도날드이다. 레이 크록은 1950년대 밀크셰이크 기계를 판매하기 위해 미국 전역을 누볐다. 그는 자동차로 전국을 여행하면서 국도변의 휴게소에 들러 식사하였다. 그 당시 식당은 어두침침하며, 화장실은 매우 불결하고, 종업원이 불친절할 뿐 아니라, 식사하는 도중에 옆 테이블에 앉아있는 동네건달들이 시비 걸기가 다반사였다. 업무상 여행을 할 때마다 불편하고 불쾌한 경험을 하게 된 레이 크록은 "이것은 결코 바람직한 식당이 아니다."라는 생각을 하게 된다.

고객본질 도출

레이 크록은 여행자를 위한 편안한 휴식공간을 설계하기로 마음을 먹는다. 1954년 어느 날, 그는 캘리포니아주 샌버너디노의 작은 드라이브인 식당에서 멀티믹서를 무려 8대나 구입했다는 사실을 알고 호기심을 느껴 직접 방문한다. 맥도날드 형제가 운영하는 이 식당에는 햄버거와 밀크셰이크를 사는 손님이 문전성시를 이루고 있었다. 그는 순간 "이 식당을 전국의 휴게소마다 세우면 되겠다."는 생각이 번뜩였다. 그가 꿈에 그리던 식당의 모습을 본 것이다.

현상분석

레이 크록은 맥도날드 형제의 식당을 인수하기로 마음먹고 기존 식당에 대한 문제를 다음과 같이 분석한다.

- 기존의 식당은 단일 점포의 개념이다. 그러나 레이 크록은 프랜차이즈 개념으로 전국에 동일한 식당을 개설하기로 하고, 이를 위한 접근방법에 대해 고민하였다.
- 기존의 식당은 메뉴가 표준화되어 있지 않다. 따라서 누가 요리를 하든지 동일한 맛이 나올 수 있도록 식재료와 조리법이 표준화되어야 한다.
- 일반적인 시당은 점원이 테이블을 다니면서 주문을 받는데, 고객은 자신의 취향에 따라 요리법과 재료에 대한 변경 요청을 한다. 그러나 새로운 점포에서는 손님이 카운터에서 정해진 메뉴를 주문하면 된다.
- 자신이 경험한 국도변 식당은 종업원이 불친절하고, 식당과 화장실이 청결하지 못했던 기억을 하고, 종업원에 대한 철저한 교육을 통해서 이러한 문제를 해결하기로 하였다.
- 대개의 식당은 매장 레이아웃, 테이블, 의자, 식기, 심지어는 냅킨까지 모든 것이 동일한 개념으로 이루어지지 않았음을 간파하고, 스토어 컨셉이라는 새로운 점포의 모델이 필요하다는 것을

깨닫는다.

고객경험 설계

레이 크록은 다음과 같은 과정을 걸쳐서 오늘날의 맥도날드를 이루어낸다.

- 그는 맥도날드 형제와 프랜차이즈 계약을 하고, 매출의 1%를 로열티로 제공하기로 한다. 그리고 맥도날드 1호점을 개장하였다.
- 레이 크록은 향후 전국에 수백 개의 점포를 개설하기 위해서 어떻게 해야 할까를 고민하였다. 그러기 위해서는 맥도날드의 그랜드 비전(grand vision)을 만들기로 하였다. 이 4가지 목표는 품질(quality), 서비스(service), 청결(cleanliness), 가치(value)이다.
- 품질은 "고객에게 최적의 가격으로 뛰어난 품질의 상품을 제공하는 것으로, 이를 위해 최고의 재료, 엄격한 조리방법, 안전이 검증된 준비방법, 뛰어난 맛을 지닌 상품"을 의미한다. 맥도날드는 품질을 최우선시하여 품질관리시스템을 구축하였다.
- 서비스는 "고객의 기대를 훨씬 뛰어넘는 서비스를 제공"이라는 측면에서, 레스토랑의 크루들이 고객의 입장에서 생각하도록 교육하고, 그에 맞는 책임감과 권한을 부여하였으며, 이를 통해 고객이 행복과 즐거움을 느끼게 하도록 노력하였다. 결과적으로 빠르고 친절한 서비스는 맥도날드의 성공에 기반이 되었다.
- 청결은 맥도날드의 중요한 철학이다. 레이 크록이 청결하지 못한 휴게소에서 문제를 인식했기 때문이다. 따라서 주방, 로비, 화장실, 주차장 등이 청결의 대상이었으며, 깨끗하고 상쾌한 공간과 시설을 제공하고, 협력사를 통해 모든 기자재를 분해, 세척하고

작은 나사 하나까지도 깨끗하게 완전히 건조시키는 작업을 실행하고, 매 30분마다 크루들이 손을 씻어 청결을 유지하도록 하였다. 이로써 맥도날드는 전 세계적으로 QSR(Quick Service Restaurant)의 선두주자가 되었다.

운영 모델 설계

레이 크록은 스토어 컨셉(store concept)을 창안하였다. 이는 점포의 개발이나 새로운 운영 등에 대한 기본적인 이념, 사고방식을 말한다. 점포가 차별화되기 위한 '스토어 정체성(store identity)'인 것이다. 그 점포가 소비자나 지역과의 관계에 있어서 어떤 기능을 갖고, 어떤 역할을 하는지 명확히 해야 하므로, 이런 사고방식과 개념을 확립하고, 이에 따라 머천다이징이 계획되는 것이다. 레이 크록은 상품 및 서비스를 표준화하고 이를 560페이지의 매뉴얼을 통해 구현하는 노력을 하였다. 그러한 예는 다음과 같다.

- 빵의 두께는 17mm씩 아래위로 34mm, 가운데 고기 다짐 패치는 10mm로 만든다. 일반적으로 사람이 입을 벌렸을 때 평균 크기가 50mm이며, 44mm짜리 햄버거를 물고 있을 때 가장 행복감을 느끼는 것을 실험을 통해 결정하였다.
- 카운터의 높이는 72cm이다. 이는 사람들이 주저함 없이, 가장 편하게 지갑을 꺼내 놓을 수 있는 높이이다.
- 햄버거나 감자튀김을 시키면 무조건 "감사합니다."라고 말하며, 그리고 3초 이내에 "콜라도 드시겠습니까?"라고 묻는다. 조사 결과 "감사합니다."라는 한 마디가 3초의 최면효과를 가지고 있기 때문이다. 5초가 지나면 콜라를 주문할 확률은 50% 이하로 떨어

진다.

- 서빙하는 사람들은 손님과 눈을 맞춘다. 음식을 들던 손님이 고개를 들었을 때 딱 눈을 맞추면 십중팔구는 추가 주문을 받게 된다. 이때 절대로 두 가지 품목을 동시에 권하지 않는다. 거절률이 높기 때문이다.
- 맥도날드의 밀크셰이크는 15℃이다. 이는 기존의 4℃ 혹은 40℃라는 음료 상식을 깨뜨린 것이다. 4℃만큼 시원하게, 혹은 40℃만큼 따뜻하지 않으면 음료로 팔리지 않는다는 것이 그전까지의 정설이었다. 그런데 왜 맥도날드는 15℃를 고집했을까? 그 답은 빨대와 관련이 있다.
- 빨대는 4mm이다. 15℃의 밀크셰이크를 4mm짜리 빨대로 빨면, 사람의 잠재의식은 어렸을 때 엄마 젖을 먹던 시절로 돌아간다는 연구결과가 나왔다고 한다.

Chapter 6

e-트랜스포메이션

e-비즈니스의 발전 단계

e-비즈니스란 e-트랜스포메이션과 동의어로 보아도 무방하다. 이는 인터넷을 전략적 도구로 활용하여 다양한 경영활동을 수행함으로써 고객에게 차별화된 가치를 제공하고, 이로부터 수익을 창출하거나 원가절감을 달성하는 비즈니스이다. 컨설팅회사 PWC에서 제시한 e-비즈니스 발전 모형은 비즈니스 모델의 변화 수준과 인에이블러 또는 트랜스포머의 역할을 고려하여 채널 확장, 가치사슬통합, 산업변형, 산업융합으로 구성되었다.

채널 확장은 최초의 e-비즈니스 형태이며 비즈니스 모델의 변화 수준은 약하며 사업 활성화에 인에이블러 역할을 한다. 이는 기업이 고객을 확보하거나 마케팅 · 판매 · 고객서비스를 수행하기 위하여 인터넷을 사용하는 것으로 기업 홈페이지, 인터넷 쇼핑몰, 고객 포털 등이 있다.

가치사슬통합은 채널 확장에 비해 변화의 수준이나 인에이블러 역할이 강화된 것이다. 이는 기업 간에 업무 프로세스를 통합하여 원가

e-비즈니스의 발전 단계

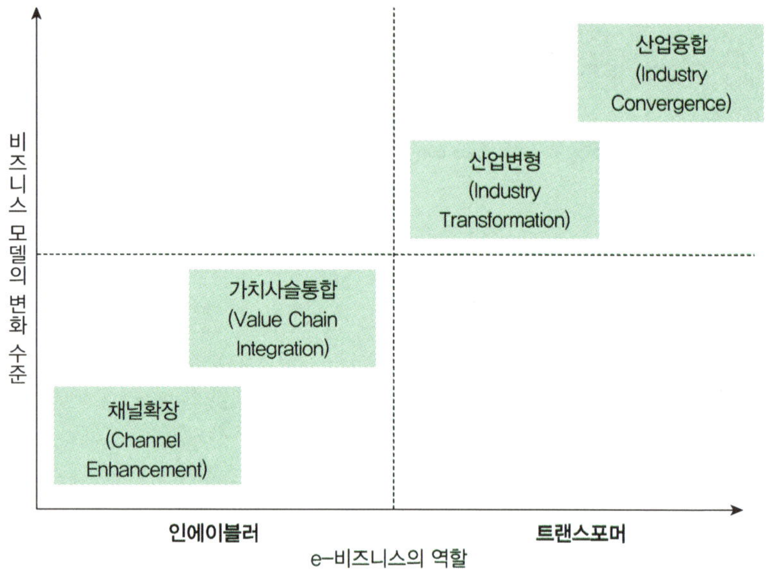

출처 : PWC 컨설팅

절감, 업무 처리 속도 증대, 서비스 개선 등을 위하여 인터넷을 사용하는 것으로 전자조달, 공급망관리, 부동산 대리인과 네트워크 연결 등과 같은 것이다.

산업변형은 변화의 수준이 강화되고 트랜스포머 역할을 하는 것으로, 기존 산업의 가치사슬을 인터넷을 통해 비즈니스 모델이 대체하는 것이다. 대표적인 것으로는 e-마켓플레이스, 온라인 서점 등이 있다.

산업변형의 사례를 주유소에 적용하여보자. 현재는 개별 주유소에는 하나의 폴 사인이 걸려있다. 다시 말해서 GS칼텍스, SK에너지, 현대오일뱅크 중에 한 상품만을 파는 것이다. 주유소의 폴 사인은 판매하는 유종의 품질을 의미한다. 하지만 산업변형이 이루어지면, 하나의 주유소에서 여러 정유사의 유종을 판매할 수 있다. 주유소 매니저

석유 유통의 산업변형 사례

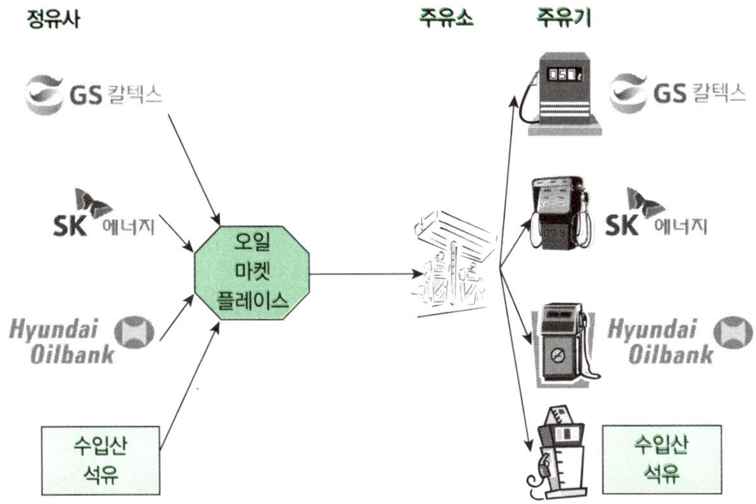

는 석유 마켓플레이스에서 경매 또는 역경매를 통해서 정유사로부터 석유를 구매한다. 또한 판매되는 석유의 가격은 매일 다르고, 정유사 폴 사인이 있는 주유기마다 가격이 다르다. 따라서 주유소 매니저는 소비자에게 저렴한 주유를 가능하게 하려고 노력해야 할 것이다.

산업융합은 변화의 수준이 가장 강하고 트랜스포머 역할을 하는 것으로 산업과 산업의 경계영역 간에 새로운 산업이 등장하는 것이다. 산업융합 사례는 은행과 보험산업 간에 방카슈랑스, 통신과 방송산업 간에 DMB, 유통과 방송산업 간에 홈쇼핑, 전력과 IT산업 간의 스마트 그리드, 은행과 통신 간에 인터넷은행, IT와 통신 간에 앱 스토어 등이 있다.

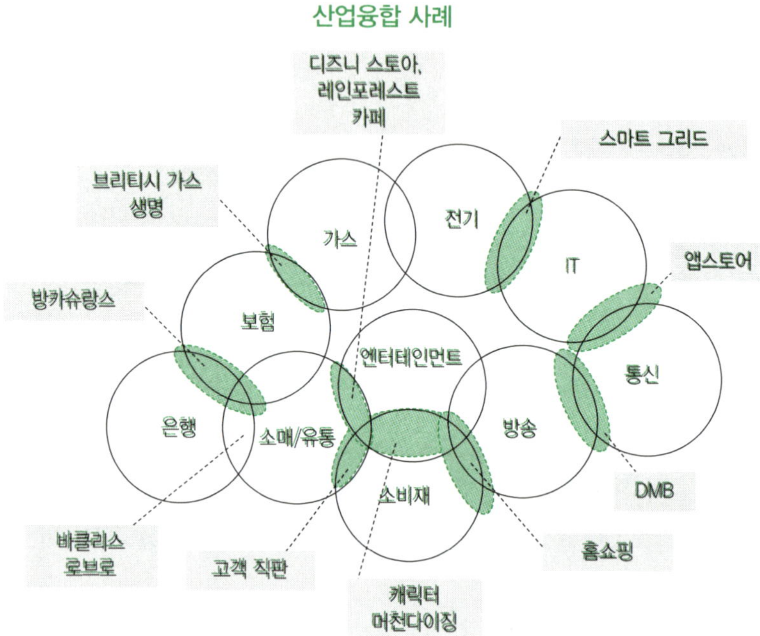

출처 : PWC 컨설팅

비즈니스 모델의 유형

티머스(Timmers)는 기능의 통합 정도와 혁신의 정도를 고려하여 11개의 인터넷 비즈니스 모델의 유형을 매핑하였다. 단일 기능과 낮은 혁신에서 상점형 모델, 조달형 모델, 몰형 모델이 있고, 단일 기능과 높은 혁신에서 정보중개형 모델, 보안인증 모델, 경매형 모델, 가치사슬서비스 제공 모델이 있으며, 복합 기능 통합과 높은 혁신에서 가상커뮤니티 모델, 협력 플랫폼 모델, 제3장터, 가치사슬통합 모델을 제시하였다. 다음은 11개 모델에 대한 설명이다.

상점형 모델은 기업이나 점포의 웹 사이트를 이용한 마케팅 모델이다. 예로는 sony.com, appole.com 등이다.

조달형 모델은 전자구매를 위한 사업 모델이다. 한국전력 전자조달 시스템(srm.kepco.net) 등이 있다.

경매형 모델은 입찰 · 계약 · 대금결제 · 배달 등을 가능하게 한다. 한국자산관리공사(onbid.co.kr) 등과 같은 사이트이다.

몰형 모델은 오픈마켓과 같은 서비스이다. G마켓, 11번가 등이 있다.

제3장터는 애플의 앱 스토어 같이 앱 개발자의 상품을 소비자와 연계시켜주는 장터이다.

가상커뮤니티 모델은 아마존과 같이 회원 간의 의사소통(도서 리뷰 등)을 통해 부가가치를 생성해가는 사이트이다.

가치사슬서비스 제공 모델은 아마존에서 책을 구입한 후 익스프레스 배송을 원하면 UPS가 배송을 수행한다. 이처럼 아마존의 주문시스템과 UPS의 배송시스템 간의 인터페이스를 통해, 두 조직의 가치사슬이 연계되는 것을 의미한다.

가치사슬통합 모델은 가치사슬에 나타난 여러 단계를 통합하는 서비스를 한다. '배달의 민족'은 식당의 마케팅 · 영업 · 결제 · 배달을 대행한다.

협력 플랫폼 모델은 기업 간 공동작업을 위한 도구와 정보 기반 제공, 공동설계 등의 특정 기능에 집중하는데, anx.com은 미국의 GM, 포드, 크라이슬러 등의 자동차회사가 공동으로 부품을 조달하는 사이트이다.

보안인증 모델은 인터넷상에서 공증서비스나 인증서비스를 제공하는 형태의 모델이다. 대표적인 예는 verisign.com이다.

정보중개형 모델은 인터넷상에서 구할 수 있는 정보서비스 제공, 검색엔진, 사업중개, 투자자문을 고객에게 제공하는 모델이다. 대표적인 사례는 야후의 오버추어(Overture)와 같은 키워드 광고 모델이다.

티머스의 11개 비즈니스 모델 유형

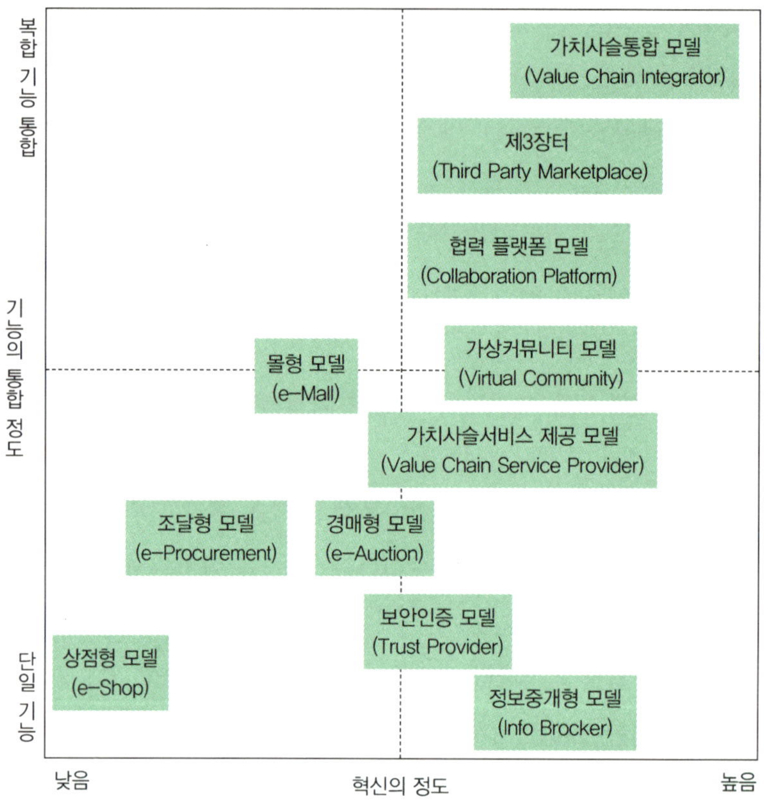

e-마케팅의 속성

e-비즈니스 시대에는 마케팅 이론도 e-마케팅으로 발전되었다. 전통적인 마케팅 이론에서의 4P는 상품 · 가격 · 유통 · 촉진이고, 서비스 마케팅의 3P는 종업원 · 물리적 증거 · 서비스과정이다. 그러나 e-마케팅에서는 4P에 해당하는 것이 4C로 고객가치, 고객 측의 비용, 언제 어디서나 접근을 하는 편리성, 양방향 의사소통이며, 서비스

마케팅의 3P에 해당하는 것이 도매상 및 소매상을 거치지 않는 직접 마케팅, 사용자인터페이스 측면의 항해 모델, 프로세스를 대체하는 비즈니스 모델이다.

전통 마케팅과 e–마케팅의 속성 비교

	전통 마케팅	e–마케팅
마케팅 4P	상품(Product)	고객가치(Customer Value)
	가격(Price)	고객 측의 비용(Cost to the Customer)
	유통(Place)	편리성(Convenience)
	촉진(Promotion)	의사소통(Communication)
서비스 마케팅 3P	종업원(People)	직접 마케팅(Direct Marketing)
	물리적 증거(Physical Evidence)	항해 모델(Navigation Model)
	서비스과정(Process of Service)	비즈니스 모델(Business Model)

비즈니스 모델 정의

청동기 시대에는 청동검의 칼이 무뎌서 적군을 찌를 수 없었고, 이를 번쩍 들어서 머리를 내려치는 도구로 사용했다. 철기 시대의 칼은 가볍고 칼날이 예리하여 검을 휘두르며 적군을 찌르는 것이 가능함에 따라, 군인들은 검술을 개발하고 익히게 되었다. 이처럼 새로운 기술이 등장하면 이를 효과적으로 사용하는 방법이 등장해야 한다. 따라서 인터넷과 디지털 기술이 등장함에 따라 이를 효과적으로 사용하는 방법이 비즈니스 모델이다.

비즈니스 모델은 컴퓨터와 네트워크 등의 통신기술과 사업 아이디어가 결합한 사업방법으로 기업이 수익을 창출하고 영위하는 방식(method of doing business)을 의미한다. 비즈니스 모델은 "누가, 어떤 가치를, 누구에게, 어떤 가격 정책으로 전달하고, 누구로부터 어떻게 수익을 받을 것인가?"를 정의하는 모형이다.

비즈니스 모델의 구성

가치(What)	행위자(Who)	수익(How)
• 콘텐츠 • 커뮤니티 • 커머스 • 콜라보레이션	• 주체 • 관계자 • 관계(역할)	• 대상 • 수익 모델

비즈니스 모델의 가치는 콘텐츠(contents), 커뮤니티(community), 커머스(commerce), 콜라보레이션(collaboration)으로서 4C라고 한다.

콘텐츠는 상품, 서비스, 정보의 내용과 그 흐름이 기술된 구조이다. 커뮤니티는 비즈니스 모델에 참여하는 참가자들을 결정하고, 그들의 역할에 관한 규정 및 비즈니스 모델 참가자들의 잠재적 효익과 관련된 내용을 포함한다. 상거래는 비즈니스 모델의 소유자, 즉 사업 주체의 수익 원천과 관련된 내용을 포함한다. 콜라보레이션은 비즈니스 단위 간의 협력을 통하여 시너지를 향상하는 것이다. 아마존이 익스프레스 배송을 위해 UPS 등과 제휴하는 것이다.

비즈니스 모델의 행위자는 사업을 주관하는 주체와 공급자와 소비자, 금융, 물류, 보안 및 인증 등을 제공하는 관계자, 그리고 상품, 서비스, 정보, 물류, 수익 등의 흐름의 관계로 구성된다.

비즈니스 모델의 수익은 상거래 모델, 이용료 모델, 제휴 수수료 모델, 광고 모델, 회비 모델, 가격 지향성 모델, 편의 및 신속형 모델, 맞춤 상품 모델 등으로 이루어진다.

비즈니스 모델 구조도

비즈니스 모델의 개념을 타인과 소통하기 위해서는 이를 직관적으로 확인할 수 있는 비즈니스 모델 구조도를 작성하는 것이 필요하다. 이는 행위의 주체와 관계자를 배치하고, 이들 간의 관계, 즉 가치와

아이폰 비즈니스 모델

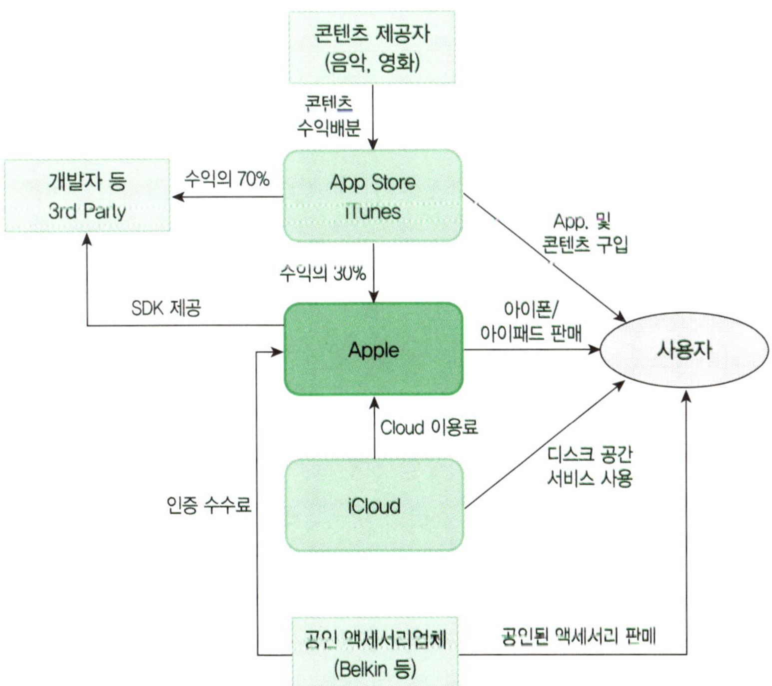

출처 : 구글 이미지 검색

수익의 흐름을 나타내줌으로써, 직관적으로 비즈니스를 이해할 수 있게 해준다. 애플의 비즈니스 모델을 예로 들어보자. 사용자는 애플로부터 아이폰 및 아이패드를 구입하고, 앱 스토어와 아이튠즈로부터 앱과 콘텐츠를 구입한다. 또한 iCloud를 사용하고, 공인된 액세서리를 구입한다. 애플은 앱 개발자 · 콘텐츠 제공자 · 공인 액세서리업체로부터 수익을 분배받는다.

비즈니스 모델 캔버스

비즈니스 모델 캔버스는 오스터왈더(Osterwalder)가 제안한 것으로 비즈니스 모델의 속성을 보다 구체적으로 정의하기 위한 것이다. 아마존의 비즈니스 모델 캔버스를 예로 들어보자. 비즈니스 모델의 9가지의 속성에 대한 자세한 상황에 대해 살펴보기로 하자.

고객세분화는 "누구를 위해 가치를 창출할 것인가?", "누가 가장 중요한 고객인가?", 그리고 매스마켓 · 니치마켓 · 세분화시장 · 변화가 많은 시장 · 다각적인 시장에 관해 기술한다. 또한 고객이 얻는 이익과 고객의 고통을 고려한다.

가치제안은 "고객에게 어떤 가치를 전달할 것인가?", "고객의 문제를 해결하기 위해 어떻게 도울 것인가?", "상품과 서비스를 어떻게 조합하여 세분화된 고객에게 제공할 것인가?"를 기술한다. 또한 가치제안은 최신성 · 성과 · 고객화 · 디자인 · 브랜드 · 가격 · 원가절감 · 위험감소 · 접근성 · 편리성 · 사용성을 고려한다.

채널은 "세분화된 고객별로 당도하기 위한 방안은 무엇인가?", "어떻게 채널을 통합할 것인가?"를 기술한다. 또한 고객 입장에서 인지 · 평가 · 구매 · 전달 · 사후서비스에 대한 고려를 한다.

고객관계는 "고객 세그먼트는 어떤 유형의 관계를 구축하고 유지하기를 기대하는가?", "고객관계는 비즈니스 모델과 어떻게 통합되는가?"를 기술한다. 이는 셀프서비스 · 컨택센터 등을 고려할 수 있다.

핵심자원은 "가치제안을 충족시키는 핵심자원은 무엇인가?", "유통채널 · 고객관계 · 수익흐름을 위한 활동은 무엇인가?"를 기술한다. 또한 물리적 · 지적 · 인적 · 재무적 자원을 고려한다.

핵심활동은 "가치제안을 충족시키는 핵심활동은 무엇인가?", "유통채널 · 고객관계 · 수익흐름을 위한 활동은 무엇인가?"를 기술한다. 또한 생산 및 운영 · 문제 해결 · 플랫폼에 관련된 고려를 한다.

핵심파트너는 "핵심파트너는 누구인가?", "핵심공급자는 누구인가?", "어떤 핵심자원을 파트너로부터 획득해야 하는가?", "파트너가 수행하는 핵심활동은 무엇인가?"를 기술한다. 또한 최적화 · 경제성 · 리스크와 불확실성 제거 · 특별한 자원과 활동의 조달을 고려한다.

비용구조는 "비즈니스 모델에 내재된 가장 중요한 원가요소는 무엇인가?", "어떤 핵심자원과 핵심활동이 가장 원가 부담요소인가?"를 기술한다. 또한 급여 · 임대료 · 설비비 등의 고정원가, 변동원가, 규모의 경제를 고려한다.

수익흐름은 "어떤 가치에 대해 고객이 지불하고자 하는 의지가 있는가?", "현재 무엇에 대해 지불하는가?", "고객이 선호하는 지불방식은 무엇인가?", "전체 수익에 대해 각각의 수익에 대한 기여도의 비중은 어떠한가?"를 기술한다. 또한 고정된 요금체계 또는 유연한 요금체계 중에서 하나를 선택하여야 한다.

아마존 비즈니스 모델 캔버스

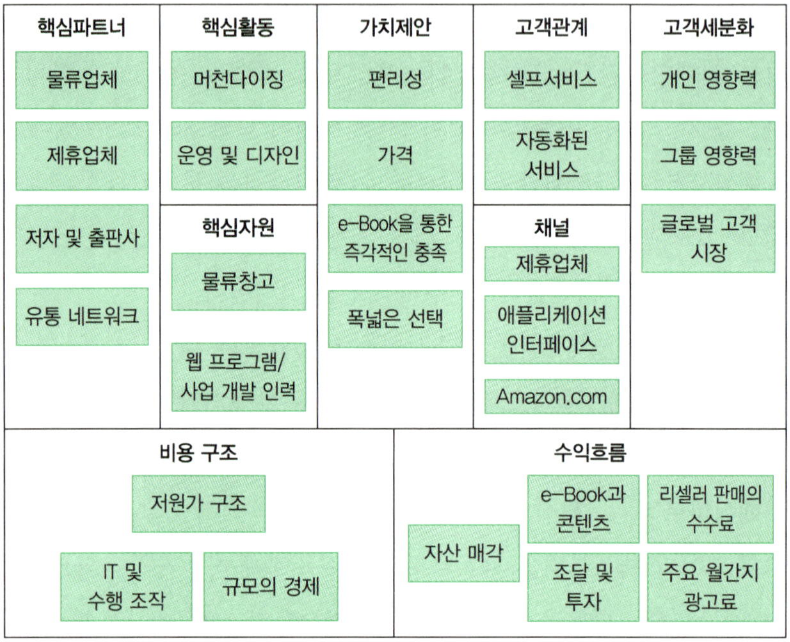

출처 : 구글 이미지 검색

e-트랜스포메이션

e-트랜스포메이션은 인터넷 시대에 등장한 혁신활동이다. 이들은 '조달 → 생산 → 유통 → 영업'이라는 수직적인 가치사슬을 해체하고, 비즈니스 모델을 구성하여 사업을 수행한다. 우리가 이미 알고 있는 기존의 비즈니스 모델은 대부분 e-트랜스포메이션이라고 간주하면 된다. 대표적인 사례로는 아마존, 아이팟, Cisco, Dell, e-Bay, GE Trading Process Network, ONSALE, Travelocity(American Airlines), Autobytel, Ariba, MRO.com, sSteel, Chemround 등이 있다. 여기서는 아마존의 초기 비즈니스 모델, 미쓰비시 중공업의 중

장비 A/S를 위한 비즈니스 모델, 자동차 부품 조달을 위한 ANX에 대해 살펴보기로 한다.

아마존 사례

아마존은 1995년 최초로 인터넷을 기반으로 서적을 판매하였고, 현재는 비디오, 가전, 게임, 미술품, 자동차 부품, 휴대폰, 의류, 컴퓨터, 전자상품, 건강용품, 주방용품, 잡지, 영화, 애완용품, 소프트웨어, 장난감, 와인 등을 판매하는 쇼핑몰이다. 또한 전자책 킨들(Kindle), 인공지능 비서 알렉사(Alexa), 오프라인 매장인 아마존 go, Cloud 인프라인 AWS, 스마트 창고 및 창고 로봇 키바시스템(KIVA System)을 구현하였다.

초기에 아마존의 도서 판매 비즈니스 모델을 살펴보자. 아마존은 출판사 및 유통업체로부터 도서를 공급받아 소비자에게 판매하는 비즈니스 모델을 갖고 있다. 아마존은 자체 창고를 갖고서 상품을 직접 구매 및 배송도 하지만, 물품의 공급 및 배송은 12개의 유통업체에 의존하고 있다. 그들은 초창기에 주요 제휴 포털과 관계를 통하여 고객 유치를 하였다.

아마존은 400만 권의 서적을 취급하며, 서적에 대한 개요, 독자 리뷰, 자체 평가 등급(★★★★★)을 제공하여 구매자가 도서 간의 비교를 하고 정확한 구매 의사결정을 내릴 수 있도록 정보를 제공한다. 또한 쉬운 검색방법 · 낮은 가격 · 간단한 주문방법 · 거래내역 조회가 가능하다. 아마존은 중고서적 거래도 취급하고, 신속한 배달을 위해 UPS를 통한 익스프레스 배송을 옵션으로 제공하며, 도서 추천시스템

아마존 비즈니스 모델

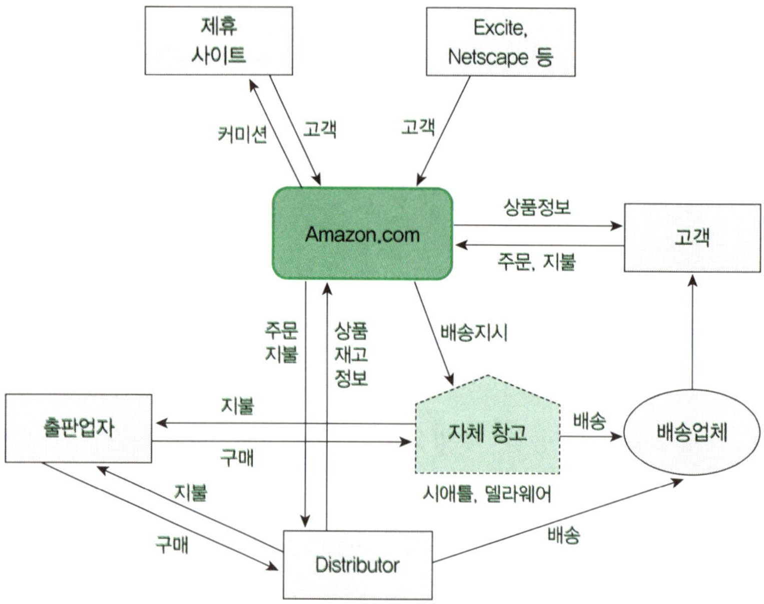

출처 : 구글 이미지 검색

기능도 제공한다.

아마존의 가장 핵심적인 전략은 서적 DB를 갖추고, 구매자들이 인터넷 검색을 통해 스스로 원하는 도서에 접근할 수 있도록 해서, 틈새상품이 중요해지는 새로운 경제 패러다임인 '롱테일(long tail) 법칙'을 적용한 것이다. 반면에 오프라인 서점인 반스앤노블은 한정된 매장에 책을 진열해야 하므로 매출 상위 20% 위주로 책을 전시하게 된다. 롱테일 법칙을 주창한 크리스 앤더슨에 의하면 롱테일은 판매곡선에서 불룩 솟아오른 머리 부분에 이어 길게 늘어지는 꼬리 부분을 가리킨다. 그는 "인터넷 비즈니스에 성공한 기업들 상당수가 20%의 머리 부분이 아니라 80%의 꼬리에 기반을 두어 성공했다."고 주장한다. 아마존은 80%의 긴 꼬리에 있는 다품종 소량판매 서적시장을 장악함으로써 시장점유율의 20%를 기본적으로 손쉽게 달성할 수 있다.

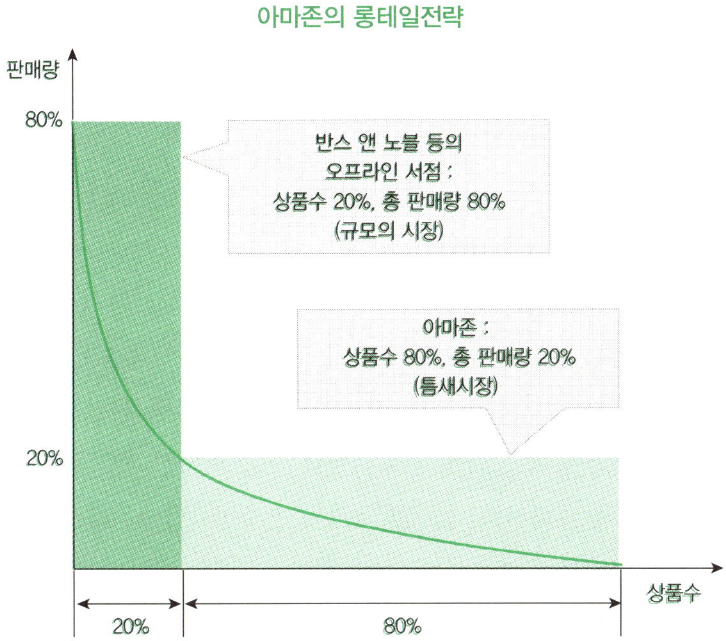

출처 : 구글 이미지 검색

미쓰비시 중공업 사례

건설공사를 하기 위해서 필수적인 것이 건설 중장비이다. 이러한 장비에는 굴삭기, 로더, 불도저, 그레이더, 기중기, 지게차 등이 있다. 특이한 점은 일본 미쓰비시 중공업에서 생산한 상품이 국제적으로 인기가 높으며, 가격도 국산 중장비보다 2배 이상 비싸다. 왜 그럴까? 브랜드 때문일까? 상품이 우수해서 그럴까?

중장비는 오지에서 건설을 위해 주로 사용된다. 중동의 사막, 중국의 대륙 내부, 아마존강 유역 등에서 사용되는 중장비의 운영을 생각해보자. 중장비가 고장 난다면 어떻게 될까? 일단 수리를 위해 A/S 기사가 도착하고, 정비를 하기까지는 2~3일 동안 중장비 사용을 하지 못한다. 하지만 문제는 이것뿐만 아니다. 중장비 한 대가 고장 나면, 협동을 통해 작업하는 다른 종류의 모든 중장비 작업이 동시에 정지된다. 또한 중장비와 같이 작업을 하는 근로자 수백 명이 일을 못 하게 된다. 따라서 그 비용의 손해와 공사 진도의 차질은 치명적이다.

미쓰비시 중공업은 1990년대에 이러한 문제를 해결하기 위한 A/S 혁신을 하였다. 지구상의 어디에서 작업하든지 간에 중장비가 고장이 나면, 콜센터에 전화해서 위치, 모델명, 고장 증상 등을 신고하면, 몇 시간 내에 정비팀이 도착해서 수리한다. 필요하다면 헬기를 타고 신속하게 현장에 도착한다. 이들은 A/S가 중장비사업에 핵심적인 요소라는 것을 간파했기 때문이다. 그래서 건설업체는 미쓰비시 중장비를 고가에 구입하는 것을 주저하지 않는다.

최근 국내의 현대중공업 건설장비 사업부는 미쓰비시 중장비사업부를 벤치마킹하여 '하이-메이트'라는 솔루션을 고객에게 제공한다. 이 솔루션은 A/S뿐만 아니라 사전서비스(B/S : Before Service)까지 고려하였다. 이는 건설장비의 가동상태와 이상 유무, 주기적 관리가 필요한 필터의 교체 요청정보 등과 GPS를 통한 장비의 위치정보를 통신 단말기(remote management control unit)를 통해 휴대폰 통신망으로 전송하고, 이를 본사 컴퓨터를 통해 고객과 대리점 및 A/S 요원에게 실시간으로 제공한다. 이는 상세한 장비 위치정보, 가동 일보, 연료 소모량 등의 가동현황을 파악할 뿐만 아니라, 메일이나 SMS로 정보를 전달하며, 도난에 대한 정보, 장비상태, 작업내용, 장비 운용 효율성 등의 정보를 서비스한다. 이는 모바일 기술을 적극적으로 활용한 예가 될 것이다.

스마트 기술을 적용한 건설 중장비 A/S 제공체계

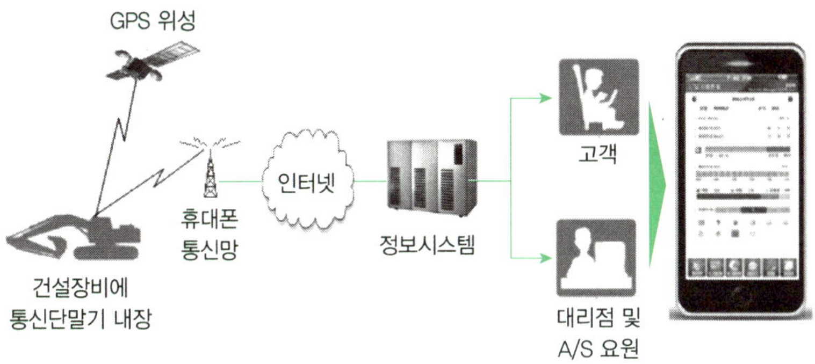

출처 : 현대중공업 웹사이트

ANX 사례

미국의 자동차 3사인 GM, 포드, 크라이슬러는 부품의 구매를 공동으로 한다. 3사가 부품을 표준화하고, 같은 e-Procurement시스템을 통해 조달하는 것이다. 이들은 이러한 융합방식을 통해 부품 소날비용을 15% 절감하였다고 한다. IBM은 미국 완성차업체 · 부품업체 · 판매점 · 물류 및 자동차 보험업자 등을 하나의 전사정보망으로 연결하여, 관련 정보를 공유하는 인터넷상의 EDI(Electronic Data Interchange) 네트워크를 구성하였다. 이를 ANX(Automotive Network Exchange)라고 하는데, 미국 자동차업계가 1994년부터 준비한 것으로 완성차와 부품업체, 판매점 등은 제품설계 자료 · 부품재고 · 부품발주 · 출하일정 · 대금 지급정보 · 자동차 개발과 제조 판매에 필요한 정보를 실시간(real time)으로 공유하게 된다.

ANX를 통해 관련 업체 간 정보가 공유되면 비용절감은 물론 효율성이 높아지고 제품 개발 기간 단축 등 획기적인 경쟁력 상승효과가 기대되기 때문이다. 1998년부터 가동 중인 ANX는 미국 완성차업체와 1,000개 이상의 부품업체가 참여하고 있다. 이는 유럽에 ENX, 일본의 JNX, 한국의 KNX와 함께 글로벌 네트워크인 GNX로 연계된다. ANX는 통합과 융합을 동시에 추구하는 산업 네트워크이다. 이러한 융합방식은 산업 내에 기업을 묶어서 경쟁력을 강화하는 좋은 수단이 된다.

미국의 ANX 네트워크와 기능 구성도

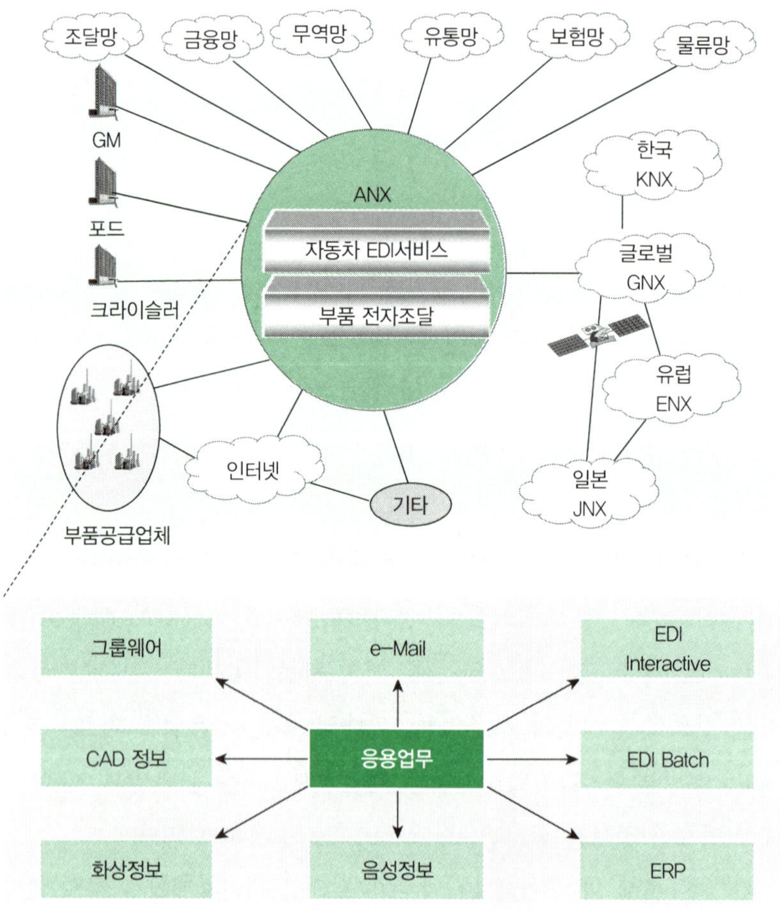

출처 : 현대정보기술 제안자료

Chapter 7

디지털 트랜스포메이션

디지털 경영 모형

아날로그 시대, 인터넷 시대, 디지털 시대를 거쳐 오면서 경영방식은 전반적으로 바뀌었다. 이러한 변화를 경영 모형 관점에서 경쟁전략, 표적시장, 자산전략, 인에이블러, 채널전략, 부가가치 제공자 역할, 고객 요구, 수익확보 측면에서 비교해보자.

경쟁전략은 과거에 우수한 상품과 서비스를 개발하면 그것으로 성공적이었으나, 1980년대에 들어서는 규모의 경쟁으로 바뀌면서 기업 간의 통합이 이루어졌다. 더 발전된 디지털 시대에는 고객본질을 상상하고 이를 충족시키는 경쟁방식이 주류를 이루게 되었다.

표적시장은 과거에 단일 상품으로 단일 시장을 지배하는 방식이었다. 1980년대 이르러 시장세분화와 목표시장 결정 및 시장 포지셔닝 전략으로 발전되었다. 현재에는 개인별 맞춤형 서비스가 주된 트렌드이다.

자신전략은 과거에 설비, 건물, 토지 등 물리적인 자산이 중심이었다. 1990년대 이르러 지식경영의 중요성이 부각되었다. 현재는 분석

디지털 경영 모형

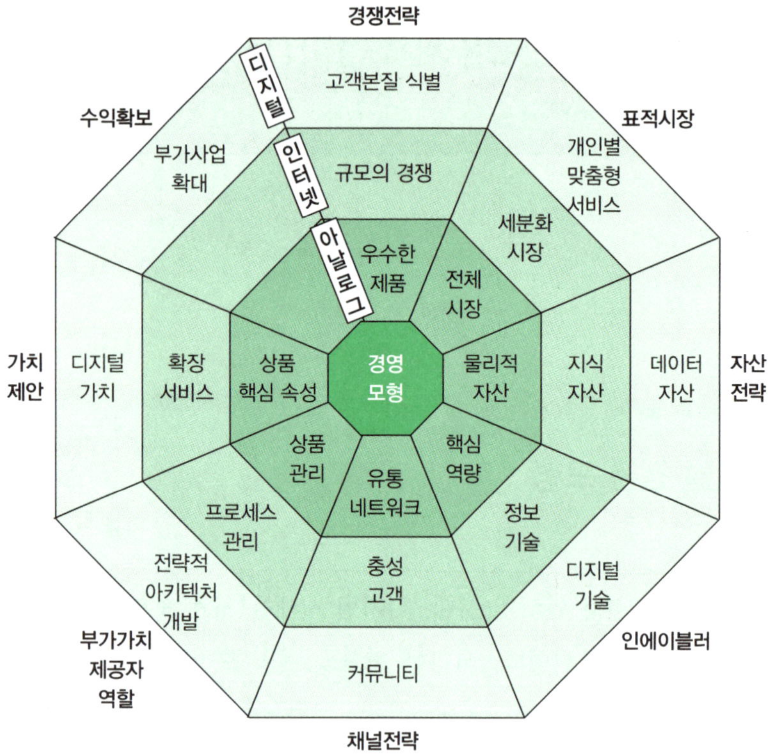

을 통해 인사이트를 얻기 위해서는 데이터가 핵심자산이다.

인에이블러는 과거에 핵심역량이었다. 혼다는 소형엔진으로 모터사이클, 스쿠터, 모터보트, 휴대용 발전기, 농약 살포 분무기, 예초기 등으로 시장을 개척했다. 1980년대 이후에는 정보시스템을 통해 업무를 자동화하는 것이 중요했다. 오늘날에는 다양한 디지털 기술을 적극적으로 활용하느냐에 따라서 경쟁력을 강화할 수 있다.

채널전략은 과거에 '생산자–도매상–소매상–소비자'의 유통 네트워크를 통해서 상품을 흘려보내는 방식이었다. 2000년대에는 고객관계관리 개념이 등장해서, 기존 고객을 충성고객으로 만들어서 유지하는 것이 중요한 접근방식이었다. 이는 신규고객 확보가 기존 고객 유지보다 10배의 노력이 소요되었기 때문이었다. 오늘날에는 구글, 페이스북, 유튜브와 같이 플랫폼에 형성된 커뮤니티에 의해 프로모션이 이루어진다.

부가가치 제공자 역할은 과거에 상품관리(merchandising)가 중심이었고, 1980년대 중반에 프로세스 리엔지니어링 개념이 등장하면서 프로세스관리가 기업 경쟁력 확보에 핵심적 역할을 하였다. 현재는 비즈니스 모델과 같은 전략적 아키텍처를 개발하는 것이 필요하다.

가치제안은 과거에 자동차의 연비, 디자인, 가격과 같이 상품의 핵심속성을 중요시했다. 1990년대에 와서는 A/S, 신용판매와 같은 확장된 서비스를 고객이 요구하였다. 현재는 자율주행, 전기자동차와 같은 디지털 가치를 필요로 한다.

수익 확보 측면에서 과거에는 상품 판매 수익이 중심이었다. 2000년대의 e-비즈니스에서는 수익 모델을 중시했다. 그러나 현재에는 콘텐츠 및 앱 등과 같이 부가사업 확대를 통한 수익창출이 중요하다.

GE의 상상경영

과거 셀러 마켓에서는 상품 및 서비스가 우수하고 가격 경쟁력이 있다면 쉽게 판매가 되었다. 그러나 1981년 잭 웰치(John Frances Welch Jr.)가 GE의 회장으로 등장한 이후에는 사업 성공방식은 규모의 경제로 바뀐다. 그는 선도자 우위전략을 채택하였다. GE의 사업부 중에서 업계에 1위 또는 2위에 해당하는 사업만을 남기고 나머지는 사업부 매각을 통하여 구조조정을 하게 된다. 매각을 통해 형성된 재정으로 채택된 사업부에 대규모 투자를 강화하고 확장을 하여 규모의 경제를 실현한다. 이렇게 함으로써 원가를 절감할 수 있고, 가격경쟁력을 통해서 다른 기업이 사업에 참여하지 못하도록 진입장벽을 쌓는 것이다. 결국, 경쟁자들이 없어진 시장에서는 독점적인 지위를 활용하여 막대한 이윤을 획득하는 것이다.

2001년 잭 웰치로부터 GE의 경영권을 물려받은 제프리 이멜트(Jeffrey R. Immelt)는 상상경영을 채택하였다. 그는 GE의 슬로건을 "Imagination at work"로 내걸었다. GE 경영 4단계는 "상상하라(Imagine) → 해결하라(Solve) → 구축하라(Build) → 주도하라(Lead)"로 요약이 된다.

GE의 변화를 위한 4단계 모형

상상하라 (Imagine)	→	해결하라 (Solve)	→	구축하라 (Build)	→	주도하라 (Lead)
친환경, 에너지 절약, 의료기술, 수송기술 등의 분야에서 사회적 문제를 해결하기 위한 바람직한 모습을 그려냄		에너지와 물을 적게 사용하고 깨끗이 세탁하는 드럼세탁기, 석탄 청정화기술, 풍력발전기술 등의 개발		솔루션 구축을 위해 자본, 전문성, 인프라스트럭처를 전 세계에 제공		끝없는 호기심과 열정으로 변화와 학습을 통해 주변을 이끌어 감

'상상하라'의 의미는 상상을 현실화시킬 수 있다는 확신으로 위대한 시도를 과감히 하는 것이다. 원래 '상상(想像)'이란 본적이 없는 코끼리의 형상을 그려보는 것이다. GE의 상상은 자연을 보호하는 친환경, 에너지 절약, 생명을 위한 의료기술, 수송을 위한 기술 등과 같은 것이었다. 이는 고객과 공동체, 사회 및 우리 자신의 다양한 문제를 해결하기 위해 보이지 않는 바람직한 미래를 그려보는 것이다.

'해결하라'는 상상을 통해 그려진 새로운 그림을 해결하기 위한 과제를 풀어내는 것이다. 예를 들어, GE의 신기술이 적용된 드럼세탁기는 에너지와 물을 적게 사용하고, 더 깨끗한 세탁을 가능하게 한다. 석탄 청정화기술은 화력발전소의 물 사용량을 절감하고, 보다 청정한 연료를 통해 배기가스를 감축한다. 이처럼 문제를 수집하고, 해결하기 위한 기술을 개발하고, 이를 상용화함으로써 인류의 환경을 보존하는 것이다.

'구축하라'는 미래를 위해 지속적인 성장을 향한 탐험을 추구하는 것이다. GE는 글로벌 경제를 위한 자본 · 전문성 · 인프라스트럭처를 전 세계에 제공하고 구축한다. 실제로 항공, 에너지, 운송 등의 솔루션을 보면 그들의 사명과 행동의 일치가 이해된다. 전 세계에 설치된 GE의 풍력발전용 터빈은 매년 1,830만 톤의 온실가스 배출을 줄이는 데 기여하기 때문이다. 구축은 상상력을 현실화시키는 것이다.

'주도하라'는 끝없는 호기심과 열정으로 변화와 학습을 통해 주변을 이끌어가라는 의미이다. 이멜트 회장은 리더가 되기 위한 첫째 조건을 학습능력으로 꼽았다. 그는 "자신이 가장 똑똑한 사람이 되기 위해 주변에 바보들이 모이는 걸 좋아하는 사람은 성공하지 못한다."고 단언했다. 또한 성공한 사람은 직급이 높건 낮건 공통적으로 호기심이 많고, 외부 지향적이며, 학습량이 많은 특징을 지닌다고 말한다. 예순이 된 그 자신도 끊임없이 배우고자 한다. 그는 "최고의 자리를 오래 유지하려면 경청하는 기술이 필요하다. 항상 더 많이 듣고 질문하려고 한다."고 말했다. 또한 그는 3~4년간 신기술 전문가를 초빙해서 빅데이터를 수집 및 분석하는 산업 인터넷 분야에 대해 공부했다고 한다.

결국 제프리 이멜트의 상상경영은 오늘날 GE의 디지털 트랜스포메이션의 출발점이라 할 수 있다.

디지털 트랜스포메이션

과거의 비즈니스 트랜스포메이션은 사업설계 중심이었다. 인터넷 시대의 e-트랜스포메이션은 비즈니스 모델 중심이다. 오늘날의 디지털 트랜스포메이션은 고객가치와 비즈니스 영향도 측면에서 고객경험 혁신, 비즈니스 모델의 재창조, 운영 프로세스 혁신으로 나눌 수 있다. 디지털 트랜스포메이션의 포트폴리오를 작성해보자.

고객경험 혁신은 스타벅스, 버버리, 스페인 은행 BBVA, 독일의 인터넷은행인 Fidor Bank를 대표적인 사례로 들을 수 있다. 이들은 고객의 요구를 바탕으로 혁신이 이루어졌다. 운영 프로세스 혁신은 ZARA, 플랫폼 비즈니스인 GE의 프레딧스와 아마존 AWS의 경우이다. 이들은 상품의 생산과 출하 기간을 단축하여 효과를 보았다. 비즈니스 모델 재창조는 아마존, 공유경제 모델인 에어비앤비와 우버 그리고 구글, 페이스북, 애플과 같은 IT기업의 혁신이 있다. 여기서는 스타벅스, ZARA, 에어비앤비, GE 프레딕스 및 디지털 트윈, 아마존

디지털 트랜스포메이션 포트폴리오

AWS을 구체적으로 알아본다.

스타벅스 사례

스타벅스의 CEO 하워드 슐츠는 1987년부터 2000년까지 회사를 도약의 단계로 성장시키고 일선에서 물러났다. 후임자 짐 도널드는 확장 일변도의 사업전략을 추구하여 매장이 15,000개로 늘어났고 매출도 증가했다. 그러나 '고급 커피 문화공간'이라는 이미지가 사라지고, 타 브랜드와 차별화에도 실패했다. 주가는 40% 이상 폭락했다. 이러한 경영여건에서 하워드 슐츠는 2008년 CEO로 복귀했다.

2017년에 발표된 '향후 5년간의 스타벅스 중장기 전략' 발표 내용의 6가지 중에서 ① 프리미엄 커피 경험의 전환, ② 새로운 고객경험 혁신을 추진하기 위한 프리미엄 전략, ③ 확장된 디지털 플라이휠(개인화, 주문, 지불, 리워드를 스마트폰으로 가능하게 함)과 같이 3가지의 고객경험을 강조하였다. 이 외의 전략은 ④ 중국 진출, ⑤ 글로벌 리더십, ⑥ 파트너관계이다. 이처럼 최고의 기업인 스타벅스조차 고객경험에 모든 승부수를 던진 것은 주목할 만한 것이다.

스타벅스는 디지털 트랜스포메이션 2.0을 추진하기로 하였으며, 이는 디지털 플라이휠 고도화, 고객 및 매장 데이터 통합, IoT 기반 커넥티드 매장 강화로 구성된다.

디지털 플라이휠(digital flywheel)은 스타벅스의 고객경험 강화 프로그램이다. 이는 판매량 증가를 위해 알고리즘과 자동화를 통해 언제 어디서나 개인화 · 주문 · 지불 · 리워드를 가능하게 하는 것이다.

스타벅스 디지털 트랜스포메이션 2.0

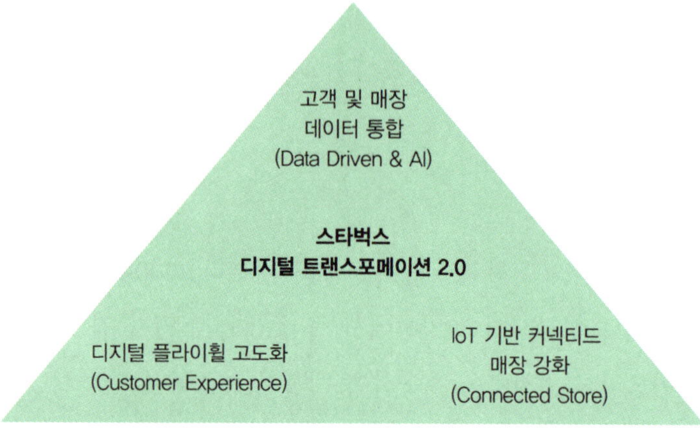

출처 : 스타벅스 웹사이트

스터벅스 디지털 플라이휠

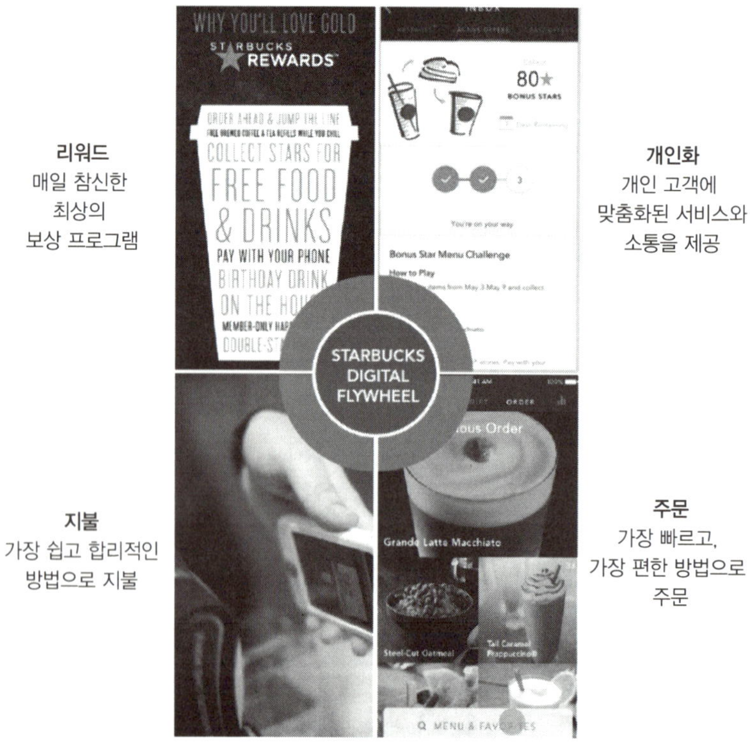

출처 : 스타벅스 웹사이트

주문은 매장을 방문하지 않아도 스마트폰으로 주문 및 결제를 할 수 있는 '사이렌 오더'서비스를 제공한다. 사이렌 오더는 한국에서 최초로 도입되어 미국으로 역수출된 서비스이다. 이는 위성위치확인시스템(GPS)을 이용해 방문하려는 매장 반경 500m 내에서 음료를 주문하고 결제까지 가능한 서비스다. 이는 스마트폰에서 스타벅스 앱을 통해 음료 · 푸드 · 원두 등을 선택하고, 메뉴를 고른 후 사이즈 · 컵 선택 · 퍼스널 옵션 · 주문할 매장을 결정하고 주문하기를 선택하면 된다. 사이렌 오더는 장차 매장의 캐셔(cashier)를 줄여줄 것으로 전망된다.

개인화는 나만의 메뉴와 옵션을 등록하고 이를 선택해서 주문하는 것이다. 또한 히스토리를 통해서 메뉴 주문의 경우 결제 완료 · 준비 완료 · 결제 취소의 상황을 조회할 수 있고, 홀 케이크 선물 · 예약의 경우 예약 완료 · 선물 완료 · 수령 완료 · 결제 취소의 상황을 확인할 수 있다.

결제는 사전에 구매된 스타벅스 기프트 카드 또는 리워드를 통해서 지불된다.

리워드는 주문할 때마다 포인트인 별(★)이 쌓이며, 30개의 별이 모이면 골드 레벨이 된다. 일 년 동안 30개의 별이 더 모이면 골드 레벨이 1년 연장된다. 스타벅스는 웰컴 레벨 · 그린 레벨 · 골드 레벨로 고객 충성도를 차등화하며, 다양한 리워드 프로그램을 제공한다.

고객 및 매장 데이터 통합은 개인화서비스 및 매장 입지분석 등에 활용한다. 이는 AI 기반의 실시간 개인화 엔진을 이용한 서비스 모델로 고객 계정정보 · 고객 선호사항 · 구매 이력 · 협력업체 데이터 · 상황 데이터 · 스타벅스 앱 사용 데이터 등을 취합하고 분석하여 개인별 맞춤형 서비스를 한다. 이러한 데이터는 상업화 지수(은행 수 · 사업체 수 · 음식점 수 · 지하철역 수 · 공시지가 · 영화관 수), 인구 지수(아파트 · 20~30대 인구 · 40~50대 인구), 캠퍼스 지수(대학교 수) 등과 결합하여 매장 입지분석을 한다.

스타벅스 데이터 통합을 통한 개인화 서비스 모델

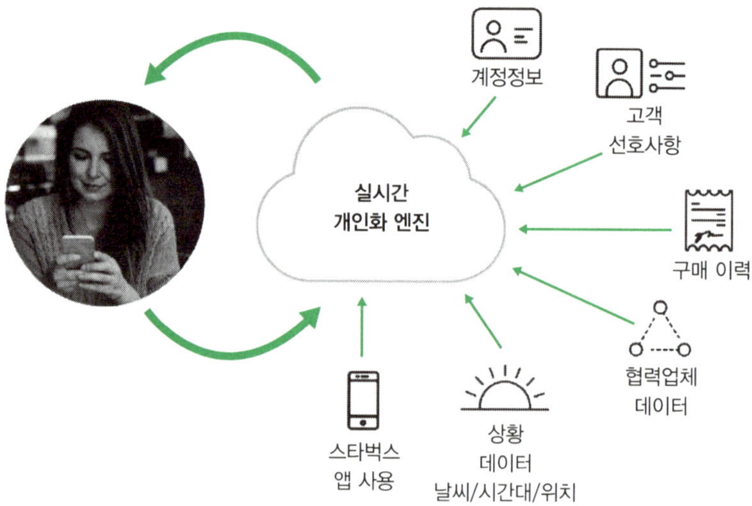

출처 : 구글 이미지 검색

스타벅스의 IoT 기반 커넥티드 매장 강화 모델

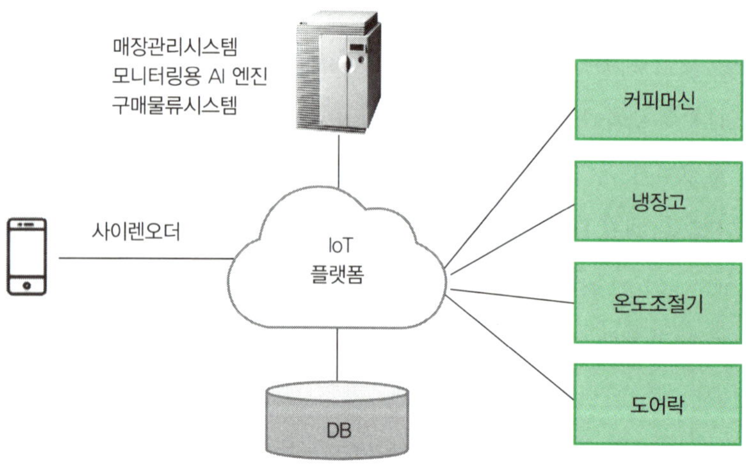

IoT 기반 커넥티드 매장 강화는 IoT 플랫폼에 커피머신 · 냉장고 · 온도조절기 · 도어락을 연결해서 정보수집 및 기계의 성능관리를 도와주고, 고객의 스마트폰으로 접수되는 사이렌 오더와 맞물려 매장관리 및 구매물류시스템과 연동되며, AI 엔진을 통해 매장의 모든 상황을 모니터링하고 통제한다.

ZARA 사례

SPA(Specialty stores/retailers of Private-label Apparel)는 미국 브랜드 '갭(GAP)'이 1986년에 선보인 사업 모델로 의류 기획 · 디자인 · 생산 · 제조 · 유통 · 판매까지 전 과정을 제조회사가 맡는 의류 전문회사를 의미한다. 일본의 UNIQLO, 스페인의 ZARA가 이에 속한다.

SPA는 백화점 등의 고비용 유통을 피해 대형 직영매장 운영을 통해 비용을 절감시킴으로써 싼 가격에 제품을 공급하고, 동시에 소비자의 요구를 정확하고 빠르게 캐치하여 상품에 반영시키는 새로운 유통업체이다. SPA는 '패스트 패션'이라고 하는데, 고객수요와 시장 상황에 따라 2~3주 만에 '다품종 대량공급'도 가능한 것이 특징이다.

SPA의 대표적인 기업인 ZARA는 전 세계에 5,700개의 매장이 있다. ZARA는 패셔너블한 의류를 중저가에 제공하여 빠르게 변하는 유행에 민감한 소비자를 만족시키고, 1년에 12,000여 가지의 다양한 상품들을 선보인다. 그들은 일반적인 패션 사이클을 깨고 패션 현황에 즉시 반응하고 빠르게 변하는 유행을 제품에 신속히 반영하고 제공할 수 있는 혁신적 비즈니스 모델을 갖고 있다. ZARA는 유행을 선도하지는 않지만, 빠른 패션의 변화에 유연하게 대처한다. 2010년 ZARA의 브랜드 순위는 48위이며 이는 경쟁업체인 GAP 및 PRADA보다 높은 것이다.

ZARA는 매장의 책임자를 트렌드 세터(trend setter)라고 부른다. 트렌드 세터는 "시대의 풍조나 유행 등을 조사하는 사람, 선동하는 사람"이란 뜻이다. 소비자의 원츠나 니즈를 민감하게 캐치하고 앞으로 다가올 시대의 동향, 경향에 대하여 준비하거나 제시하여 많은 사람을 그 방향으로 관심 갖도록 리드하는 사람을 말한다. 이들은 실시간으로 도시 사람들의 색상, 스타일, 옷감의 정보를 사내 소셜 네트워크 서비스인 야머(Yammer)를 통해 입력한다. 스페인 본사의 컴퓨터에서는 인공지능이 전 세계에서 수집된 정보를 분석하여, 옷감을 주문하고, 디자인을 의뢰하며, 생산을 지시한다.

이러한 경영체계에서는 디자인에서부터 매장에 상품이 도착하는데 걸리는 시간이 단 2주밖에 걸리지 않는 데다, 재고율이 10% 미만으로 감소하였고, 정가 판매율도 25%에 달하였다.

ZARA는 야머를 활용해 매장 간 협업을 늘리고 있다. 전 세계 매장이 SNS를 통해 판매 패턴을 실시간으로 공유하는 방식이다. 한국에서 반소매 제품 판매가 급증하고 있다는 정보를 공유하면 비슷한 기후와 유행을 타는 나라의 매장에서 반소매 제품을 눈에 띄는 곳에 배치하는 방식이다. 이로써 ZARA의 옷이 훨씬 트랜디해졌다는 말을 듣게 된다.

기존에는 디자인 · 색상 · 옷감특성 등의 패션 주기가 2년이었다. ZARA는 소비자정보를 수집해서, 인공지능이 패션을 결정하고, 원자재를 대규모로 구입하며, 신속한 생산과 유통을 통해서 타임 투 마켓(time to market)을 최소화하였다. 그들은 디자이너가 아닌 소비자가 디자인을 결정하게 하였고, 소비자의 패션정보를 실시간으로 수집해

ZARA 비즈니스 모델의 5가지 핵심

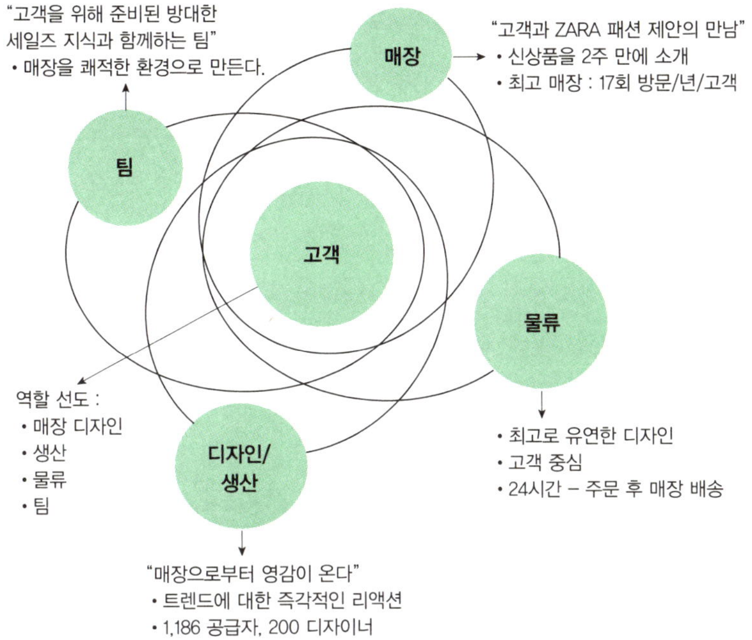

출처 : ZARA Marketing Plan, 2011. 5.

서 정확한 수요예측을 한다. 이를 통해서 고객이 기꺼이 정가를 지불하고 싶은 상품을 만들어내도록 하였다.

ZARA는 비즈니스 모델을 통해서 고객을 중심으로, 매장 · 팀 · 디자인 · 생산 · 물류에 대한 원칙을 제시한다. 또한 다음과 같은 운영 모델을 갖고 있다.

- 매장 최우선 정책 : 전 세계에 가장 번화한 도시와 거리에 럭셔리한 건물에 입점해서 브랜드 가치와 광고효과를 높인다.
- 매장 전면 디스플레이 이미지 중시 : 표준화된 매장과 디스플레이를 채택하고, 1년에 4번 실내 인테리어를 교체한다.
- 전체적으로 바라보는 레이아웃의 아름다움
- 2주 만에 신선한 상품출시 : 디자인 팀의 패스트 이미테이션은

2~3일 이내에 고객이 원하는 디자인을 만들어내고, ZARA의 디자인 팀원들은 카페, 인파가 붐비는 거리, 심지어는 클럽이나 술집까지 돌아다니며 디자인을 탐색한다. 생산방식에서 ZARA는 스페인 본사에 생산요소를 집결시키고 생산에 소요되는 기간은 22일이다. 반면에 H&M은 생산기간에 약 6개월이 소요된다. 따라서 ZARA의 생산 속도는 경쟁사보다 9배나 빠르다. 재고관리는 ZARA 창고에서 3일 이상 보관하지 않음으로써 재고비용을 감소시키고, 신속한 수량파악이 가능하다.

- 직원이 도와주는 고객서비스
- 의류 사이즈에 대한 고려 : 디자인은 전 세계적으로 동일하지만 일부 품목은 아시아 사이즈로 특별히 제작된다. 이는 표준화된 디자인과 지역별 신체 사이즈 차이를 고려한 현지화전략이다.
- 지역별 생산전략 : 스페인 · 모로코 공장은 최신 유행 의류를 생산하고, 중국 공장은 저가 · 베이직(basic) · 아시아 사이즈 의류를 생산하며, 터키 · 인도네시아 공장은 베이직 의류를 생산한다.
- 원스톱 쇼핑 : 옷, 내의, 신발, 가방, 액세서리 등을 모두 구매할 수 있다.
- 구매자 중심 : 구매자에 의해 패션 동향 및 경향이 수집되고, 디자인 결정, 수요예측 등이 자동으로 이루어진다.
- 즉시 구매를 통한 낮은 재고수준 유지 : 원단의 50%는 염색을 하고, 나머지 50%는 수요에 따라 필요한 색상으로 염색을 한다.
- 합리적인 가격 : 경쟁사인 H&M은 마돈나와 같은 유명 팝스타를 모델로 하지만, ZARA는 무명 모델을 사용하고, 광고를 전혀 하지 않는다. H&M의 광고비용은 매출액의 3%이지만, ZARA는 0.3%에 불과하다. ZARA는 이와 같은 마케팅전략으로 합리적인 가격이 가능하다.

- 모든 분야에서 신속, 신속, 신속 : 자라의 스피드 운영체계는 다음과 같다. ① 프로젝트 매니저-전 세계 매장과 매일 통화해서 소비자 반응 체크, ② 디자이너 · 영업팀-매출 추이를 체크해서 신상품 디자인, ③ 옷본 · 재단사-즉석에서 옷본 제작 · 재단, ④ 재봉사-견본 제작, ⑤ 대량생산 여부 결정, ⑥ 공장에 옷본 · 옷감정보 송출, ⑦ 대량생산, ⑧ 지하로 연결된 물류센터로 운송, ⑨ 68개국 매장에 주 2회 항공기로 상품 운송
- 환상적인 물류 : 패스트 패션을 지원하는 글로벌 공급체인관리(GSCM)가 완벽하게 구축되어 있다.

ZARA와 H&M 비교

SAP 명	ZARA	H&M
설립시기	1975년(소재봉재)	1947년(상점유통)
기획	근접기획	정기기획(S/S, F/W 시즌별)
생산	65% 자가공장 생산	100% 아웃소싱 생산
신제품 공급주기	1주 2회	6~8주 1회
기획-배송 리드타임	3주	2~3달
마케팅전략 (마케팅 예산)	No 광고판촉 마케팅 (매출의 약 0.3%)	콜라보레이션/광고집중 (매출의 약 3.5%)
매출액(2007년)	약 14조 원	약 16조 원
매출 순수익률(2007년)	13.2%	14.7%
직원 수(2007년)	79,517명	46,469명
매장 수(2007년)	68개국 3,691개	28개국 1,523개
비고	메이커형 SPA	리테일형 SPA

출처 : 구글 검색

에어비앤비 사례

에어비앤비(airbnb)는 2008년 창립된 숙박 공유 플랫폼이다. 현재 191개 국가, 3만4천 개 이상의 도시에 진출해 있으며, 이용한 사람만 6천만 명이 넘는다.

에어비앤비의 서비스는 자신의 집을 상품으로 내놓는 것에서 출발한다. 집주인은 사용하지 않거나, 집을 비우는 경우, 혹은 집에 빈방이 있을 때 여행객들에게 숙소를 빌려주는 개념이다.

여행객은 여행지와 기간을 입력하면 대상 숙소의 목록이 나온다. 대상 숙소를 선택한 후에 숙소의 사진을 보고, 숙소정보와 이용규칙을 검토한 후에 이용자 후기를 읽고서 마음의 결정을 하게 된다. 에어비앤비를 통해 게스트가 얻는 이득은 호텔보다 저렴하게 숙소를 이용할 수 있으며, 지역주민의 생활을 경험할 수 있다는 것이다.

에어비앤비는 안전한 거래를 위한 제도적 장치를 제공한다. 여행객이 숙소를 예약할 때 에어비앤비를 통해 숙박 대금을 지불하고, 집주인은 게스트가 체크인하고 24시간 후에 에어비앤비를 통해 숙박 대금을 받는다. 또한 에어비앤비 호스트 보호 프로그램을 통해 절도와 기물파손으로 인한 피해를 보상받을 수 있다. 에어비앤비는 게스트로부터 6~12%, 호스트로부터 3%의 거래수수료를 받는 것을 수익 모델로 한다.

최근에 에어비앤비 숙소에 대한 불만이 증가하고 있다. 여행객이 호스트로부터 성폭행을 당하거나, 숙소가 사진과는 달리 청결하지 못하고 시설이 고장 나서 불편을 겪기도 한다. 따라서 공유경제의 기반은 신뢰를 확보하는 것이 관건이다.

에어비앤비 비즈니스 모델

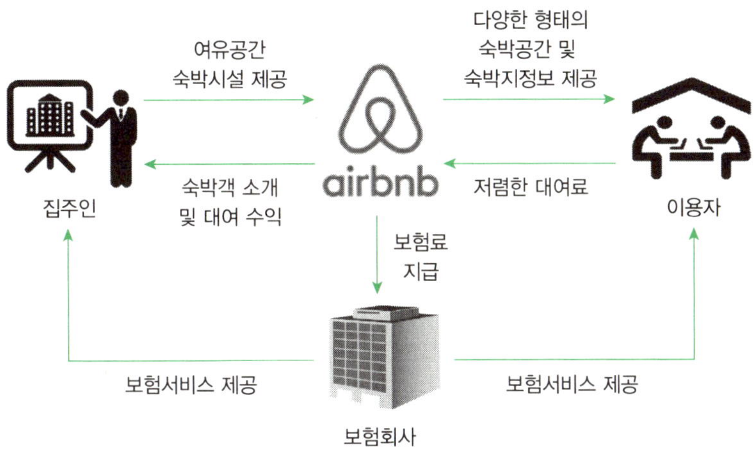

출처 : 구글 이미지 검색

GE 프레딕스와 디지털 트윈

GE가 추구하는 디지털 산업 트랜스포메이션의 5가지 축은 ① 역량과 운영 모델, ② 플랫폼, ③ 파트너 생태계, ④ 디지털 역량과 문화, ⑤ 비즈니스 모델 혁신이다. GE는 2010년부터 현재까지를 산업 사물인터넷(IIoT : Industrial Internet of Things)과 빅데이터의 영역으로 정의한다. 또한 GE는 발전, 에너지, 항공, 헬스케어, 운송 등의 기존 산업영역뿐만 아니라 소프트웨어 분야에서도 두각을 나타내겠다는 의지를 보이고 있다. 그것은 산업용 운영체계인 프레딕스(Predix)이다. 그동안의 운영체제는 컴퓨터, 스마트폰 등에만 적용되었으나, GE는 산업용 운영체계를 생각해낸 것이다.

프레딕스는 산업용 장비가 장착된 공장설비에 센서를 달아 기계 결함 등을 공장운영자에게 실시간 알려주는 '생각하는 공장(brilliant factory)'의 개념이다. GE는 프레딕스를 기업에 제공하고 이를 통해 산업설비의 판매 · 유지 · 보수 · 예측진단서비스를 제공한다. 이를 위해 프레딕스는 GE가 제조 및 생산하여 판매하는 모든 산업설비와 장비에 IoT 센서를 장착하고, 현장에서 나오는 데이터의 통합 · 수집 · 분석을 하여, 산업설비의 오작동 여부의 실시간 감시 · 사전 예측진단 등이 가능한 플랫폼 비즈니스 모델로 발전되었다.

GE의 프레딕스 운영 모델

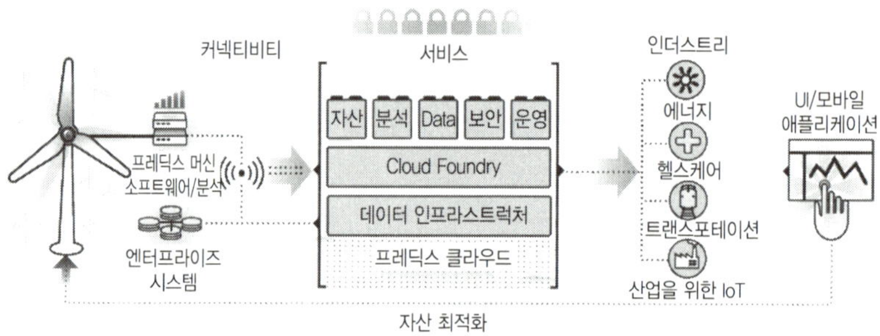

출처 : GE Digital, 2016

디지털 트윈(digital twin)은 기계의 운영 데이터를 기반으로, 문제를 예측하고 대응하기 위해 공학적 분석을 하는 인공지능이다. 이는 실제 물리적 자산 대신 소프트웨어로 가상화한 자산의 디지털 트윈을 만들어 시뮬레이션을 함으로써 실제 자산의 특성인 현재상태 · 생산성 · 동작 시나리오에 대한 정확한 정보를 얻을 수 있으며, 기계를 계속 가동을 할지 아니면 정비를 해야 할지를 판단해준다. 디지털 트윈은 발전소 · 항공기 · 헬스케어 등의 분야에서 자산의 최적화 · 돌발사고 최소화 · 생산성 증가 등을 통해 설비의 효율적 운영을 가능하게 한다.

이러한 디지털 트윈은 복합사이클 발전소에서는 물리 모델인 가스터빈 및 스팀터빈으로부터 공장 운영 데이터와 일기예측을 바탕으로 연료 효율성 증대를 가져오며, GE90 항공기 엔진의 물리 모델인 S1 블레이드와 코팅으로부터 운항 데이터 · 운항할 때의 환경 조건 · 손상 관련 데이터를 통해 최적화된 점검 스케줄을 얻어낸다.

항공기 엔진의 디지털 트윈 적용 개념

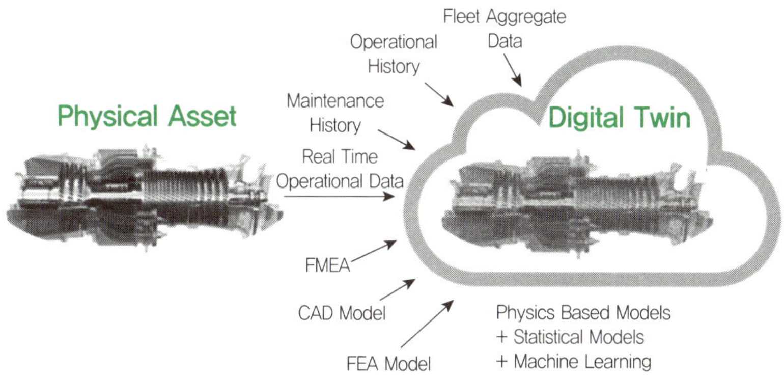

출처 : geoilandgas.com

아마존 AWS 사례

AWS(Amazon Web Services)는 서버 · 스토리지 · 네트워크장비 등의 인프라를 클라우드(cloud)상에서 사용자에게 대여해주는 B2B서비스이며, 인프라로서의 서비스(IaaS : Infrastructure as a Service)라고 할 수 있다. 이는 기존의 웹 호스팅이나 서버 호스팅과는 근본적으로 차이가 있다.

스타트업이나 대기업이 신규사업을 시작할 때에 애플리케이션을 개발하고, 서버를 확보하는 것뿐만 아니라, 네트워크 · 보안 · 소프트웨어 등을 갖추기 위해서는 과다한 고정비용이 발생한다. 하지만 AWS는 이를 사용료 개념으로 전환함으로써 기업은 인프라 비용을 변동비로 대응할 수가 있다. 기업 측면에서는 사용자가 적거나 늘어난다고 해도 인프라를 쉽게 확대하고 줄이는 동시에 안정적으로 운영하는 것이 곧 비용과 관리시간을 줄일 수 있다.

AWS는 기본적인 인프라뿐만 아니라 분석을 위한 하둡 프레임워크를 제공하고, 인공지능을 위한 음성 및 텍스트 챗봇, 이미지 검색 및 분석기능을 하며, 비즈니스 생산성을 위해 편리한 회의, 영상통화 및 채팅, 비즈니스 이메일 및 일정관리 등의 기능을 제공한다.

아마존 AWS 제공서비스

출처 : Amazon AWS Website

2015년 11월 기준으로 AWS를 사용하는 고객은 100만 명이 넘었다. 처음에는 가상머신인 'EC2'와 스토리지서비스인 'S3'가 주력 제품이었지만, 현재는 40개가 넘는 서비스를 제공하고 있다.

AWS를 사용하는 대표 고객으로 넷플릭스, 나사, 다우존스, 어도비시스템즈, 에어비앤비, 포스퀘어 등이 있으며 한국에서는 삼성, 아모레퍼시픽 같은 대기업부터 요기요, 데브시스터즈, 프로그램스, VCNC 같은 스타트업까지 다양하다.

또한 AWS는 사용자의 구축을 지원해주는 AWS 파트너 네트워크(APN)가 있으며, 이들은 컨설팅 파트너 및 기술 파트너로서 AWS를 기반으로 신속한 정보시스템 구축을 지원한다.

아마존 AWS 솔루션

출처 : Amazon AWS Website

BBVA 사례

빌바오 비스카야 아르헨티리아 은행(BBVA)은 2016년 기준으로 자산규모 7,460억 유로, 13만여 명의 직원, 6천 7백만 고객, 35개 국가

BBVA 디지털 트랜스포메이션 추진 사례

분야	추진 사례
개인금융관리	개인의 금융자산관리를 위해 계좌통합서비스, 거래 분류, Peer 대비 비교분석, 개인별 상품추천이 가능한 온라인 툴을 제공한다.
가상 개인 지원	인공지능 기반 자연어처리가 가능한 Lola서비스를 제공한다.
모바일서비스	PB고객들에게 스마트 패드용 'BBVA 모바일' 앱을 통해 개인수표 입금, 공과금 촬영납부 등을 서비스한다(2016년 600만 명 추산).
	디지털 알람을 통한 마케팅 캠페인을 추진한다(성공률 15.6%).
지급결제 고도화	전화번호만으로 이체가 가능한 'Mobile Cash'서비스로 온오프라인 동시결제가 가능한 Mobile Wallet을 출시한다(2015년 50만 명 사용).
	P2P 결제는 BBVA 고객이 아니어도 사용자명, 이메일, 전화번호만으로 이체가 가능하고, 소셜 지급 네트워크, 카드 없는 계좌출금, 저축 목표 설정 등의 부가기능을 제공한다.
Social 금융	온라인 커뮤니티 'Actibva'를 구축하고, 미국법인에서는 'SmarPig'라는 소셜 저축 플랫폼을 구축한다.
	크라우드 펀딩 플랫폼 'Friend and Family'서비스를 제공하고, 칠레에서는 페이스북 친구 간에 송금이체가 가능한 'BBVA Link'서비스를 제공한다.
게임 활용서비스	게임을 이용하여 온라인뱅킹을 촉진하고 있으며, 게임에서 승리하면 포인트와 아이템(영화 및 음악 다운로드, 축구 및 농구 티켓 등)을 제공한다(이용연령 30~59세가 71%임).
빅데이터분석	다양한 고객 데이터분석을 통해 고객에게 맞춤형 상품과 서비스를 제공한다.
	POA, ATM 관련 정보분석을 통해 중소기업 여신심사에 활용한다.
코어뱅킹	상품 중심, 복잡하고 분산된 데이터 저장, 채널별 사일로시스템 등의 스파게티 스타일 구조를 탈피하여, 계층화된 글로벌 통합 디지털 뱅킹 플랫폼으로 비전을 수립하고, 부분적으로 액센추어 Alnova 플랫폼으로 교체한다.
Hydra Multi-Cloud	멀티 클라우드 데이터 캐싱을 통해 메인프레임 서버에 접근하도록 하는 Liberty라는 클라우드 래퍼를 개발한다.

출처 : 정보산업연합회, 2017년 IT산업 메가트랜드 발췌

에 진출한 글로벌 뱅킹 그룹이다. 이 은행은 프란체스코 곤잘레스(Francisco Gonzalez) 회장의 주도하에 디지털 트랜스포메이션을 성공적으로 추진하고 있다. BBVA의 전략적 포트폴리오는 ① 고객경험의 새로운 기준, ② 디지털 판매 주도, ③ 신규 비즈니스 모델, ④ 자본할당의 최적화, ⑤ 강력한 효율성 확보, ⑥ 최고 수준의 워크포스를 꼽고 있다.

BBVA의 디지털 트랜스포메이션 추진을 위해 신규 디지털사업, 고객 솔루션, 마케팅 및 디지털 영업을 수행하는 디지털 뱅킹 본부를 설립하였다. 또한 '오픈 탤런트 프로그램'으로 스타트업 경진대회를 시행하고 있다. 또한 이들은 아이디어의 신속한 적용을 위해 정보시스템 구축을 위한 애자일(agile) 방법론을 적용하고 있다. BBVA 디지털 트랜스포메이션의 추진 사례는 개인금융관리 외 8개 분야로 다양하다. 전체 디지털 고객은 2011년에서 2016년까지 매년 평균 18.2% 증가했으며, 이 중에 모바일 고객은 매년 평균 83% 급증하였다. BBVA의 사례는 국내 은행의 디지털 트랜스포메이션의 방향성을 제시해주고 있다.

국내 인터넷은행 사례

모바일뱅킹

디지털 시대의 도래는 금융의 영역에서도 예외 없이 우리에게 다양한 편의을 제공해주고 있다. 예컨대, 과거 공과금을 납부하기 위해서 우리는 해당 관청이나 은행에 직접 가서 '공과금 창구'라고 적힌 곳에서 줄을 서서 기다렸다가 납부해야만 했던 것을, 1990년대 이후에는 인터넷을 이용하여 집에서 혹은 직장에서 은행 인터넷에 접속하여 온라인으로 납부하게 되었다. 2007년 등장한 아이폰은 전혀 새로운 시대에 접어들게 해주었다. 모바일 통신을 통해 시간적, 공간적 제약으로부터 해방시켜준 것이다. 길을 걸으면서도 버스 안에서도 공과금을 납부하고 친구에게 송금할 수 있게 되었다. 이는 모바일 혁명을 통해 인류의 생활에 매우 커다란 변화와 편익을 제공해준 것이다.

이러한 변화는 인간의 욕구(wants)를 절묘하게 충족시킨다는 점에 그 성공요인이 있다. 여기서 인간의 욕구란 간편성 · 편리성 · 경제성을 들 수 있다. 간편성이란 복잡하지 않고 단순하여 익히고 활용하기 쉬운 것이고, 편리성이란 시간적으로나 공간적으로 제약되지 않고 언제 어디서나 접근과 사용이 가능함을 의미한다. 또한 간편성이나 편리성에도 불구하고 비용이 많이 든다면 활용에 여전히 제약이 따르겠지만, 기존의 방식에 비해 비용까지 저렴하여 경제성을 갖추고 있다면 이는 분명 인간에게 새로운 편익을 제공하는 창조가 되는 것이다.

스마트폰의 등장은 금융 환경에도 급격한 변화를 가져왔는데, 은행 · 보험 · 증권 · 저축은행 등 각 금융회사들은 이 변화에 빠르게 적응하여 모바일뱅킹(mobile banking)을 도입하였다. 은행을 사례로 든다면 변화의 큰 흐름은 두 갈래로 발전되었다. 우선 기존의 상업은행들은 재빠르게 인터넷뱅킹에 더하여 모바일 플랫폼을 개발하는 동시에 관련 앱을 보급함으로써 모바일뱅킹으로 나아갔다. 그러나 은행의 모바일뱅킹은 보안상의 제약성, 정보공개상의 규제, 개발비용의 과다 등을 사유로 기존의 인터넷뱅킹을 모바일 플랫폼에 옮겨놓는 수준에 머물러 있었다. 2014년의 '천송이 코트' 사건은 이러한 은행들의 태도와 금융 당국의 소극적 대응에 새로운 전기를 마련해주었다. 은행과 감독기관이 독점해온 공인인증서제도를 개선하고, 은행이 아닌

ICT 기업을 중심으로 인터넷은행을 설립할 수 있도록 허용한 것이다. 2017년 현재 우리나라에는 카카오뱅크와 케이뱅크라는 두 개의 인터넷은행이 설립되어 기존의 은행들에 도전하고 있으며, 이들 은행은 객장과 각종 전산설비가 아니라 오로지 인터넷과 모바일이라는 플랫폼만으로 금융서비스를 제공하고 있다.

천송이 코트

2014년 SBS를 통해 방영된 드라마 〈별에서 온 그대〉에서 여자 주인공 천송이(배우 전지현)가 입고 나온 코트로 해당 드라마가 중국에서도 방영되면서 이 패션 아이템이 중국 내에서 신드롬을 일으켰다. 드라마를 본 중국인들은 한국 쇼핑몰 사이트에서 천송이 코트를 직구(직접구매)하려고 했으나, 공인인증서를 요구하는 구매 절차로 인해 구매할 수 없었다. 이후 2014년 3월 20일 열린 '규제개혁 끝장토론'에서 불필요한 규제 때문에 중국에서 천송이 코트를 구입하지 못한다며 대책 마련을 주문하였다. 따라서 금융 당국은 우선 '전자금융감독규정 시행세칙'을 개정해 온라인에서 30만 원이 넘는 상품을 구입할 경우 공인인증서를 쓰도록 했던 규정을 완화하여, 공인인증서나 다른 대체 인증수단 가운데 어느 하나를 쓸 수 있도록 한 것이다.

출처 : [네이버 지식백과] 천송이 코트(시사상식사전, 박문각)

사실 일반인들 금융거래 니즈의 대부분은 송금 및 지급결제(transfer & payment)이다. 모바일뱅킹의 강점은 이미 98% 이상의 보급률을 보이는 우리나라의 이동통신 전화를 기반으로 금융거래가 간편하고, 편리하며, 저렴한 비용으로 가능해졌다는 것이다. 무선 인터넷의 보급은 우리나라처럼 유선 인터넷이 확충되어 있는 나라보다 오히려 후진국들, 즉 유선 인터넷 망을 구축하지도 못했던 국가들에게 매우 큰 경제적 부담을 덜어주게 되었다. 실제로 땅이 넓은 중국 같은 나라나 섬이 많은 인도네시아, 필리핀 같은 나라들은 무선 인터넷과 이에 따른 모바일뱅킹이 더욱 빠르고 효과적인 금융 플랫폼이 될 것이다.

이러한 기술 환경의 변화는 진입장벽이 높은 금융 관련 사업에 ICT 기업들이 손쉽게 접근할 수 있는 여지를 만들어주었으며, 시장에는 이들 금융업 또는 금융 관련 ICT 사업을 영위하려는 투자자들이 넘쳐나게 된 것이다. 최근 이들 연관산업을 총체적으로 핀테크(FinTech)라 부르고 있다. 이는 금융(Finance)과 기술(Technology)의 합성어로서 IT를 기반으로 한 새로운 금융서비스를 통칭한다. 모바일뱅킹은 바로 핀테크의 한 분야이다. 기존의 금융이 전통적 금융에 ICT 기술을 결합하여 제공하는 서비스라면, 핀테크에 의해 제공되는 금융서비스는 ICT 기술의 기반 위에서 제공되는 금융서비스이다. 다시 말해 서비스의 플랫폼이 금융에서 IT로 바뀐다는 것을 의미하며, 이는 4차 산업혁명 시대 가장 핵심적인 생활양식의 변화를 가져올 것으로 예상된다.

국내 인터넷전문은행

인터넷전문은행이란 통상적인 은행 점포나 창구직원 없이, 금융거래 시작 시 가장 중요한 절차인 실명 확인을 화상통신, 생체인식(지문, 홍채) 등으로 대체함으로써 고객이 금융사 직원을 만나지 않고도 은행서비스를 이용할 수 있는 '비대면(모바일, 인터넷) 온라인은행'을 말한다. 따라서 인터넷전문은행의 장점은 비용경쟁력을 기반으로 예대마진을 축소하여 여 · 수신 기반을 확대하고, 인터넷과 모바일 등 비대면 채널의 태생적 강점인 시간/공간 제약성의 해소를 통한 서비스의 편의성에 있다.

미국과 유럽에서는 1990년대부터, 일본은 2000년대부터 인터넷전문은행을 운영하고 있다. 국내에서는 2008년 무렵 금융위원회가 은행법을 개정하여 인터넷전문은행을 도입하려는 시도가 있었지만 금융실명제법 및 자금 확보 문제, 은산분리 규제 등에 의해 무산된 바 있다. 특히 산업자본(비금융주력자)의 은행 지분 소유 한도를 4%로 제한하는 은산분리 규정은 본래 은행이 대기업이나 대주주의 사금고가 되는 것을 막기 위한 규정으로 도입되었으나 인터넷전문은행 설립에 걸림돌로 작용하였다.

2014년에는 정부가 발표한 경제정책 방향에 따라 인터넷전문은행 설립 논의가 본격화되었다. 금융위원회는 30대 그룹과 상호출자제한 대상 그룹에 인터넷전문은행 설립을 제한하고 나머지 기업에 참여 기회를 줘 인터넷전문은행 설립을 허가하였다. 즉 삼성, 현대자동차, LG, SK 등 30대 그룹 계열 제조사, 금융회사는 설립이 제한되며 네이버, 다음카카오 등의 기업은 인터넷은행을 설립할 수 있게 된 것이다. 이에 2016년 금융위원회는 케이뱅크에 인터넷전문은행 본인가 승인을 내주었고, 2017년 4월 국내 첫 인터넷전문은행인 케이뱅크가 영업을 시작하였다. 카카오뱅크도 7월 문을 열어 돌풍을 일으켰다(시사상식사전, 박문각).

그러나 인터넷전문은행을 핀테크의 관점에서 보면 기존 제도금융회사들의 인터넷뱅킹과 크게 다르지 않다. 우선 간편결제나 송금과 같은 기본서비스 면에서의 차별화가 이미 사라졌고, 대출은 재원마련에 제동이 걸리곤 한다. 은행이 본래 엄청난 자금력을 요구하는 비즈니스이기 때문이다. 다음 그림에서 카카오뱅크가 제공하는 10대 서비스의 어느 것 하나도 기존 은행들이 제공하지 않는 서비스가 아닌 것은 없다. 오히려 제한되고 소액인 거래들의 집합으로 종합적인 거래면에서는 기존 은행에 비하여 가격경쟁력을 상실할 수 있고, 기업금

국내 인터넷 전문은행의 비교

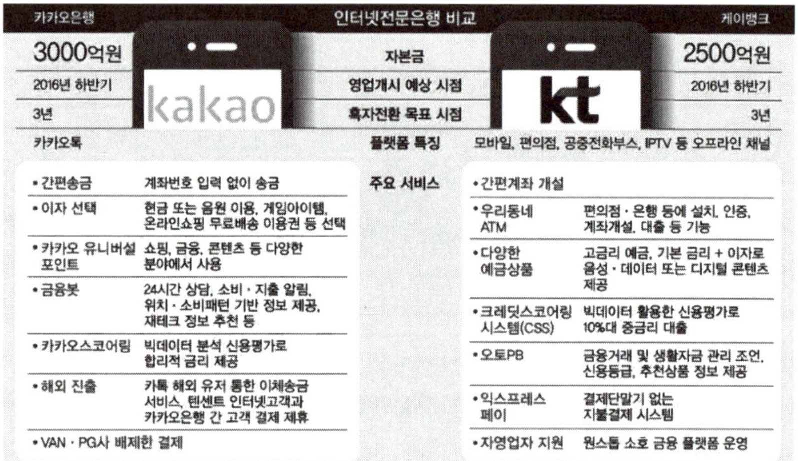

카카오은행	인터넷전문은행 비교	케이뱅크
3000억원	자본금	2500억원
2016년 하반기	영업개시 예상 시점	2016년 하반기
3년	흑자전환 목표 시점	3년
카카오톡	플랫폼 특징	모바일, 편의점, 공중전화부스, IPTV 등 오프라인 채널

주요 서비스

카카오은행	
• 간편송금	계좌번호 입력 없이 송금
• 이자 선택	현금 또는 음원 이용, 게임아이템, 온라인쇼핑 무료배송 이용권 등 선택
• 카카오 유니버설 포인트	쇼핑, 금융, 콘텐츠 등 다양한 분야에서 사용
• 금융봇	24시간 상담, 소비 · 지출 알림, 위치 · 소비패턴 기반 정보 제공, 재테크 정보 추천 등
• 카카오스코어링	빅데이터 분석 신용평가로 합리적 금리 제공
• 해외 진출	카톡 해외 유저 통한 이체송금 서비스, 텐센트 인터넷고객과 카카오은행 간 고객 결제 제휴
• VAN · PG사 배제한 결제	

케이뱅크	
• 간편계좌 개설	
• 우리동네 ATM	편의점 · 은행 등에 설치, 인증, 계좌개설, 대출 등 기능
• 다양한 예금상품	고금리 예금, 기본 금리 + 이자로 음성 · 데이터 또는 디지털 콘텐츠 제공
• 크레딧스코어링 시스템(CSS)	빅데이터 활용한 신용평가로 10%대 중금리 대출
• 오토PB	금융거래 및 생활자금 관리 조언, 신용등급, 추천상품 정보 제공
• 익스프레스 페이	결제단말기 없는 지불결제 시스템
• 자영업자 지원	원스톱 소호 금융 플랫폼 운영

출처 : 구글 이미지 검색

융 면에서는 비교가 될 수 없으며, 고도화된 서비스는 여전히 로보어드바이저(robo-advisor)를 사용할 계획 정도로 커버되고 있기 때문에 경쟁력 자체가 없는 것이다. 여전히 일정량의 현금을 사용해야 하는 우리 생활패턴에도 불구하고 현금을 공급할 수 있는 채널이 없거나 빌려 써야 하며, 외국에서의 금융서비스는 기대하기 어려운 것이 현실이다.

결국 핀테크의 관점에서 인터넷은행은 하나의 마중물이 될 수는 있겠으나, 그 자체가 핀테크에 의해 편익을 발생시키는 데는 한계가 있음이 명확하다. 은행이라는 기능이 단지 지급결제나 송금과 같은 거래의 중계기능에만 있는 것이 아니라 "신용을 창출해낸다"는 본원적 기능을 가지고 있고, 이 기능이 규모의 경제에 의하여 작동되는 것이기 때문이다. 향후의 발전 경과를 면밀히 지켜볼 일이다.

카카오뱅크의 10대 금융 상품/서비스

출처 : 구글 이미지 검색

Chapter 8

디지털 트랜스포메이션의 추진

디지털 프로세스

본서의 앞부분에서 몇 가지의 디지털 트랜스포메이션 사례를 제시하였다. 이러한 사례를 통해 디지털 환경에서 프로세스 관점의 변화, 디지털 경영요소, 디지털 트랜스포메이션의 핵심사상을 도출할 수 있다. 전통적 경영에서 디지털 환경으로 전환됨으로써 업무 프로세스의 변화가 일어난다.

전통적인 경영은 경영전략을 수립하고, R&D를 통해 제품을 디자인하며, 경영자는 수요예측을 기반으로 생산 및 판매에 대한 의사결정을 한다. 이에 따라 구매팀이 원자재 구매조달을 하고, 생산을 거쳐 도매상과 소매상을 통한 유통을 하며, 영업사원은 상품 판매를 하는 절차였다.

디지털 경영은 다른 방법을 적용한다. 비즈니스 모델이 경영전략을 대체하며, 트렌드 세터는 고객이 선호하는 동향 및 경향에 대한 정보를 수집한 결과를 디자인과 수요예측에 반영하고, 인공지능에 의해 의사결정이 내려진다. 구매행위는 시스템이 자동발주를 하며, 외주생산에서 자체생산으로 전환과 동시에 3D 프린터를 활용한다. 유통은 플랫폼을 통하여 수행되고, 판매는 고객이 스스로 정보검색 및 조회를 함으로써 가능하게 된다.

디지털 환경에서의 프로세스 관점 변화

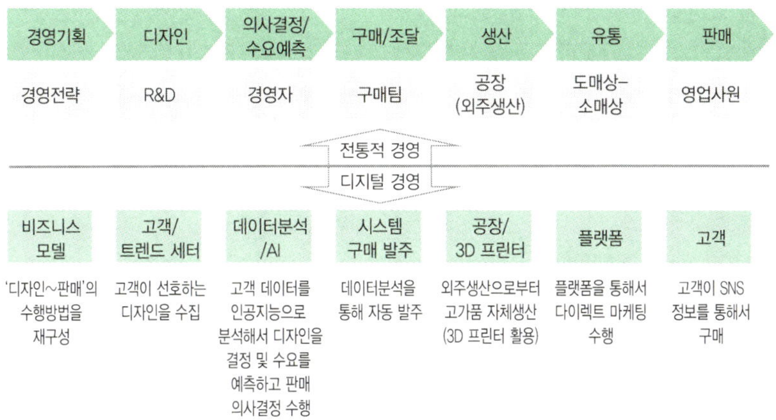

디지털 경영요소

아날로그 시대의 경영을 구성하는 요소는 맥킨지의 7S가 대표적이었다. 그러나 오늘날에 와서는 디지털 경영을 위한 요소가 바뀌어야 한다. 전략(Strategy)은 비즈니스 모델로 대체된다. 가치전달체계인 시스템은 플랫폼으로 대체된다. 종업원(Staff)은 CDO로 바뀐다. 조직문화(Style)는 디지털 트랜스포메이션을 위한 조직변화관리(OCM)로 대체된다. 조직의 핵심역량(Skill)은 디지털 기술과 같은 인에이블러로 대체된다. 조직의 구조(Structure)는 운영 모델(operation model)로 전환된다. 종업원의 공유가치(shared value)는 고객경험

(customer experience)로 대체된다.

디지털 경영요소

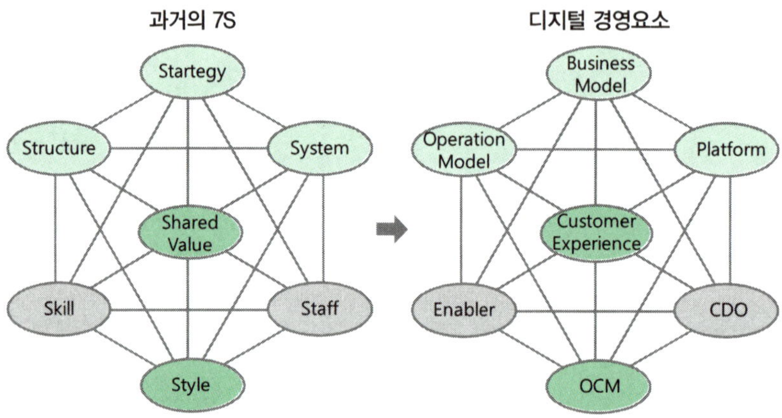

디지털 경영의 핵심사상

디지털 트랜스포메이션은 개념 · 프로세스 · 서비스 · 인프라 측면에서 다음과 같은 핵심사상을 요약할 수 있다.

개념 측면에서는 과거와의 단절이 가장 중요하다. 여기서 단절이란 과거의 연장선상이 아니라 뼈대를 새롭게 하고, 기존의 프로세스를 재배치(re-building)하는 것이다. 고객의 고통을 이해하는 것은 페인 포인트(paint point)를 발견하고 해결하는 것이다. 그리고 기존의 프로세스를 수직적으로 통합하는 것으로부터 여러 프로세스를 병렬로 나열하여 수평적으로 융합하는 것이 필요하다. 민첩성이란 디자인에서 출발하여 고객에게 전달되는 시간을 최소화시킨다. 이제 글로벌은 하나의 시장으로 통합되었다. 중국의 게이머는 직접 한국의 게임 포털에 접속한다.

프로세스 측면에서는 기존의 프로세스가 해체되고 비즈니스 모델로 대체된다. 가치전달은 파이프라인 비즈니스가 아닌 마켓플레이스를 통해서 이루어지며, 이는 공급자와 소비자를 연결함으로써 산업 생태계를 구현한다. 크라우드 소싱은 생산 및 서비스 등 기업활동의 일부 과정에 대중을 참여시키는 것이다. 이는 투자를 위한 펀딩뿐만 아니라 아이디어 수집, 선호도 평가 등 다양한 측면에서 활용이 가능하며, 조직의 정보 리스크를 줄여준다. 서비스는 사후서비스(after service) 개념에서 사전서비스(before service) 또는 후속서비스(post service)로 전환한다. 범위 측면에서는 모바일을 통해 언제, 어디서나, 어떤 디바이스든지 소통이 가능한 유비쿼터스를 실현한다.

서비스 측면에서는 고객에게 의미 있는 정보를 전달하고, 롱테일에 속하는 소품종에 대한 소량의 상품 제공이 가능해진다. 추천시스템은 고객의 특성을 반영하거나, 협업 필터링(collaborative filtering)을 통해서 고객에게 적합한 상품과 정보를 추천해준다. 고객 참여란 고객의 트렌드를 수집하거나, 고객의 아이디어를 반영하여 고객이 원하는 상품의 디자인을 제공한다. 셀프서비스는 고객이 스스로 고객화(self customization)를 할 수 있도록 한다. 대중은 SNS를 통해서 모든 정보를 공유한다.

인프라 관점에서는 빅데이터와 인공지능을 활용하는 데이터 기반 분석 역량이 기업의 성공을 결정한다. 또한 IoT를 통해 초연결사회를 구현한다. 정보시스템은 플랫폼으로 대체되며, 이는 종업원 · 파트너 · 고객이 공유한다. 클라우드서비스는 인프라를 빌려주는 IaaS (Infrastructure as a Service)와 플랫폼을 빌려주는 PaaS(Platform as a Service) 제공을 통해 적은 비용으로 다양한 기능을 사용할 수 있는 시스템을 제공한다. SNS는 커뮤니티를 통하여 모든 사람을 대상으로 소통의 공간을 제공한다.

디지털 트랜스포메이션의 핵심사상

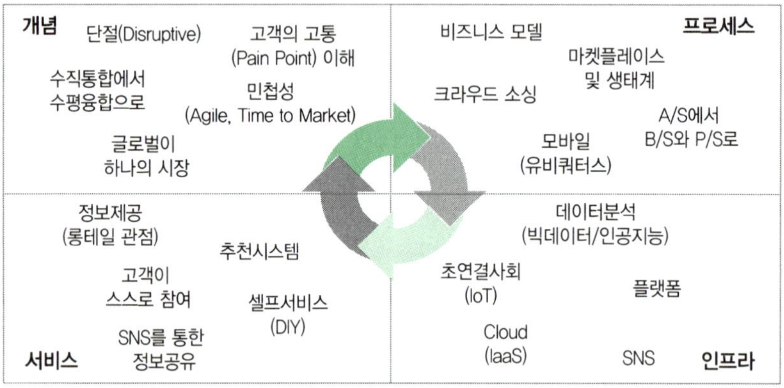

디지털 트랜스포메이션의 구축 절차

디지털 트랜스포메이션을 성공적으로 접근하기 위해서는 명확한 단계를 거쳐야 한다. 디지털 트랜스포메이션을 구축하기 위한 개념적 접근 절차를 살펴보자. ① CDO(Chief Digital Officer) 조직을 구성하고, 고객조사를 통해 환경분석을 수행한다. ② 고객본질을 이해하고 이를 비전체계 수립에 반영한다. ③ 조직의 주요 관련 부서 대표로 구성된 TFT가 참여하여 고객경험을 바탕으로 비즈니스 모델을 개발한다. ④ 운영 모델은 비즈니스 모델을 구체화하기 위한 것으로, 이는 고객가치를 반영하며, 전 직원의 참여가 요구된다. 이를 위해서는 전 직원에 대한 디지털 트랜스포메이션의 교육이 수반되어야 한다. ⑤ 플랫폼의 구축을 위해서는 설계 단계에서 UX/UI를 고려해야 하며, 외주 개발업체에 의해 시스템이 구축된다. ⑥ 플랫폼이 완성되면 이를 파일럿 가동을 통해서 문제점을 보완한 후에 전사적인 확산을 통해 플랫폼이 정상 가동되며, 디지털 트랜스포메이션이 본격적으로 수행된다. 이를 위해 운영팀이 가동되며, 고객성과를 평가하여 결과를 피드백한다.

디지털 트랜스포메이션 구축 절차

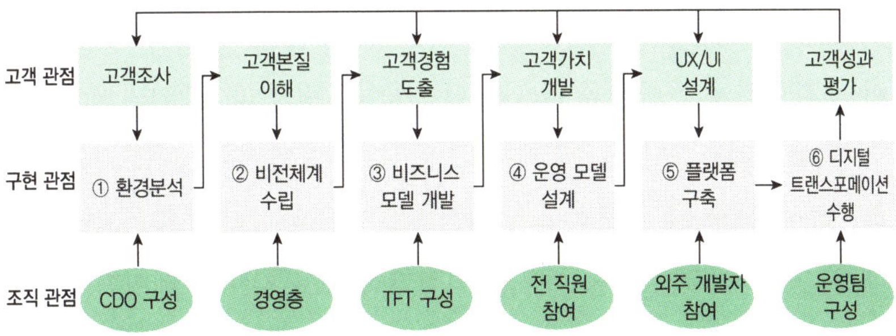

디지털 트랜스포메이션 추진 시 고려사항

디지털 트랜스포메이션을 추진하기 위해서 개념설계(conceptual design), 논리설계(logical design), 기술설계(technical design), 역량설계(competence design)를 수행하는 데 고려할 사항은 다음과 같다.

기획 단계인 개념설계에서는 고객응축 이해를 통해 고객본질을 도출하고, 디지털 가치를 반영한 사업설계를 한다. 이는 전통적인 프로세스를 해체하고 고객경험을 바탕으로 비즈니스 모델을 개발하는 것이다. 플랫폼 기반의 생태계를 통해 공급자와 수요자의 가치를 증진하기 위해 마켓플레이스가 구성된다. 업무설계는 수직적 통합에서 수평적 융합으로 전환한다.

모델링 단계인 논리설계에서는 고객가치 개발을 통해 운영 모델을 개발하고, 이를 자동화하기 위한 응용 프로그램을 개발한다. 고객이 DIY(Do It Yourself)를 하도록 지원한다. 업무는 표준화 및 매뉴얼화를 통해 조직의 자산화를 가능하게 한다. 고객과 양방향 소통을 통해 고객의 요구를 수집한다.

구현 단계를 지원하는 기술설계에서는 디지털 기술을 적극적으로 수용한다. 모바일로 채널이 옮겨지는 트렌드를 반영한다. 영업 및 서비스 직원의 이동시간을 기술을 활용하여 단축한다. 개인별 맞춤서비스 및 추천서비스가 제공되어야 한다. 사용자 개발 콘텐츠(UCC)를 활성화하여 고객 간의 경험을 공유함으로써 커뮤니티가 형성되게 하여야 한다. 인공지능 등을 이용한 최적화 엔진을 갖추고 데이터 기반분석을 통해 고객에 대한 통찰력을 갖춰야 한다. 과거의 핵심역량이 오늘날에는 빅데이터와 인공지능을 통한 분석 역량으로 대체된다.

역량설계 단계에서는 비즈니스 모델을 지원하는 프로세스를 설계해야 하며, 이를 위한 자원을 확보한다. 디지털 조직 역량을 갖추기 위해 CDO는 경영, 마케팅, ICT를 총괄하는 컨트롤 타워 역할을 해야 한다. 역량 확보를 위해 자체 역량 육성, 아웃소싱, M&A 등을 적절히 활용한다.

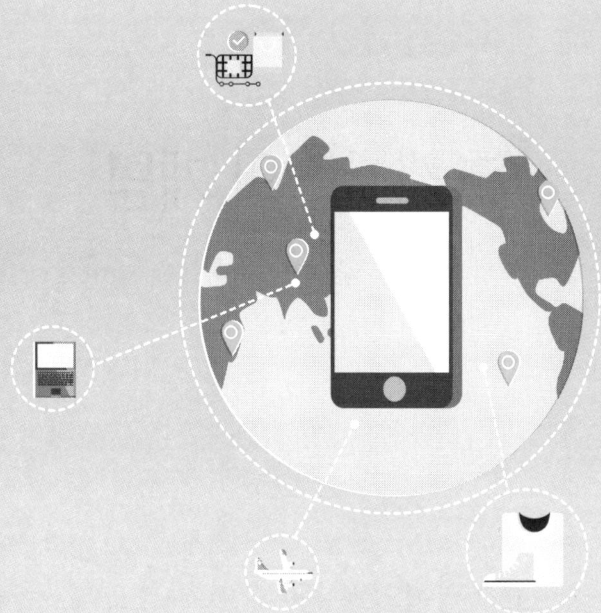

Part 3

고객의 이해

Chapter 09 고객본질의 개념
Chapter 10 고객 관심의 접근
Chapter 11 모델 관점의 접근
Chapter 12 사회적 관점의 접근

Chapter 9

고객본질의 개념

고객경험의 수준

고객에 대한 이해는 비즈니스의 출발점이다. 그러나 현재까지는 고객만족이라는 과거의 애매모호한 기준에 머무르면서, 기업 및 공공기관에서는 수동적으로 고객 요구에 대응하였다. 그러나 여기서는 고객에 대한 이해를 구체적으로 접근하고자 한다. 고객을 이해하기 위한 접근은 ① 고객 내면에 있는 고객본질(customer essence)을 이해하여 비전에 반영한다. ② 고객이 육감으로 느끼는 핵심적인 고객경험(customer experience)을 비즈니스 모델에 담는다. ③ 고객과 접촉하는 매 순간의 고객가치(customer value)를 운영 모델에 반영한다. ④ 고객이 플랫폼을 접근하는 데 사용의 편의를 도모하는 UX/UI(User eXperience/User Interface)를 시스템 구축에 반영한다. ⑤ 플랫폼 운영의 효과를 점검하기 위한 고객성과 측정을 한다.

고객과 디지털 트랜스포메이션의 관계

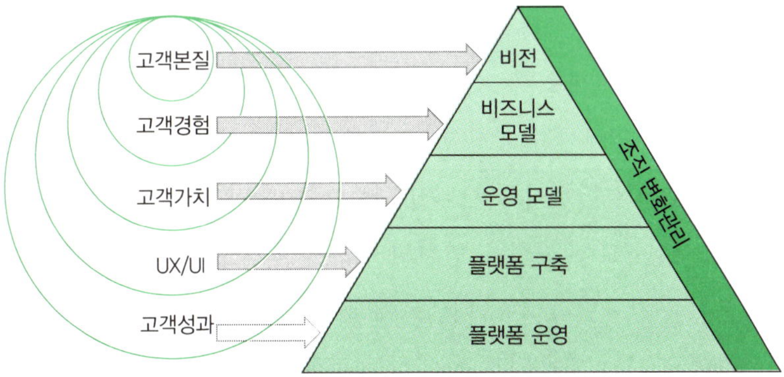

고객본질

고객본질은 고객이 궁극적으로 지향하는 것으로 고객 자신은 전혀 인지를 못하거나 인지를 하더라도 추상적이며 표현하지 못하는 것이다. 가정에서 세탁기, 냉장고, 청소기 등을 사용하는 것은 하루에 40여 개의 가사활동을 수행해야 하는 맞벌이 미국 주부들의 시간을 절약한다는 본질을 충족하기 위해 등장한 제품이다. 이처럼 본질을 이해하게 된다면, 이를 가능하게 하는 다양한 상품을 개발할 수 있다. 따라서 토스터, 커피메이커, 식기세척기 등의 아이디어를 추가로 생각할 수 있다. 최근에 보편적으로 사용되는 로봇 청소기는 스스로 충전하고, 예약된 시간에 청소함으로써, 청소에 필요한 주부의 시간을 절약해준다.

모든 회사에서 복사기, 스캐너, 프린터, 팩시밀리 등을 사용하지만 궁극적인 본질은 '문서의 생산 · 보관 · 유통 · 폐기 · 보안 등에 대한 관리'이다. 이에 따라 후지제록스는 복사기 등의 장비 판매뿐만 아니라 도큐먼트산업을 선도하고 있다. 이처럼 고객이 요구하는 본질을 이해할 수 있다면, 이를 가능하게 해주는 솔루션을 제공함으로써 고객에게 가치를 더해줄 수 있다. 따라서 고객본질을 이해한다는 것은 디지털 트랜스포메이션의 첫 단계라 할 수 있다. 기업의 비전 수립 시 사명(mission)은 반드시 고객본질을 포함하여야 한다.

페이스북은 "모든 사람은 연결되기를 원한다."라는 SNS를 하는 고객의 본질을 간파했다. 디즈니랜드에 놀러 가는 사람은 놀이기구를 타기 위함이 아니고 '가족의 행복'이라는 본질을 추구하기 위해서이다.

조직이 추구해야 할 고객본질

가치제공자	제공가치	고객본질
SNS	페이스북	모든 사람은 연결되기를 원한다.
포털	구글 검색엔진	세상의 모든 것을 찾아낸다.
디지털업체	휴대폰, 노트북, MP3 플레이어	유비쿼터스를 지원하는 정보 단말기
복사기회사	복사기, 스캐너	문서관리
가전회사	가전제품	주부의 시간 절약
화장품회사	화장품, 언더웨어 등	미(美)를 추구한다.
농업회사	씨앗, 농약, 농기구 등	농업 생산성
학습지회사	학습지, 도서 등	학습 매니지먼트
건강보험기관	건강보험 혜택	건강한 삶 유지
놀이동산	놀이기구	사람을 행복하게 만든다.

고객경험

고객경험은 고객본질을 확장한 것으로, 고객의 원츠를 식별하고 이에 대응하는 서비스를 의미한다. 이는 콜롬비아 비즈니스 스쿨의 마케팅 교수인 번트 슈미트(Bernd H. Schmitt) 교수가 자신의 저서 '고객경험관리(*Customer Experience Management*)'에서 제시한 개념으로, 재화나 서비스의 정보탐색부터 구매 후 평가 단계에 이르기까지 고객이 기업의 브랜드와 직접 및 간접적으로 접촉하면서 생기는 경험을 관리하는 과정이다.

아이폰의 고객경험 모델은 제시된 표와 같다. 이는 고객이 요구하는 것을 통합성 · 이동성 · 휴대성 · 콘텐츠 · 기능 · 확장성 · 안전성 · 개발자의 관점에서 추구하는 것으로, 고객경험과 이를 가능하게 해주는 제공서비스를 정리한 것이다. 고객경험은 비즈니스 모델을 개발할 때에 반영이 되기 때문에 구체적인 것보다는 큰 틀의 관점에서 작성된다.

아이폰의 고객경험 모델

구분	고객경험	제공서비스
통합성/	녹음기, MP3 플레이어, 사진기, 계산기, 전자사전, e북, 게임기 등을 모두 가지고 다니기가 번거롭다.	AP(Application Processor), 메모리, 디스플레이, 센서(마이크, 카메라, GPS 등) 등의 부품을 공통으로 사용하도록 디바이스 컨버전스 구현
이동성	이동 중에도 인터넷을 하고 싶다.	모바일 인터넷 사용 가능
휴대성	휴대가 편하도록 가벼워야 한다.	키보드를 제거한 터치스크린 구현
콘텐츠 다양성	음악, 영화, 도서 등을 편리하게 제공받고 싶다.	iTunes, iTunes U, iBooks, Podcast
기능 다양성	다양한 기능을 처리할 수 있으면 좋겠다.	앱 스토어를 통해 2017년 기준으로 220만 개의 앱을 제공
확장성/ 안전성	메모리를 확장하고, 데이터를 안전하게 보관하고 싶다.	iCloud를 통한 용량 확장 및 데이터 백업
개발자	앱을 제작하고 싶다.	SDK(Software Development Kit) 제공

고객경험지도(customer experience map)는 고객경험을 정의하는 또 다른 방법으로 고객여정지도(customer journey map)라고도 부른다. 이는 고객이 서비스 이전, 서비스 기간, 서비스 이후 단계에서 느끼는 감정(feeling)을 식별하고, 이에 대한 대응방안을 기술하는 형식이다. 여행객이 경주로 가족여행을 간다고 했을 때를 가정해서 문화정보 플랫폼을 구축하는 것을 사례로 들어보자.

문화체험 전에는 ① 불국사, 석굴암, 포석정 등 어디를 갈 것인가를 위해 사전에 가상으로 체험하고 이를 통해 여행계획을 세울 수 있다. ② 타인의 문화체험 다이어리를 통해 사진, 동영상, 후기 등을 감상한다. ③ 여행 준비물을 챙기기 위해 앱에 성인 및 아동 등에 대한 인원을 입력하면 해당하는 필수 및 선택 준비물의 종류와 수량을 산출해준다. ④ 티켓팅서비스는 철도, 버스, 숙소, 내가 방문하는 코스의 입장권 등에 대한 예매 및 예약을 해준다.

이제 경주로 문화체험을 출발하였다면 다음과 같은 서비스가 제공된다. ⑤ 길 찾기는 여행 코스별로 이동경로와 거리, 시간, 이동수단 등을 보여준다. ⑥ 택시 또는 버스를 타야 하는 경우 정류장, 이동시간, 거리, 요금 등에 대한 정보를 알려준다. ⑦ 내가 있는 근처에 가볼 만한 유적지 등의 볼거리를 안내한다. ⑧ 내 위치 근처의 먹거리정보를 유형별, 인기도별, 가격별로 정보를 제공한다. ⑨ 유적지에 대한 안내를 받고 싶을 때 앱을 통해서 한국어 또는 외국어로 설명을 들을 수 있다. ⑩ 여행 콜센터는 여행 중 질병, 물품 분실 등 다양한 사항의 문의에 대해 답변을 해준다. ⑪ 통역 및 번역서비스는 외국인과 동행할 때에 효과적으로 활용할 수 있다.

문화체험을 하고 난 이후에는 다음과 같은 서비스를 제공한다. ⑫ 내가 방문한 경주 또는 유적지별 문화체험에 대한 평가를 설문을 통해 수행을 한다. ⑬ 문화체험 이후 개선을 위한 정책 건의가 있다면 게시판을 활용한다. ⑭ 문화체험 기록을 남기고 싶다면, 문화체험 앱의 다이어리 기능으로 나의 이동경로, 코스별 사진 등을 담아주고, 마일리지 및 디지털 인증서를 발급해준다. ⑮ 여행 후기를 남기고 싶다면 문화체험 앱의 다이어리에 후기를 작성하고, 이를 페이스북 등의 SNS에 공유할 수 있도록 한다.

문화체험 경험지도

단계	문화체험 준비	문화체험 수행		문화체험 이후
고객 활동	① 여행계획 수립	⑤ 길을 찾아간다.	⑨ 유적지에 대해 알고 싶다.	⑫ 문화체험 평가를 하고 싶다.
	② 여행의 느낌을 알고 싶다.	⑥ 택시/버스를 타야 한다.	⑩ 여행 중 궁금한 것이 있다.	⑬ 문화 관련 정책 건의를 하고 싶다.
	③ 여행 준비물 챙기기	⑦ 주변에 볼거리가 있는가?	⑪ 통역/번역이 필요하다.	⑭ 문화체험 기록을 남기고 싶다.
	④ 티켓팅하기	⑧ 주변에 먹거리가 있는가?		⑮ 여행 후기를 남기고 싶다.
요구되는 경험	① 여행 코스를 선택하면(불국사, 첨성대, 석굴암 등) 동영상 시뮬레이션을 할 수 있고, 일정 및 예산이 편성된다. ② 방문하려고 하는 유적지에 대한 여행 후기를 읽어본다. ③ 여행 인원을 입력하면, 이에 해당하는 준비물과 수량이 산출된다. ④ 호텔, 버스, 입장권, 숙소 등의 예매 및 예약이 된다.	⑤ 여행 코스별로 지도를 보여주고, 코스 이동에 대한 정보를 제공한다. ⑥ 이동 시 택시/버스 노선과 요금을 알려준다. ⑦ 내 위치 근처의 유적지를 알려준다. ⑧ 내 위치 근처의 맛집정보를 알려준다.	⑨ 스마트폰 앱을 통해 현 위치 근처의 유적지에 대해 선택을 하면 음성 또는 텍스트로 설명을 해준다. ⑩ 여행 콜센터에 전화 또는 채팅으로 궁금한 것을 질문하고 답변을 듣는다. ⑪ 외국인과 동행 시 해당 언어로 통역 및 번역서비스를 해준다.	⑫ 유적지별 문화체험 평가 설문 사이트를 제공한다. ⑬ 문화 정책 건의 게시판을 제공한다. ⑭ 문화체험 코스별 이동경로와 사진을 앱을 통해 다이어리로 만들어주고, 마일리지 및 인증서를 발급해준다. ⑮ 문화체험 앱의 다이어리에 여행 후기를 작성하고 이를 SNS에 공유할 수 있도록 해준다.

고객경험지도에 포함할 사항은 고객여정의 단계(stage), 타임라인, 행동/이벤트, 터치 포인트, 정성적 정보, 정량적 정보, 판단 및 평가 기준, 페인 포인트(pain point) 등의 인사이트 등이다.

고객경험지도는 창의적이며 다양한 형태로 그릴 수 있다. 구글 이미지 검색을 통해서 경험지도의 사례를 검색하여보자. 장난감회사 레고(LEGO), 스타벅스, 레일 유럽(Rail Europe), 환자(patient), 과학관 방문자(exploratorium visitor) 등에 대한 경험지도를 찾을 수 있다. 이 중에 적합한 형태를 골라 변형을 해서 적용하면 좋을 것이다. 고객이 필요로 하는 경험은 다음 단계의 비즈니스 모델을 통해서 제공해야 할 가치제안(value proposition)인 것이다. 특히 디지털 기술이 적용된 고객경험은 디지털 고객경험(DCX : Digital Customer eXperience)이라고 한다.

고객가치

고객가치는 고객경험을 더욱 구체화한 것이다. 고객가치는 기업이나 공공기관이 고객과 만나는 접점을 진실의 순간, 즉 MOT(Moment Of Truth)라고 하는데, 이때 고객이 느끼는 감정과 이에 대응하는 서비스라고 할 수 있다. 일반적으로 고객경험은 비즈니스 모델을 개발하기에는 충분하지만, 운영 모델을 개발하기 위해서는 고객가치가 필요하다. 따라서 본서는 이러한 고객가치를 보다 구조적인 접근방식에

자동차 영업소와 구매 고객의 MOT

의해 도출하고자 한다. 여기서는 보스턴 대학의 존 핸더슨(John Handerson) 교수가 개발한 CVM(Customer Value Management) 방법론을 기반으로 한다.

자동차 영업소를 통해 차량을 구매하는 고객의 MOT을 작성해보자. 고객은 영업사원 요청 및 방문부터 차량을 인도받고 할부금융까지 완료하는 각각의 단계를 정의해야 한다.

자동차 구입의 니즈 및 원츠

MOT	니즈 및 원츠
영업사원 방문 요청	• 원하는 영업사원 선택 • 원하는 시간/장소로 방문 요망
구매 상담	• 대상별 판매조건 상이 • 무성의한 상담태도(구매 여부 판단 후) • 차별화된 우대를 받고 싶다. • 신차 개발 일정을 알고 싶다. • 차량별 특성을 알고 싶다. • 타사와 비교할 수 있는 정보가 필요하다. • 갖고 있는 내비게이션을 신차에 매립 · 설치해주었으면 한다.
견적 요청 및 제공	• 영업소별 견적 내용 상이 • 견적 요청 시 부담을 느낀다. • 경쟁사 차량 제원/가격의 비교 • 경쟁사 차량의 서비스 내역 • 견적 내용을 다양한 방식으로 받기 요망(출력물/이메일/FAX/모바일) • 신뢰성 있는 자료 요망(전산 출력) • 차량과 가격에 있어서 특별서비스를 받고 싶다(가격, 서비스 품목). • 주문자 사양 로고, 엠블럼 등을 요구한다.
계약 체결	• 계약조건 상이(영업소/영업사원별 조건이 차이가 있음) • 다양한 방법 요망(전자서명) • 출고지별 탁송료가 상이
주문 트래킹	• 영업소/영업사원별로 납기가 상이한 • 주문 차량의 생산 상황 통보 혹은 확인 요망 • 계약사항 변경 시(색상 · 옵션 등) 출고 납기 보장

고객가치란 MOT별로 도출된 니즈 및 원츠이다. 이러한 니즈 및 원츠는 경험이 풍부한 영업사원의 입장에서도 작성되어야 하지만, 고객의 입장에서도 작성되어 상호 검증이 됨으로써 완벽한 고객가치가 완성된다. 구매 상담 단계에서 고객에게 신차 개발 일정을 제공하지 않아서, 고객이 차량을 구매하고 한 달 후에 신차가 발표되었다면 고객은 매우 불쾌한 경험을 갖게 될 것이다. 또한 신차에 부착되어 나오는 내비게이션은 100만 원대의 추가비용을 요구한다. 따라서 기존에 있는 내비게이션을 신차에 매립형 내비게이션처럼 설치해줄 수 있는가에 대한 요구도 있다. 이처럼 MOT별로 고객의 니즈 및 원츠가 정교하게 도출되어야 활용 가능한 고객가치 모델이라 할 수 있다.

고객본질의 접근법

디지털 트랜스포메이션의 아이디어 획득은 고객본질의 이해로부터 출발한다. 고객본질이란 고객의 마음속 깊숙한 곳에서 갈망하는 것이기 때문에 표출적 요구사항인 니즈가 아니라 심층적 요구사항인 원츠를 알아내야 한다. 고객의 원츠를 발견하는 것이 디지털 트랜스포메이션의 비즈니스 모델을 개발하기 위한 선결사항이 되기 때문이다.

고객본질의 이해를 위해서 기존의 아날로그 및 디지털 트랜스포메이션에 대한 70여 가지 성공 사례를 분석한 결과 12가지의 패턴으로 분류하였다. 따라서 변화 정도가 강한 순서로 접근법을 설명해보도록 한다.

고객본질을 이해하기 위한 12가지 접근법

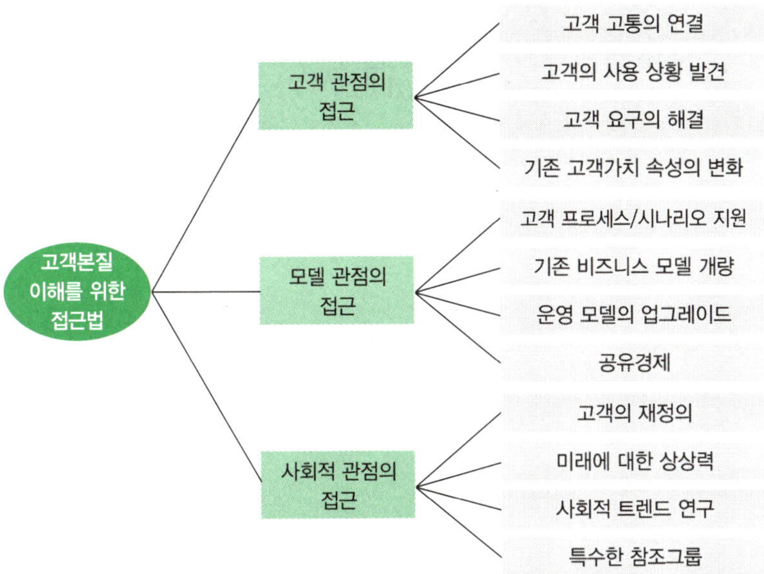

Chapter 10

고객 관점의 접근

고객고통의 해결

디지털 트랜스포메이션을 위한 고객이해방법 중 가장 강력한 것은 고객의 고통을 발견하고 해결하는 것이다. 이는 고객 누구나 평소에 느끼는 것이지만, 누구도 이러한 문제를 적극적으로 표출하거나 해결하려고 하지 않는다. 그렇지만 고객이 고통받는 문제를 해결한다면 대단한 사업성과를 이루게 된다.

고객고통을 해결하는 비즈니스 모델은 쉽게 개발할 수 있으면서도 그 효과는 강력한 특징을 지니고 있다. 그렇다면 고객의 고통을 이해하려면 어떻게 해야 할까? 고객고통은 고객의 마음속에 응축된 이미지이다. 응축이란 영화 〈올드보이〉의 오대수처럼 본인이 사설 감옥에 오랫동안 갇혀서 체념하는 현상이다. 이처럼 고객의 응축은 그들이 오래된 문제를 체념하고 받아들이고 있지만, 마음속에는 한이 맺혀있는 부분이다. 따라서 주변에서 고객응축을 발견한다면 이는 좋은 비즈니스 모델의 아이디어로 연결될 수 있다.

고객고통을 공감하고 이를 새로운 사업설계로 해결한 사례는 본서의 첫 부분에서 다루어진 이케아, 사우스웨스트 항공, 맥도날드, 아마존, 미쓰비시 중공업이다. 여기서는 그 외의 또 다른 사례를 살펴본다.

누코 철강 사례

누코 철강은 도로건설 현장에서 콘크리트로 도로포장을 하는데, 필요 이상의 고품질의 철근을 사용하기 때문에 건설 원가가 증가하는 것을 알게 되었다. 누코는 이러한 문제를 해결하기로 하였다. 당시 미국의 미니밀(전기로)회사는 경쟁력이 저하되어 문을 닫는 곳이 많았다. 이러한 상황에서 누코는 "저급 건설자재인 철근을 미니밀을 통해서 저렴하게 생산하여 판매할 수는 없을까?"라는 발상의 전환을 하였다. 원래 자동차나 선박을 만들기 위해서는 탄소 함량이 적은 고품질의 철강제품이 필요하지만, 도로를 포장하는 건설공사에서는 탄소 함량이 어느 정도 허용되는 저급 품질의 철강제품을 사용할 수 있다. 그래서 누코는 저급 품질의 철근을 생산하여 70% 수준의 가격으로 지방 건설 현장에 판매를 함으로써 인기를 누렸다. 누코 철강은 경영이 악화되서 폐쇄된 미니밀 공장들을 인수하여 규모를 키우게 된다. 누코 철강의 사업설계는 선진 사례로 꼽히고 있다.

아이팟 사례

한때 아이리버는 MP3 플레이어의 시장을 주도하는 상품이었다. 고음질과 우수한 디자인은 고객에게 매력적이었다. 그러나 고객은 고품질의 MP3 음원을 확보하는 데 어려움이 있었다. 사용자들은 P2P서비스인 당나귀(e-Donkey)를 이용해서 MP3 음원 파일을 불법 다운로드해야 하는데, 이러한 불법적인 행동은 미국인의 정서에는 맞지 않는 것이었다. 실제로 미국인들에게 불법 소프트웨어나 콘텐츠를 사용하는 것은 경멸의 대상이 되기 때문이다. 아이팟은 이러한 문제를 해결하기 위해서 모바일 인터넷기능을 포함하고, 아이튠즈를 통해서 MP3 음원을 유료로 제공하였다. 이는 쇳덩이에 불과한 전자제품에 비즈니스 모델을 추가한 것이다. 이를 통해서 고객은 저품질의 MP3 음원을 불법으로 사용할 필요가 없어졌다.

고객고통의 국내 사례

수 노래방은 고객이 느끼는 것이 "노래방은 지하에 있고, 쾌쾌한 곰팡내가 나며, 바닥에는 맥주를 흘려 찌든 냄새가 올라오고, 복도 조명도 어둡고, 화재가 날 것을 대비해서 어떻게 탈출해야 할 것인가를 눈여겨봐야 한다."라는 고통을 이해하였다. 그래서 수 노래방은 진정한 휴식이 가능하도록 호텔 분위기가 풍기는 쾌적한 공간을 만들어냈다.

토즈의 창업자는 회계사 공부를 준비하기 위해 4~8명이 그룹 스터디를 하면서 마땅한 학습공간이 없어 대학 혹은 수강하던 학원의 빈 강의실, 고시원의 스터디 룸을 전전해야 했는데, 이를 해결하기 위해 스스로 창업을 하여 50여 개에 달하는 모임공간 프랜차이즈를 이루었다.

에듀윌의 창업자는 고등학교 과정을 검정고시로 패스하였다. 그는 그때의 어려움을 해결할 수 있는 비즈니스 모델을 개발하고 검정고시 공부를 위한 이러닝서비스를 하였다. 이 사업은 대단히 성공적이어서 이제는 공무원시험, 자격증시험, 학점은행제 등을 서비스하는 평생교육 전문기관으로 자리 잡았다.

모바일 결제 단말기는 최근에 일반화되었다. 최초 개발 당시에는 접객업소에서 손님이 보는 앞에서 카드를 결제해야 한다는 고객의 투명성 요구 때문에 개발되었지만, 현재는 피자, 통닭과 같이 배달음식의 배달원들이 사용하는 모바일 결제 도구로 자리매김하였다.

고객고통의 전통적인 사례

포드 T형 카는 고객고통을 해결한 대표적 사례이다. 1900년대 이전 대중교통이 없는 미국은 넓은 땅덩어리를 이동하려면 마차를 몰고 다녀야 하는데, 말들이 쏟아내는 분뇨가 뉴욕의 길거리를 뒤덮었다고 한다. 이러한 사회적 문제를 해결하기 위해서 자동차가 대중화되는 것이 필수적이기 때문에 포드는 컨베이어벨트시스템으로 T형 카를 생산하여 저렴하게 판매하였다.

엘리베이터를 발명한 오티스는 1800년대 중반에 뉴욕에 건물을 지을 수 있는 땅이 부족해지자, 고층건물이 필요하다는 것을 간파하였다. 그러나 고층건물을 짓기 위해서는 엘리베이터가 필수적이었다. 그는 엘리베이터를 개발하고, 이를 통해 뉴욕에 고층빌딩이 가득 들어서게 하였다.

금전등록기는 미국 오하이오주 데이턴시의 바 경영자 J. 리티에 의해 개발되었다. 그는 바텐더가 매출금을 착복하고 있다는 사실을 알게 되었고, 이를 방지하기 위해서 입금을 기록하여 현금과 맞출 필요를 느껴 금전등록기를 개발하였다. 이는 NCR에 의해 1987년 상품화가 되었다. 점포를 추가로 확장하고 싶어 하는 것은 소상공인의 본질적 욕구이다. 그러려면 주인이 없어도 판매된 상품과 재고를 자동으로 기록해주는 방법이 있어야 한다. 금전등록기는 이를 가능하게 해주는 역할로 보급되었다. 이것이 요즘 널리 사용하는 POS시스템이다.

고객의 사용 상황 발견

사용 상황이란 상품을 개발하고 공급하는 기업도 미처 몰랐던 고객의 사용패턴을 알아내는 것이다. 이를 위해서는 관찰 · FGI(Focus Group Interview) · 설문조사 · 크라우드 소싱과 같은 방법으로 알아내는 것이 효과적이다. 관찰에 의한 방법은 쉽지 않다. 관찰의 예는 에어컨 · 아이폰 · 유튜브 같은 것이다. 윌리스 캐리어는 새벽에 안개가 피어나는 것을 보고 에어컨의 원리를 깨달았으며, 1902년 에어컨을 상품화한다. 이처럼 관찰자가 목격한 것이 세상을 관통하여 새로운 비전으로 향하는 것은 일반인이 시도하기에는 어려운 것이다. 그러나 아이폰이나 유튜브와 같이 상품이 출시된다면 세상을 바꿀 정도로 대단한 것이 탄생한다. 보다 쉬운 방법이 FGI를 통해서 사용자의 고견을 모으거나, 설문조사 또는 크라우드 소싱과 같은 방법으로 아이디어를 수집하는 방법을 고려해봐야 한다.

관찰에 의한 방법

관찰이란 일상생활에서 사물이나 현상을 주의하여 자세히 살펴보고, 특이한 현상에 대해 원인과 결과를 분석하는 것이다.

아이폰의 출발은 2001년에 등장한 아이팟으로부터 출발한다. 당시 미국에서는 아이팟 사용자가 빌딩 옆에서 와이파이(Wi-Fi)를 이용해 스카이프(Skype)로 장거리 통화를 하는 것이 자주 목격되었다. 애플은 이러한 현상을 주목하여 아이폰을 개발하였다. 이러한 사소한 발견이 디지털 시대를 알리는 스마트폰을 탄생하게 한 것이다.

유튜브는 오늘날 동영상을 공유하는 SNS 한 축으로서 중요하다. 유튜브의 시작은 다음과 같다. IT 벤처를 하는 채드 헐리(Chad Meredith Hurley)와 친구들은 생일파티를 하는데, 참석하지 못한 먼 거리에 있는 친구에게 파티 동영상 파일을 전송하였다. 그리고 그들은 이러한 경험을 바탕으로 "모두가 쉽게 비디오 영상을 공유할 수 있는 기술"을 생각해냈다. 그들은 2005년 유튜브를 창립하였다.

봉고 승합차는 기아자동차의 대표적인 상품이다. 기아자동차는 IMF 당시에 경영상태가 악화하였다. 1981년 이 회사에서는 뭐라도 시도해 보자는 일념으로 봉고 트럭을 변형해서 12인승의 봉고 버스를 만들었다. 그런데 이 차가 불티나게 팔리는 것이었다. 사람들은 봉고 버스로 유치원 통학용, 식당손님 서비스용, 교회신도 심방용 등 다양한 용도로 활용하였다. 국내 자동차회사들은 이러한 고객경험을 바탕으로 다양한 미니밴을 출시하였다.

게토레이는 스포츠음료로 출시되었다. 그런데 이 음료는 아침 출근 시간에 많이 팔리는 것이었다. 이를 세밀히 관찰한 결과 사람들이 지난밤에 마신 술을 깨기 위해서 게토레이를 숙취 해소용으로 마시는 것을 알 수 있었다. 이러한 고객경험을 바탕으로 출시된 것이 컨디션, 여명 808 등과 같은 숙취 음료이다.

카피캣 의류는 젊은이들의 표현 욕구를 나타내준다. 연말에 강남의 유명한 나이트클럽에는 미국에 유학 중인 학생들이 와서 춤을 추고 즐긴다. 그 또래의 젊은이들은 그들이 입었던 옷을 사고 싶어 한다. 압구정동 로데오 거리에서 옷 장사를 하던 사장은 종업원으로부터 그러한 이야기를 듣고, 그들이 입었던 옷들을 다음 해 연말에 카피캣 상품으로 만들어 판매해서 대박을 터트렸다고 한다.

FGI에 의한 방법

FGI(Focus Group Interview)는 3~4명 또는 그 이상의 동질성을 유지하는 사람을 집합시켜서 90분 내외의 시간 동안 주제에 대해 의견을 구하는 정성조사이다.

베이킹소다를 생산하는 미국의 한 회사는 매출이 제자리걸음이었다. 이는 과자나 빵을 만들 때 극소량만 사용하기 때문이다. 그들은 지역의 주부들을 초빙해서 공장 견학과 식사를 제공한 후에 FGI를 개최하여 가정에서 베이킹소다를 어떻게 사용하는가를 물었다. 주부들에게는 의외로 다양한 아이디어가 나왔다.

“베이킹소다로 그릇을 닦으면 깨끗하게 됩니다. 싱크대도 닦아보니 깨끗하게 되더라고요.”, “베이킹소다를 헝겊 주머니에 담아서 냉장고에 넣어두면 냄새가 나지 않아요.”, “우리 집에서는 베이킹소다로 과일이나 채소에 묻은 농약을 깨끗이 닦는답니다. 그래야 아이들이 안심하고 먹을 수 있어요.”, “빨래를 삶을 때에 베이킹소다를 한 숟가락 넣으면 옷이 깨끗하게 삶아져요.”, “저는 아이들 장난감에 묻은 손때를 젖은 헝겊에 베이킹소다를 묻혀서 깨끗이 닦아준답니다.”와 같은 의견이 청취되었다.

이후 이 회사는 베이킹소다를 이용해 탈취제, 식기세척제, 표백제 등을 만들어서 시장에 출시하였다. 시장에서는 주부들의 호응이 폭발적이었다. 무려 일 년 만에 회사의 매출이 150배가 늘었다고 한다.

정유회사의 주요 고객은 승용차에 연료를 넣는 운전자이다. 저자는

2000년도 초반에 H정유사 마일리지 도입을 위한 FGI를 실시하였다. H정유를 사용하지 않는 고객들에게 이유를 물었을 때에 "세차기가 낡아서 세차를 하면 세차기 헝겊에 묻은 모래에 의해 자동차의 표면이 긁히기 때문에 방문을 안 한다.", "화장실이 청결하지 않다."라는 의외의 답변을 얻게 되었다. 이후 H정유는 가맹점 주유소에 세차기와 화장실 교체사업을 지원하였다. 몇 달 후 H정유의 시장점유율은 4%가 증가하였다. 당시 정유시장의 점유율 1%를 올리기 위해 500억 원의 투자가 필요하다고 했으니 대략 2,000억 원의 효과를 보게 된 것이다. 당시 H정유는 세차기와 화장실 교체를 위해 주유소에 지원한 투자비가 200억 원 수준이었다.

아이북랜드는 어린이 도서 대여를 하는 매출액이 1,500억 원 규모의 기업이다. 이 회사의 학부모 고객을 대상으로 FGI를 수행하였는데, 회사도 모르던 다양하고 의미 있는 결과를 얻었다. 당시 학부모의 의견은 "1주에 4권을 배본하는데, 추가비용을 받더라도 1주에 6권을 배본하는 상품을 선택할 수 있으면 좋겠다.", "해마다 신규 선정 도서가 나오고 있는데 제공하는 책의 구성은 바뀌지 않는다.", "아이별로 맞춤 배본을 하면 좋겠다.", "홈페이지가 아이들 눈높이에서 개편되기를 바란다.", "도서에 살균 소독을 해서 배본하기 바란다." 등과 같이 실질적이며 회사의 매출도 증대시킬 방안이 포함되었다.

위니아 만도는 에어컨기술이 뛰어난 기업이다. 1990년대 초반, 회사가 어려운 시기에 협력사 사장단 회의를 했는데, 한 참석자가 "프랑스에는 와인 냉장고, 일본에는 생선 냉장고와 화장품 냉장고가 있는데 왜 우리나라에는 우리의 고유한 음식문화인 김치를 위한 냉장고가 없을까?"라는 의견에 따라 딤채를 개발한 것이다. 20여 년이 지난 지금은 국내 가정에서 김치 냉장고는 필수품이 되었다.

설문조사방법

설문조사는 샘플링된 고객을 대상으로 주제에 대해 10개 또는 그 이상의 문항에 대해 정량화조사를 하는 것이다. 설문조사에는 고객세분화와 맞춤형 서비스를 위해서 설문 기본사항에 대해 다양한 조사를 해야 한다. 이를 위해서는 지리적(geographical) · 인구통계학적(demographical) · 심리학적(psychological) · 행동분석적(behavioral) 변수를 포함하는 것이 좋다.

지리적 변수의 질문은 "거주지역은 강남구와 서초구 같은 상류층이 사는 곳인가? 아니면 분당, 일산과 같은 중상류층이 사는 곳인가?"와 같은 것이다. 또한 거주지역에 따라 인구밀도 · 도시의 규모 · 기후 등을 연관지을 수 있다.

인구통계학적 변수는 나이 · 성별 · 소득 · 직업 · 가족 수명주기 · 교육 수준 · 종교 등과 같은 것이다. 질문사항은 "베이비붐 세대인지? 7080 세대인지?", "구매력이 강한 젊은 층인지?" 등이다. 또한 30대 중반 이상인데 미혼이라면 혼밥족, 혼술족으로 판단할 수 있다. 30대 후반에 여성이며 소득이 높다면 골드미스로 판단한다. 30대 중반에 결혼은 했는데 자녀가 없다면 DINK(Double Income No Kids)족으로 소비성향이 높을 것이다. 소득이 높다면 VIP 마케팅 대상이다.

심리학적 변수는 개성 · 동기 · 사회계층 · 라이프스타일 등을 알아내는 것이다. 이를 위해서는 활동 · 관심 · 의견을 묻게 된다. "아이폰과 갤럭시폰 중 어느 것을 선호하는가?", "현대차, 기아차, 외제차 등 어느 브랜드를 선호하는가?"와 같은 것도 질문의 대상이다. 실제로 머스탱 스포츠카가 출시되었을 때 고객은 20~60대로 다양한 계층이었다. 이 차를 구매한 60대의 할아버지는 '마음이 청춘'인 부류의 사람이었다.

행동분석적 변수는 추구하는 편익을 알기 위해 "주로 사용하는 포털이 네이버, 다음, 구글 중에 어떤 것인가?", "SNS는 트위터, 페이스북, 카카오톡, 라인 중에 어떤 것을 선호하는가?"와 같은 질문이다. 사용 상황을 알기 위해 "누가, 무엇을, 언제, 어디서, 어떻게 사용하는가?", "특정 상품을 구매하는 이유는 무엇인가?"를 묻기도 한다. 이 정도의 구체적인 소비자정보가 있을 때 참조그룹(reference group)을 형성할 수 있어서 과학적인 데이터분석이 가능해진다.

설문조사에서 반드시 포함할 사항은 고객의 의견을 구하는 주관식 질문사항이다. "상품 및 서비스에 대해서 어떤 기능을 추가시켜야 하는가?", "상품의 취약점은 무엇인가?"와 같은 것이다. 이러한 질문을 통해서 고객이 오랫동안 고민하고 가슴 속에 묻어 놨던 다이아몬드 같은 힌트를 얻기도 한다.

한국미술시장정보시스템(www.k-artmarket.kr)은 화랑 · 아트페어 · 경매회사에서 거래된 미술작품의 정보와 이를 기반으로 한 미술시장 관련 콘텐츠(거래정보 통계, 시장 동향분석 등)를 제공하고 신진작가와 화랑을 홍보함으로써 미술시장에 대한 균형 잡힌 정보를 제공하는 사이트이다. 다음은 이 사이트 구축을 위한 설문조사를 했을 때의 주관식 답변이다. 국내의 현실에서 신진 미술작가는 전시할 기회가 없다. 그래서 이를 위한 해결책으로 제시된 의견으로는 "신진작가를 위해 공원, 한강 고수부지 등에 파빌리온(천막 형태)을 활용하여 이동식 전시공간을 마련하는 것이 필요하다."와 같이 참신한 의견이 제시되었다. 해외 전시회의 경우 유명한 작가에게만 기회가 주어진다. 따라서 신진작가에게도 해외 진출 기회가 제공되도록 "해외 아트페어를 개최할 때에 행사장 인근에 별도의 공간을 마련하여, 한국 미술 작품을 전시할 수 있게 하여야 한다."와 같은 의견은 가슴에 와 닿는다. 요즘은 미술도 스타트업과 같은 개념이다. 그래서 같은 방향의 이슈를 공동으로 탐구하기 위해서 “미술 관련 종사자들을 위한 라운드테이블 환경이 조성되어, 다양한 사업 모델이 개발되어야 한다.”와 같이 살아있는 정책 개발 어젠다를 건의받을 수 있었다.

고객경험은 마케팅에서 사용 상황(use or application)에 의한 포지셔닝이라고 한다. 고객경험은 강력한 비즈니스 모델을 제공한다. 그러나 고객경험을 발견하기 위해서는 열려있는 마음의 눈을 가져야 한다.

크라우드 소싱 방법

크라우드 소싱이란 대중으로부터 아웃소싱을 하는 것으로, 다양한 아이디어 수집과 선호도 평가, 수요예측을 하는 것이다. 크라우드 소싱의 유형은 투자자금을 펀딩받거나, 에어비앤비와 같이 숙박공간을 제공받기도 한다. ‘레고 디지털 디자이너’는 고객이 레고 제품을 설계할 수 있는 플랫폼이며, 실제로 채택이 되어 상품이 출시되면, 출품자는 순이익의 1%를 로열티로 받게 된다.

스타벅스는 경영위기를 벗어나기 위해 2008년 ‘마이 스타벅스 아이디어’라는 커뮤니티 사이트를 개설하였다. 이는 소비자의 의견 수렴과 의사결정 참여를 위한 커뮤니케이션 공간을 만들자는 목표에서 시작이 된 것이다.

이 사이트는 간단한 4가지 규칙으로 운영되고 있다. 이는 ‘Share-Vote-Discuss-See’ 절차로 이루어진다. 즉, 자신의 아이디어를 공유하고(share), 좋은 아이디어에 투표한 뒤(vote), 댓글로 그 아이디어에 관해 토론하며(discuss), 어떻게 실현되는지 지켜보는(see) 것이 그 규칙이다. 제안사항은 새로운 제안 및 아이디어, 기존의 개선사항,

제품 반납 요청, 기타사항으로 구분된다. 마이 스타벅스 아이디어 사이트를 통해 연간 약 20만 개의 아이디어가 올라오고 그 중 연간 약 70개의 아이디어가 구체적으로 실행된다. 대표적인 것이 커피 튀는 것을 방지하는 스플래시 스틱, 매장 내 와이파이 무료 사용 등의 아이디어다.

마이 스타벅스 아이디어

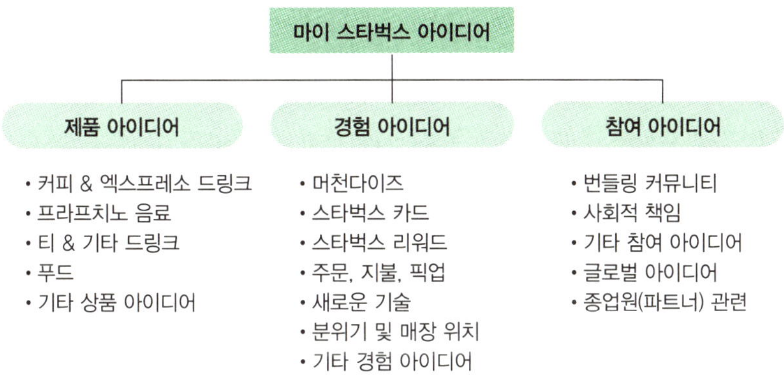

고객의 요구 해결

고객요구 해결이란 기업 및 공공기관이 조직 내의 문제점을 해결하기 위해서 공급자에게 새로운 해결방안을 요구하고, 공급자는 이를 해결하는 솔루션을 개발하는 것을 의미한다. 공급자의 입장에서는 고객의 요구가 황당할 수 있으나, 고객은 이러한 요구를 위해서 오랫동안 고민을 해왔기 때문에 이를 해결한다면 새로운 상품의 카테고리를 만들어내는 것이다. 국내의 한 전지회사는 업무 매뉴얼을 통해서 조직의 업무를 표준화하기로 하였다. 그들은 업무 매뉴얼을 경쟁력의 원천으로 생각하고, 이에 대한 철저한 보안이 필요하다는 점을 강조하였다. 솔루션 개발업체는 업무 매뉴얼을 기업 내부의 인트라넷에서만 작동되도록 개발하였다.

이처럼 고객의 요구를 해결하는 것은 다음과 같은 장점이 있다. 첫째, 고객이 요청하는 솔루션을 개발해주는 것을 통하여 좋은 아이디어를 얻을 수 있다. 둘째, 시간과 노력을 투자하여 고객에 대한 모든 것을 알아낼 수 있다. 상품의 경제성, 요구기능, 솔루션 등에 관한 것이다. 셋째, 초기에는 손해를 보게 되지만 결국은 새로운 산업의 솔루션을 만들어낼 수 있다.

잉크젯 프린터의 출현과정은 다음과 같다. HP의 영업사원은 보험회사를 방문하였는데 고객으로부터 "현재 프린터 한 대에 수십 명이 공유하여 사용하는데, 출력물을 가지려 이동을 하고, 자기 순서를 기다리는 데 시간을 허비한다. 따라서 개인용 프린터를 설치하고자 하는데, 저렴한 비용으로 가능한가?"라는 요청을 받았다. 당시 수백만 원씩 하는 레이저 프린터를 공유하는 것은 사무실의 일반적인 모습이었다. HP는 내구재인 프린터를 40만 원 정도로 저렴하게 판매하고, 소모품인 프린터 잉크를 비싸게 파는 수단을 취함으로써 수지를 맞출 수 있으리라 판단하였다. 잉크젯 프린터는 결국 고객의 요구에 대응하여 만들어진 것이다.

험비는 1991년 걸프전에서 등장한 험상궂게 생긴 커다란 자동차로 미군의 아이콘과 같다. 험비는 미군이 야전용으로 개발을 의뢰한 것이다. HMMWV, 즉 High Mobility Multipurpose Wheeled Vehicle(고기동 다목적 차량)이 원래의 이름이다. 산악이나 비포장도로 등 전 세계 어떤 지형도 통과할 수 있는 험로 주행능력, 하천을 건널 수 있는 도하능력, 어떤 악조건도 이겨낼 수 있는 차체 강성, 그리고 손쉬운 정비 성능 등이 새로운 차량의 요구조건이었다. AM 제너

럴은 미군에 16만 2천 대를 공급하고, 이제는 상용차로 판매를 하고 있다.

도큐먼트산업은 최근에 주목을 받는 분야이다. 후지제록스(FUJI XEROX)는 복사기, 스캐너, 프린터 등을 생산하는 업체이다. 그들은 조선소와 같이 많은 문서나 도면을 생산하고 관리해야 하는 기업으로부터 효과적인 문서를 관리하는 방법(생산 · 저장 · 유통 · 출력 · 보안 등)에 대한 솔루션을 요구받았다. 그들은 문서관리를 위한 워크플로우 등의 솔루션을 구축하였고, 이제는 많은 기업을 위한 솔루션으로 발전되었다. 이제 후지 제록스는 상품 판매보다, 문서관리 컨설팅 및 아웃소싱서비스를 하는 도큐먼트 솔루션업체이다.

Chapter 11

모델 관점의 접근

기존 고객가치의 속성 변화

고객가치의 속성 변화란 상품 속성(attribute)에 의한 포지셔닝으로서 상품, 서비스, 이미지에 대한 속성에 변화를 주는 것이다.

P&G는 치약시장의 변화를 이끌어왔다. 그들은 치아를 닦는 이유를 '충치예방 → 칫솔질 이후의 맛 → 향기 → 기능성(미백 · 니코틴 제거 · 잇몸치료) → 클로즈업(close up)'으로 발전시켜왔다. 이는 차별적 속성을 통한 독특한 효익을 소비자에게 제공한다는 인식을 심어주는 것이다. P&G의 세제 역시 '강력한 세탁(tide) → 색상 보호(cheer) → 세탁된 옷을 부드럽게(bold) → 향기(gain)'로 발전시켰다.

SNS 역시 미니홈피, 페이스북, 트위터, 인스타그램, 카카오톡 등이 각기 차별화된 속성을 제공함으로써 개별적 영역을 구축하고 포지셔닝에 성공하였다. 이러한 차별적 속성은 인간의 심리와 인간의 활동을 관찰함으로써 더 새로운 비즈니스 모델을 창안할 가능성이 충분하다.

아날로그 시대의 속성 변화

교세라 세라믹 식칼은 단지 식재료를 절단하는 것을 넘어서, 세라믹 칼을 통해서 금속 냄새를 제거하여 식재료 고유의 맛을 유지할 수 있게 하였다. 기존의 스테인리스 식칼은 식재료를 절단해서 보관하면 변질의 우려가 있었는데, 이러한 걱정 역시 사라졌다. 또한 칼로 인하여 손을 다칠 염려도 없다. 표면의 고밀도로 세척이 쉽고 세균번식을 막아주며 납이나 다른 유독물질이 섞이지 않는 환경친화적인 안전상품이라서 주부들에게 인기가 높다.

소니 워크맨이 등장하기 이전인 1970년대의 오디오는 너무 무거워서 두 손으로 들어야 할 정도였다. 1980년대 초반에 등장한 워크맨 소니는 휴대성을 강조하였다. 1990년대 등장한 CD 플레이어는 음질을 강조하였다. 2000년대 등장한 MP3 플레이어는 콘텐츠 획득과 휴대의 편리성이 강조되었다. 최근 등장한 DSD 플레이어는 현장의 소리와 같은 고음질을 선날하는 것이 목표이다. 이처럼 오디오 역시 '휴대성 → 음질 → 콘텐츠 → 현장성'으로 속성이 바뀌고 있다.

소셜 네트워크서비스

국내 포털은 다음(www.daum.net)이 한메일(hanmail)을 기반으로 포지셔닝을 하였다, 이후에 프리챌(www.freechal.com)은 카페 형식의 동호회 커뮤니티로 포지셔닝을 하였다. 네이버는 카페와 지식 iN 그리고 검색엔진으로 성장했고 이를 기반으로 카페까지 포지셔닝 했다. 이처럼 경쟁이란 속성을 기반으로 한다고 할 수 있다. 이제 최근에 가장 주목을 받는 온라인서비스인 SNS(Social Network

Service)에 대해 살펴보자. 인터넷이 대중화되면서 커뮤니티는 카페, 블로그, SNS의 순서로 발전되어왔다. SNS는 다양한 유형이 있으며, 각 SNS는 사용자에게 제공하는 서비스 속성을 차별화하고 있다.

싸이월드의 미니홈피는 SNS의 효시이다. 이는 나의 근황 알리기, 친구의 근황 알기, 친구와 모임, 친구에게 선물 주기 등의 현실적인 것을 사이버 공간에서 내 홈피와 친구 홈피 방문, 클럽 만들기, 글과 사진 올리기, 친구 초대하기, 미니홈피 스킨 선물 등으로 변형하였다.

페이스북은 미니홈피로부터 한 걸음 더 진보하였다. "모든 사람은 연결되기를 원한다."라는 목표는 동일하지만, 세부적인 속성은 차이가 난다. 페이스북은 나의 글과 사진을 게재할 수도 있지만, 웹 사이트에 게재된 것을 끌어다 놓을 수 있고, 친구로 등록된 사람의 게시물을 자신의 타임라인에 저절로 나타나게 해준다. 싸이월드 미니홈피가 찾아가서 정보를 찾는 수동적 서비스라면 페이스북은 정보가 찾아오는 능동적 서비스이다. 이것은 좋은 콘텐츠를 신속하게 넓은 범위로 확산시키는데 보다 효과적이다. 검색기능 역시 활용성이 높다. 검색창에 '당뇨병'이라는 키워드를 넣으면 관련된 유용한 정보를 조회할 수 있다. 친구의 친구와 친구를 맺거나, 검색을 통해서 연락처를 모르는 지인을 찾아낼 수도 있다. 또한 기업이나 유명인을 지원하는 페이지기능 역시 차별화되었다. 요즘은 소규모로 사업을 하는 경우 웹 사이트를 따로 만들지 않고, 페이스북의 페이지를 활용하는 경우도 많이 보게 된다. 페이스북은 제3자 서비스도 활성화되어 있다. 성격분석, IQ분석, 절친분석 등의 다양한 서비스를 파트너회사의 프로그램을 통해 제공함으로써 더욱 다양한 흥미를 제공해준다.

트위터는 페이스북과 함께 SNS를 대표하는데, 이는 한 번에 쓸 수 있는 글자 수가 140자 이내로 제한이 된다. 하지만 팔로워를 통해 리트윗되기 때문에 SNS로 전파되는 속도는 대단하다. 정치인이나 연예인들은 트위터의 이러한 특징 때문에 홍보효과를 톡톡히 누릴 수 있다.

인스타그램은 사진 및 동영상을 공유할 수 있는 SNS 플랫폼이다. 인스타그램(Instagram)은 '인스턴트(instant)'와 '텔레그램(telegram)'이 더해진 단어다. "세상의 순간들을 포착하고 공유한다(Capturing and sharing the world's moments)"라는 슬로건을 내걸고 2010년 출시됐다. 인스타그램은 내가 관심을 두고 있는 사람에 대해, 게재된 사진을 통해서 근황을 실시간으로 모니터링할 수 있다. 따라서 연예인들은 인스타그램이 필수적인 관계 유지의 도구이다.

카카오톡은 유료로 사용하는 휴대폰의 단문서비스(SMS) 및 장문서비스(LMS)를 대체하기 위한 도구로 등장하였다. 카카오톡 PC 버전은 파워포인트, 워드, 사진 등의 파일을 전송할 수 있다. 그렇기 때문에

SNS서비스 속성 비교

구분	출시년도	주요 서비스 속성
MSN	1999	P2P방식의 메신저
싸이월드	2001	미니홈피, PC 기반 메신서
링크드인	2002	비즈니스 인맥 사이트, 슬라이드 공유
네이트온	2002	인스턴트 메신저 프로그램(PC용)
Flickr	2004	온라인 사진 공유 커뮤니티
페이스북	2004	인맥 형성 및 콘텐츠 공유, "모든 사람은 연결되기를 원한다."
트위터	2006	140자 이내 단문으로 개인의 의견이나 생각을 공유하고 소통
인스타그램	2010	사진 및 동영상 공유, "세상의 모든 순간을 포착하고 공유한다."
카카오톡	2010	무료통화 및 모바일 메신저 응용 프로그램
라인	2011	무료통화 및 모바일 메신저
밴드	2012	그룹 멤버를 위한 커뮤니티 공간

사무실 내에서 또는 원격지 간에서 이루어지는 팀 프로젝트의 도구로도 매우 위력적이다. 카카오톡에서 발전한 카카오 페이지는 웹툰, 웹소설 등을 제공하는 플랫폼으로 주목받고 있다.

고객의 프로세스 또는 시나리오 지원

기존의 기업은 내부의 프로세스 또는 산업 내의 가치사슬을 위해서 업무설계를 수행하였다. 그러면서 강조된 것은 고객만족과 고객중심의 경영이었다. 그러나 고객이 무슨 활동을 하는지, 무슨 생각을 하는지를 이해하지 못하면서 고객을 위해 서비스를 한다는 것은 모순이 발생하는 것이다.

디지털 트랜스포메이션은 기본적인 사상이 고객으로부터 출발하는 것이며, 그러기 위해서는 고객이 활동하는 방식과 생각하는 것을 이해하는 것이 전제되어야 한다. 그렇지 않다면 또다시 아날로그적 사고에 디지털이라는 껍데기를 덮어쓴 것에 불과하다.

고객을 이해하기 위해서는 고객의 활동을 정리한 고객의 프로세스를 작성하거나, 고객활동에 대한 시나리오를 개발하는 것이다. 이를 위해서는 고객을 만나서 인터뷰를 하는 것이 필요하다. 고객 프로세스와 시나리오는 기업이 책상이나 회의실에서 앉아 생각한 고객과는 상당한 차이가 있을 것이다. 이러한 활동을 통해 얻은 고객의 이해를 바탕으로 이를 지원하기 위한 비즈니스 모델을 개발한다면 더욱 생생한 가치제공이 가능할 것이다.

고객 프로세스 지원

미국의 유명한 농업회사는 씨앗과 농약을 판매하고 있다. 이 회사는 "e-비즈니스를 적용하여 농민의 가치사슬을 디지털로 통합하고 정보를 제공하는 방법은 무엇인가?" 하는 고민을 하였다. 그들은 고객의 요구를 이해하기 위하여 고객의 가치사슬을 연구하였다. 미국의 농장은 규모가 크다. 비행기로 씨앗을 뿌리고 농약을 살포하며, 기계로 추수를 한다. 이러한 농장을 기업농(commercialized farming)이라고 할 수 있다. 이러한 기업농의 프로세스는 '예측 → 영농계획 수립 → 영농수행 → 영농관리 → 영업 및 마케팅'으로 이어진다.

이 회사는 농민들에게 자사의 대리점을 통해 농업경영을 위한 프로그램을 제공한다. 농민들은 자신의 PC에 프로그램을 설치하면 '예측 → 영농계획 → 영농수행 → 영농관리 → 영업 및 마케팅'의 프로세스를 자동화해주는 서비스에 접근할 수 있다.

영농법인의 가치사슬

예측	영농계획	영농수행	영농관리	영업/마케팅
• 기후예측 • 작황예측 • 토지예측 • 환경예측	• 파송계획 • 진행계획 • 자원계획 • 자금계획 • 손익계획	• 교육 • 기술조사 • 파종/육성 • 영농 Q&A • 제초 • 농약살포 • 수확	• 일정관리 • 자원조달 • 문제관리 • 비용관리 • 수익평가	• 광고 • 판로 • 가격 • 브랜드

이 프로그램은 온라인 네트워크를 통해 올해 농사를 위한 기후예측, 작황예측, 품종별 전국의 파종 규모 등의 정보를 제공한다.

영농계획을 지원하기 위해 지역별 파종 일정 및 농사 진행계획, 자원계획과 자금계획 그리고 손익계획을 작성할 수 있는 스프레드시트 템플릿을 제공한다.

영농수행을 위해 품종별 동영상 교육, 기술조사, 파종 및 육성, 제초, 병충해 방제, 수확 등의 단계별 가이드라인을 제공한다. 영농 Q&A는 스마트폰으로 작물의 병충해 사진을 전송하면 작물의 병충해 명칭과 방역을 위한 농약의 처방을 가르쳐준다.

영농관리 프로그램은 일정관리, 문제관리, 비용관리, 수익평가뿐만 아니라 마켓플레이스를 통해 토지 및 트랙터 등의 장비를 조달하도록 해준다. 그리고 최종적으로 영업·마케팅을 위해서 판로를 제공하거나 지역별 농산물 가격에 대한 정보를 제공한다.

이 회사는 프로그램과 함께 비즈니스 모델을 구축하였다. 제공된 프로그램은 온라인 네트워크와 연결되어 농업 플랫폼과 커뮤니케이션을 한다. 프로그램에서 입력된 데이터는 플랫폼 내의 데이터베이스에

농업회사의 비즈니스 모델

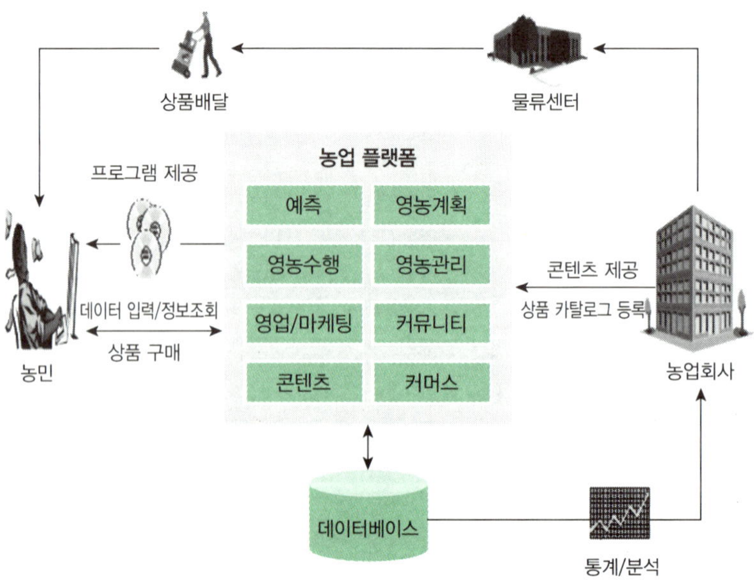

저장이 되고 이는 통계 · 분석을 통해 농업회사의 경영에 참고가 되고, 농민들에게 다양한 통계정보를 제공한다. 또한 농업회사는 플랫폼을 통해 콘텐츠를 제공하고, 상품카탈로그를 등록한다. 농민은 검색을 통해 상품구매를 하고, 이는 물류센터를 거쳐 농민에게 상품배달이 된다.

이처럼 농업 플랫폼은 농민의 요구를 이해하기 위해 고객 프로세스를 분석하고 이를 지원하는 비즈니스 모델과 애플리케이션으로 농민에게 유용한 가치를 제공하고, 고객 데이터베이스의 분석을 통해 경영지원과 마케팅을 위한 정보를 획득할 수 있는 디지털 비즈니스 생태계를 제공한다.

고객 시나리오 지원

개인 고객의 경우 프로세스를 작성하기 어려우므로 이를 대체하는 것으로 고객의 행동을 자세히 기술하는 방법이 고객 시나리오이다. 저자는 공공기관의 학생을 위한 직업 포털을 설계한 적이 있었다. 이 사업에서 중요한 것이 학생이 직업을 탐색하기 위한 자기주도학습을 지원하는 비즈니스 모델이다. 이에 대한 접근방법을 살펴보도록 하자.

철수라는 중학생은 영화감독이 되고 싶어 한다. 철수 자신의 역량, 특성, 가정 환경, 부모의 고민, 철수 가족의 접근 방향 등에 관한 상황 설명을 다음과 같이 간략하게 전개하였다.

상황 부여

〈본인〉 김철수는 중학교 3학년 학생으로 중상위권 성적을 유지하고 있다. 철수는 어머니와 고등학교 진학과 문과와 이과 중에 어떤 것을 선택할 것인지 고민하고 있다. 철수는 언어영역과 사회탐구영역이 상위권이지만 외국어영역과 수리영역은 취약한 편이다.

〈취향〉 철수는 특히 문장력이 뛰어나며, 어려서부터 문학작품 읽기를 좋아하였다. 또한 철수는 음악과 영화감상에 심취하여 있다. 철수의 성격은 자유분방하여, 규칙에 얽매이는 것을 싫어하는 편이다. 철수는 최근 친구들과 5분짜리 단편영화를 제작하여 학교 예술제에서 발표한 이후에 영화감독이라는 직업을 매력적으로 생각하고 있다. 봉준호 감독과 박찬욱 감독은 자신의 롤 모델이다.

〈환경〉 한편 철수의 아버지는 경영학을 전공하고 금융기관에서 직장생활을 하고 있다. 철수의 어머니는 불문학을 전공하고 책 읽기를 좋아하는 가정주부다. 철수네 집은 마포지역 아파트에 살고 있으며, 중산층의 평범한 가정이다.

〈고민〉 아버지는 아들이 공부를 열심히 해서 대학에 진학하고 실용 학문을 전공하여 직장생활을 하기 바란다. 반면에 어머니는 철수가 원하는 분야에 일찍 진로를 선택하고 노력해서 성공하기 바란다. 철수는 예술고등학교 연극영화과에 진학해서 영화계에 진출하려는 생각을 하고 있다. 철수의 부모는 일반계 고등학교를 진학해서 체계적이고 정상적인 과정의 공부를 하는 것을 원하고 있다.

〈결론〉 철수와 어머니는 네이버 검색을 통해 진로교육 사이트에 접속하여 진로 결정에 도움을 받기로 하였다.

위의 내용을 통해서 철수에 대한 전반적인 상황을 고려하였을 때에 가능한 시나리오는 '커리어넷 접속 → 커리어넷 상담 프로그램 활용 → 커리어넷 진로정보 활용 → 학교 및 학과정보 보기 → 진로 상담 → 커뮤니티 참여'와 같은 6개 활동과 하부의 24개 세부활동이다.

이렇게 열거된 자기주도학습 시나리오는 청소년 직업 포털을 설계할 때에 반영되며, 이는 고객경험을 생생하게 제공할 수 있는 비즈니스 모델을 제공하게 될 것이다. 또한 시나리오를 바탕으로 고객경험 지도를 작성할 수도 있다.

자기주도학습 활동 내역

활동	세부활동
커리어넷 접속	• 네이버 검색을 통해 커리어넷 발견 • 커리어넷 접속 • 커리어넷 훑어보기 • 수준별 사용 안내 참고하기
커리어넷 상담 프로그램 활용	• 아로플러스(관심 직업을 통한 진로 탐색 프로그램) 들어가기 • 4개 검사 수행(MBTI 등) • 자기 이해 종합 결과표 보기
커리어넷 진로정보 활용	• 직업 사전 조회 • 직업 인터뷰 조회 • 관련 뉴스 및 기사 보기
학교 및 학과정보 보기	• 학교 및 학과정보 보기 • 네이버 지식iN 검색 및 조회 : 영화감독 되기 • 인터넷 검색으로 한국영화아카데미 기사 조회 • 한국영화아카데미 사이트 조회 • 한국영화아카데미 영화전공 입학 안내 조회 • Skill-Set 작성
진로상담	• 진로상담 사례 조회 • 진로상담 신청 및 답변 확인
커뮤니티 참여	• 커뮤니티의 '영화감독 되기' 카페 가입 • '영화감독과의 만남' 프로그램 참여 • 시나리오 작법 동영상 강의 수강 • 영화촬영 현장 체험 프로그램 참여 • 해외 체험 프로그램(할리우드 답사) 신청

기존 비즈니스 모델 개량

비즈니스 모델은 2000년을 전후해서 인터넷을 기반으로 한 사업이 등장하면서 우리에게 알려졌다. 아마존, eBay 등이 대표적이다. 그러나 비즈니스 모델은 정적이 아니라 환경의 변화에 따라 동적으로 진화한다. 2000년대 후반에 스마트폰이 등장하면서 비즈니스 모델은 모바일을 기반으로 한 변화의 기회가 마련되었다. 이러한 사례를 살펴보기로 한다.

T map 사례

2000년대 초반부터 운전 중에 내비게이션을 이용하여 길을 찾아가는 것은 일반적인 현상이었다. 그러나 이의 단점은 길을 찾아주지만, 출퇴근 때나 교통체증일 때에 어느 길이 더 빠르게 갈 수 있는지에 대한 대안을 제안해주지 않았다. 그러나 SK텔레콤에서 제공하는 T map 내비게이션은 이동통신사의 강점을 살려서 가장 빠르게 갈 수 있는 길을 안내하였다. 기존의 내비게이션은 내장된 지도와 GPS를 통해 현재의 차량 위치만 제공하였다. 그러나 T map은 모바일 통신을 사용하여, 축적된 교통정보를 실시간으로 분석해서 교통 상황에 적합한 길을 안내한다. 이는 새로 등장한 모바일 통신과 데이터분석 기술을 통해 기존의 내비게이션의 한계를 극복하는 비즈니스 모델의 개량 사례이다.

아메리소스버진 사례

전자구매(e-Procurement)는 기업이 인터넷을 통해서 물품을 조달하는 것이다. 이는 저렴하게 물품을 구입하는 목적도 있지만, 구매요청 · 적격업체심사 · 입찰 · 계약 등의 서류작업을 위한 절차를 간소화함으로써 행정 낭비를 방지하는 효과가 있다.

국내에서는 2000년대 초반에 대기업들이 연합하여 전자구매 사업체를 설립하였으나 실제로 큰 성과를 나타내지 못하였다. 이는 전자구매를 학문적 이론만을 고려하여 접근했기 때문이다. 실제로 미국기업의 전자구매사업에는 겉보기와는 다르게 고객에게 주는 특별한 이익을 포함하고 있다. 이러한 전자구매사업의 사례를 살펴보기로 한다.

병원의 종합물류센터는 병동에서 필요한 물품을 청구받고, 불출해주는 업무를 수행한다. 이러한 체계에서 병원 전체의 물품 재고 현황은 각 병동과 중앙물류센터의 새고를 종합하여야 산출이 가능하다. 그러나 각 병동의 재고 현황을 관리하지 않으므로 전체적인 재고상태를 파악할 방법이 없다. 장부의 재고와 실제의 재고 수치가 다른 것이다.

이러다 보니 잦은 약품 및 진료 재료의 결품현상이 나타난다. 1,000병상 기준의 병원에서는 연간 결품현상이 5천 건 이상이 발생하여 진료 차질과 고객서비스 수준이 저하된다. 그러한 이유는 병원 내에 재고가 있지만, 위치 파악이 되지 않으므로 병원은 불필요한 주문을 요청하는 것이다. 통상 평균 재고액의 30% 이상을 초과 재고로 보유함으로써 월 평균재고 20억 원어치를 과다 보유하게 되고, 연간 1억 원 이상의 이자손실이 발생한다. 과도한 물품의 재고는 유효기간 경과로 폐기되며, 정보관리 미비로 유실된다. 이러한 약품 및 진료 재료의 손실은 연간 30억 원 수준이라고 한다.

병원의 물류는 약품, 진료 재료, 치료 및 수술장비, 식당 급식을 위한 영양, 각종 자산 등 10여 가지 이상의 대분류 품목이 있고, 하위에는 수천 가지의 물품이 존재한다. 이들은 유형별로 서로 다른 데이터베이스와 애플리케이션으로 관리된다. 그러므로 관리자는 모든 물품의 재고 현황을 한눈에 볼 수 없다고 하소연한다. 결론적으로 현재의 병원 물류체계는 과다한 비용 낭비, 비효율적 인력 활용, 물품 부족 등으로 요약된다.

미국의 종합병원은 일반적으로 경영상태가 극도로 악화되어 있다. 심지어는 병원정보시스템도 낡은 것으로 유지하고 있다. 이는 의료사고에 따른 막대한 손해배상과 낙후된 의료보험체계 등에 기인한다.

아메리소스버진(Amerisource Bergen)은 미국의 3대 의약품 유통업체로서, 2012년에 매출액이 795억 달러이다. 이들은 포천 500대 기업에서 16위의 위치에 있으며, 디지털 트랜스포메이션의 선도주자이다. 아메리소스버진은 미국 내의 종합병원을 대상으로 전자구매사업을 하는데, 비즈니스 모델이 독특하다. 이 회사는 병원과 전자구매계약을 하면서 병원의 모든 물류 자산을 장부가로 매입한다. 여기에는 각종 시설, 의료장비, 약품 등을 포함한다. 병원은 자산을 매각함으로써 재정적인 여유를 얻을 수 있다. 그리고 소프트웨어 자회사인 'Choice System Inc.'의 'Dimension 21'이라는 병원 물류관리시스템(Hospital Material Management System) 소프트웨어를 설치해준다. 이 소프트웨어는 병원의 물류흐름을 원활하게 해주기 때문에 물류관리에 따른 낭비를 절감해준다.

아메리소스버진은 병원에 들어가는 약품, 치료 관련 재료, 영양, 설비 등 모든 물류에 대한 전자구매를 대행한다. 또한 그들은 대당 가격이 8,000만 원에 이르는 로봇수술 캐비닛 장비를 병원에 무료로 기증

한다. 이 회사의 사업설계는 위기에 처한 병원의 경영상태를 호전시키는 상생을 가능하게 한다. 그래서 그들은 가는 곳마다 병원들로부터 환영을 받고 있다.

최근 미국 등지의 선진병원에서는 병원 물류의 통합정보시스템을 도입한다. 이는 간단한 개념으로 각 병동은 물품을 사용할 때에 바코드를 스캐닝하여, 현장에서 발생 시점에 재고를 털어버리는 것이다. 이것은 각 병동의 물품사용 실적이 실시간으로 종합물류센터에 전송되고, 안전 재고 수준을 사전에 설정함으로써 필요하면 물품이 자동 발주된다. 또한 ABC 재고분석기법을 적용하여 효율적인 재고 실사를 가능하게 한다.

이렇게 새로운 체계를 도입함으로써 모든 로케이션의 물품 재고정보를 한눈에 볼 수 있다. 자동으로 집계된 소요량을 바탕으로 공급업체의 중복 없이 구매요청을 할 수 있다. 이제는 수작업으로 거래명세 내역을 대조 확인하거나, 물품의 소요 및 반납 여부를 확인할 필요가 없다.

실제로 이 시스템을 병원에 도입해보니 놀라운 효과가 있었다. 약품 재고의 감소효과가 나타난 것이다. 적용 후 60일이 지나사 60% 이하로 재고 유지가 가능하게 되었고, 재고 부족 사례는 4% 이내였다. 또한 구매조달 비용감소로 5%의 비용을 절약할 수 있었는데, 이는 매출 30%의 증대와 같은 효과가 있는 것이다. 이러한 이유는 구매관리 담당자 업무의 35%에 해당하는 반복적인 문서처리가 사라졌기 때문이다. 물품의 평균 보충시간은 173분에서 31분으로 줄어들었다. 지불 업무 담당자 1인이 처리하는 업무는 월평균 1,532건에서 3,000건으로 증가하였다.

이처럼 업무 프로세스를 큰 관점에서 혁신하고 통합시스템을 구축한다면 악화일로에 있던 병원도 다시 살려낼 수 있는 것이다. 하지만

병원 통합물류시스템 개념도

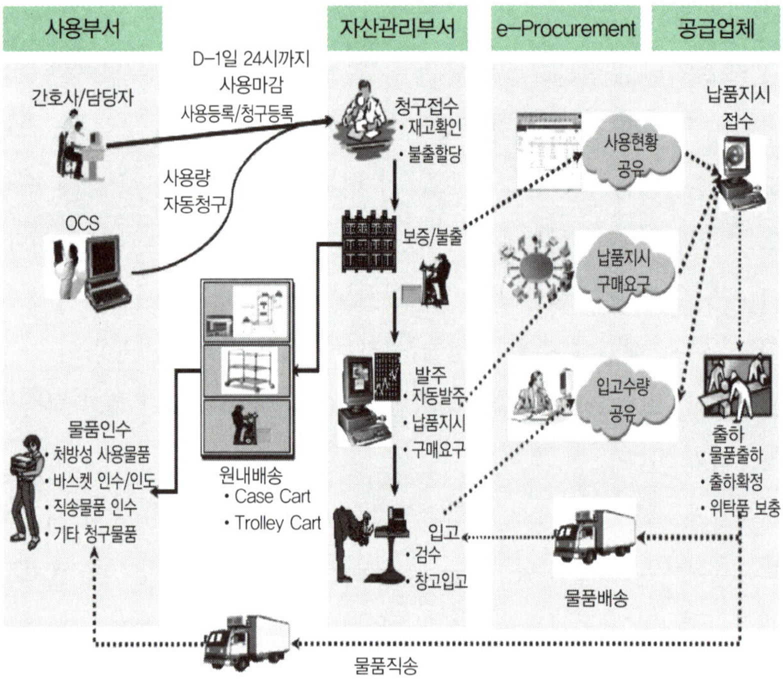

병원 통합물류시스템 도입에 따른 효과

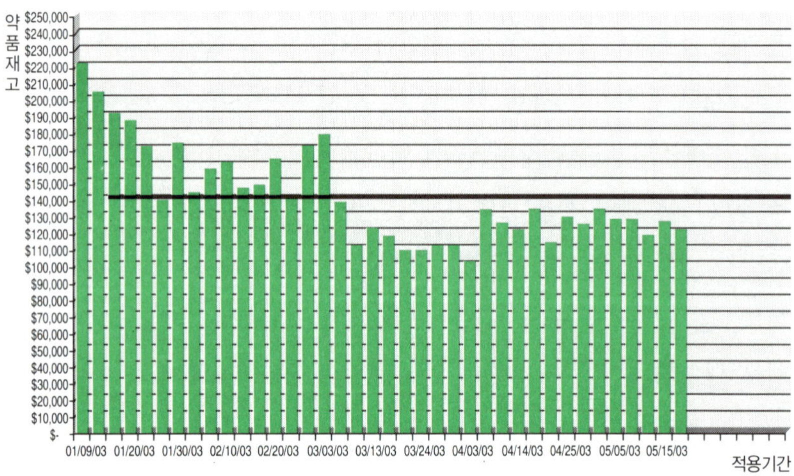

아직도 국내 종합병원에서는 종합물류시스템이 구축된 사례는 없다. 국내의 전자구매사업은 단순히 물건을 값싸게 제공하는 것보다는 근본적으로 기업에 도움이 되는 가치를 제공해야 한다.

운영 모델 업그레이드

기업이 디지털 트랜스포메이션을 추진할 때에, 결정적으로 고객본질에 관련된 문제를 도출하지 못하는 경우는 고객의 요구를 지원하기 위해 운영 모델을 업그레이드하는 경우가 많다. 여기서는 텍트로닉스의 사례를 소개하기로 한다.

텍트로닉스(Tektronix)는 CAD 장비를 판매하는 글로벌기업이다. 이 회사가 취급하는 품목은 설계를 위해 사용하는 플로터, 컬러 레이저 프린터 등과 같은 정교하고 비싼 상품이다. 이 회사의 아시아태평양본부는 동북 및 동남아시아의 지사를 관장하고 있다. 이 회사는 각국에 물류창고를 갖고 있었다. 하지만 문제는 나라별로 물류 재고를 지니고 있다 보니, 충분한 재고를 보유하기 어려웠다. 일단 재고를 유지하기 위한 비용이 문제이고, 그렇다 보니 고객에게 상품과 A/S를 위한 부품공급이 신속하지 않았다.

이 회사의 아시아태평양본부는 이 문제를 해결하기 위하여 해결방안을 찾기로 하였다. 이들이 찾아낸 방법은 다음과 같다. 지사는 나라별로 운영하되, 물류창고는 싱가포르에 통합물류창고로 단일화하였다. 이는 CAD 장비의 부품값이 비싸므로 싱가포르에서 DHL로 발송하는 비용이 큰 부담이 되지 않는다. 그리고 아시아 진역에 배달하는데 24시간 이내에 고객에게 서비스할 수 있기 때문이다. 이러한 개념을 '통합물류시스템'이라고 한다.

이 회사는 이를 위해 오라클 ERP를 기반으로 자사에 맞도록 시스템을 재설계하고 구축하였다. 이를 통해서 각국에 물류창고를 폐쇄함으로써 건물임대비용, 인건비 등의 비용절감을 하였다. 또한 나라별로 재고를 보유하는 것보다 싱가포르 통합물류창고에서 일관성 있게 재고를 관리하는 것이 훨씬 비용이 적게 들었다. 이전에는 나라별로 물류창고에 주요 부품만 보유하였는데, 싱가포르의 통합물류창고에는 모든 상품과 부품을 보유함으로써 전반적인 부품 재고비용도 절감되며, 고객들에게 신속한 서비스를 제공하는 것이 가능하였다. 이러한 혁신결과로 아시아태평양본부 산하의 각 지사에 대하여 동일한 프로세스를 적용함으로써, 업무 표준화의 효과와 성과 측정을 위한 데이터 취합이 용이하게 되었다.

이처럼 시스템은 한 국가의 지점과 물류창고라는 좁은 영역에서 다루기보다, 아시아태평양이라는 20여 개 국가를 대상으로 볼 때 더욱 큰 그림(big picture)이 그려지는 것이다. 이러한 비즈니스 모델은 원

A/S 부품관리 운영 모델

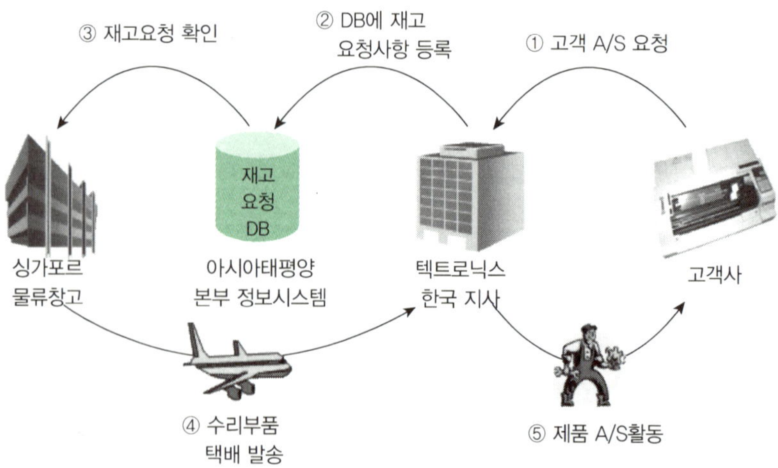

가절감, 시간 절약, 서비스 만족, 품질 강화 등의 경영지표를 더욱 높은 수준으로 향상시켰다.

공유경제

최근에 자리 잡은 공유경제는 2008년 미국 하버드대 법대 로렌스 레식(Lawrence Lessig) 교수에 의해 처음 사용된 말로, "한 번 생산된 상품을 여럿이 공유해 쓰는 협력 소비를 기본으로 한 경제방식"을 말한다. 대표적인 사례로는 승용차를 공유하는 우버, 숙박시설을 공유하는 에어비앤비 등이다.

과거에 우리나라에 있었던 공동 노동조직인 두레도 공유경제의 하나이다. 최근에 국가기관 및 민간기업에서는 실험장비를 공동으로 사용하는 사례가 늘어나고 있다. 연구소는 다양한 실험장비를 필요로 하지만, 실험장비의 가격이 비싸고, 장비 가동률은 높지 않은 편이다. 따라서 국가의 모든 실험장비를 등록한 포털을 만들고 공동으로 활용할 수 있다면 공유경제의 좋은 모델이 될 것이다.

공유경제의 대상은 가격이 비싸지만, 활용률이 높지 않은 것을 대상으로 할 수 있다. 이러한 사례는 별장, 요트, 한복, 여성 정장, 명품 가방, 자동차, 장난감, 도서 등과 같은 것이다. 이처럼 공유경제가 확대되는 현상은 소유의 개념에서 사용의 개념으로 전환하는 추세를 반영한다.

우버는 스마트폰을 통해 승객과 운전기사를 연결해주는 플랫폼이다. 미국의 경우 자가용이 운행률이 8% 정도라고 한다. 따라서 우버는 자가용을 영업용으로 활용할 수 있고, 고객에게는 저렴한 운임으로 서비스가 가능하다. 우버는 요청하면 평균 2분 4초 만에 승차할 수 있다고 한다. 우버의 승객은 우버 택시에 대해 평가를 하고, 이를 통해 서비스 품질을 관리한다. 따라서 우버 택시는 최대 별(★) 다섯 개까지로 서비스 품질을 표시하는데, 고객은 택시를 선택할 때에 이를 참조함으로써 사회적 위험을 감소시킬 수 있다. 택시기사 역시 손님을 평가하는 상호 평가제를 적용한다.

우버는 일반 택시들이 꺼리는 슬럼가나 교외까지 운행하므로 교통 소외지역 해소에 도움을 준다. 우버의 승차요금은 수요와 공급에 따라서 알고리즘이 자동으로 요금을 결정한다. 수요가 적을 때는 요금이 내려가고, 수요가 많을 때는 요금이 상승한다. 또한 우버는 용도에 따라 차량의 종류를 지정할 수 있다. 예를 들어, 많은 짐을 운반하여야 할 경우 SUV를 선택할 수 있다. 우버는 음주운전을 예방하고, 고용 확대를 하는 순기능이 있으나 기존의 택시업계가 반발하고 있다.

우버 비즈니스 모델

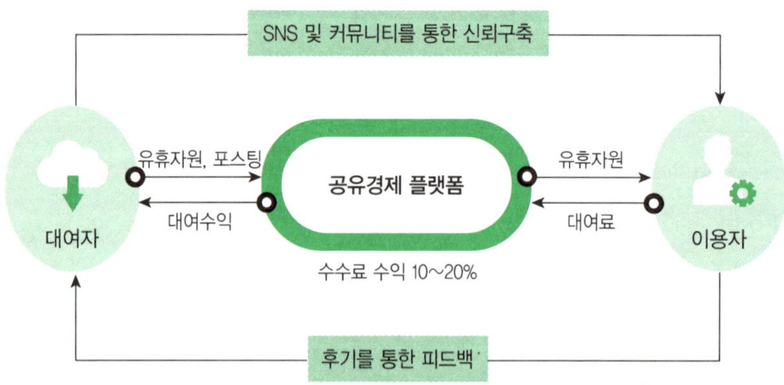

Chapter 12

사회적 관점의 접근

고객의 재정의

마케팅에서는 고객과 시장을 세분화한다. 하지만 기존의 세분화는 연령별 · 소득별 · 직업별 · 지역별 등의 인구통계학적 및 지리학적 세분화를 한다. 그러나 중요한 관점은 고객이 "기업에 가치 있는 고객은 누구인가?" 또는 "기업에 손해를 끼치는 고객은 누구인가?"이다. 또한 이러한 고객들을 선별하였다면 "마케팅 및 영업 차원에서 어떻게 대응을 할 것인가?"를 강구해야 한다.

포드가 1910년대 컨베이어벨트로 생산라인을 구축하고 T형 카로 미국 자동차시장을 석권했을 때, GM의 슬론 2세는 "왜 돈 많은 부자도 150달러짜리 T형 카를 사야 하는가?", "부자를 위한 차는 없을까?"를 고민하던 중에 리무진(limousine)이라는 고급 세단형 승용차를 개발하였다. 그리하여 T형 카에 만족하지 못하던 부자들에게 리무진이 불티나게 팔렸다. GM은 1928년 포드의 매출을 앞지르고, 아직까지 미국 자동차업체의 1위 자리를 한 번도 포드에게 내어준 적이 없다.

1990년대에 한 시중은행에서 자사에 도움이 되는 고객을 통계분석을 통해 조사해본 결과 평균 잔액이 1억 원 이상인 고객이라고 결론을 지었다. 그 당시부터 국내 은행은 PB(Private Banking)를 도입하였는데, 한마디로 부자들을 상대로 영업을 하겠다는 것이다. 이러한 PB 서비스에는 금융상품 제안을 통한 자산관리, 부동산 및 세무 컨설팅, 쇼핑, 여행, 골프, 레저, 문화 등을 서비스하고 있다. 통상 은행의 영업수익의 40%가 PB를 통해 얻어진다.

증권회사 사례

증권회사는 일반인에게 거래를 체결하며 거래 수수료로 수입을 얻는다. 하지만 증권회사가 고객에게 제공하는 기업 관련 정보는 수준이 낮은 편이다. 그 이유는 일반적으로 증권회사의 분석가(analyst)들은 한 사람이 약 50개 기업의 정보를 관리하기 때문이다. 관리 대상업체가 많다 보니 경제지 기사 내용을 요약해서 정보를 제공하는 것도 벅찰 정도이므로, 제공하는 정보의 수준은 높을 수가 없다. 즉 투자자들이 정보로 활용할 만한 가치가 충분하지 못하다.

국내 한 증권사는 이러한 점에 착안하여 일반인을 위한 거래보다는 강남 등 부유층을 상대로 한 장기적인 가치투자를 슬로건으로 내걸었다. 강남의 부유층은 증권가에서 개미처럼 단타로 주식을 사고팔기보다 장기적인 가치투자를 선호한다. 하지만 그들에게 그러한 서비스를 하는 증권사는 당시에 없었다.

증권사는 글로벌 컨설팅업체 출신의 컨설턴트들을 채용하여 분석가로 활용하였으며, 분석가들은 산업 내에 중요한 10개 업체만을 관리하도록 하였다. 이 회사가 투자자에게 제공하는 보고서는 수준이

달랐다. 대상업체에 대해 면밀한 분석을 하고 1년 후에 예상되는 기업의 추정 손익계산서, 추정 대차대조표, 추정 현금흐름에 대한 보고서를 작성하고 이를 토대로, 향후의 주가를 예측하고 수익률을 고객에게 제시했다. 이로써 투자자들과의 상담을 통해서 특정 회사에 투자하면 1년 후에 전망되는 수익을 정확히 예측해주었다.

자동차보험 사례

실제로 국내 S화재보험에서는 자사의 고객을 대상으로 분석한 결과 무사고 운전자 100명을 고객으로 가입을 받으면, 1년 동안 95%의 운전자는 사고를 내지 않고, 5%의 운전자만 사고를 내는 것을 알게 되었다. 따라서 이 회사는 신규 자동차보험 고객을 무사고 운전자를 중심으로 가입을 받았다. 사고율이 높은 남해안 고속도로를 운행하는 봉고형 승합차의 운전자는 가입조건을 까다롭게 하여 의도적으로 보험가입을 막았다. 사고 경험이 있는 가입 희망자는 보험 요율을 올리거나, 보험설계사가 이들의 전화를 불친절하게 받으며 의도적으로 약속을 지키지 않았다. 그러면 가입 희망자는 불쾌해서 다른 보험사와 계약한다. 일종의 디-마케팅(de-marketing)전략이다.

결과적으로 이 보험회사는 상상을 초월할 정도로 낮은 손해율을 기록하였고 엄청난 순이익을 거두었다. 이 회사는 11개의 손해보험회사 평균 시장점유율인 9%를 상회하는 38%의 시장점유율을 보인다. 사실 이 회사는 한때 42%의 시장점유율을 확보하기도 했으나 독과점을 고려해 40% 이하로 시장점유율을 의도적으로 낮추고 있다. 승자독식(Winner takes all)이라는 말을 실감하게 한다.

미래에 대한 상상력

디지털 시대의 미덕은 미래를 상상하는 것이고, 미래를 구성해보는 것이다. 아날로그 시대의 일꾼은 열심히 일하는 사람이지만 디지털 시대의 인재는 열심히 생각하는 사람이다. 그러기 위해서 미래형 인재는 거미형 인간이 되어야 한다. 곤충들이 지나가는 길목에 거미줄을 쳐놓고 기다리는 것이다. 미래를 구상하기 위해서는 현실의 아날로그 모델의 연장선이 아니라, 디지털 단절을 위해서 백지에 새로운 그림을 그려야 한다. 미래를 구상하는 상상력의 대표적인 사례는 아이패드를 통한 디지털 교과서와 GE의 프레딕스와 디지털 트윈, 아마존 AWS, 아마존 Go, 우버, 에어비앤비 등을 열거할 수 있다.

디지털 교과서

스티브 잡스는 아이폰의 성공 이후에 아이패드에 대한 비즈니스 모델에 집중했다. 그것은 아이패드를 디지털 교과서로 활용하는 것이다. 'iBooks Author2'는 출판사나 교사들이 맥 컴퓨터에서 iBooks용 디지털 교과서를 제작할 수 있는 멀티터치 e-Book 저작도구이다. 제작된 디지털 교과서는 'iBooks Store'에 등록하고, 학생들은 검색을 통해 다운로드받을 수 있으며, 이를 활용하여 교육현장에서 수업 자료로 사용할 수 있다. 이는 텍스트 · 오디오 · 이미지 · 동영상 등의 다양한 매체를 탑재할 수 있는 입체적인 디지털 교과서이다. 이리하여 iBooks는 애플의 대표적인 킬러앱이 되었다.

아이패드에는 대학 간에 교수들의 강의를 공유할 수 있는 공간을 위해 온라인 교육 콘텐츠서비스인 'iTunes U'를 제공한다. 교수가 강의 동영상을 등록하면 학생들이 열람할 수 있으며, 일반인들도 세계 유수 대학들의 강의를 다운받아 공부할 수 있다. 미국의 하버드, 스탠퍼드, 버클리, 일본의 도쿄대, 독일의 베를린자유대 등을 포함해 전 세계 600여 개 유명 대학의 5만여 강의가 제공된다. 이화여자대학의 경우 이를 통해 150여 개의 강의 콘텐츠를 제공한다.

세계최대의 출판사인 맥그로힐(McGraw-Hill)은 75달러인 대학 교재를 e-Book으로 만들어 15달러에 판매하며, 대학에서 자사의 교재를 선택하면 무료로 강의 콘텐츠를 제공받도록 하였다. 이처럼 디지털 교과서는 교육출판 분야의 비즈니스 모델을 바꾸어 놓았다. 따라서 교수는 학생들에게 사전에 강의 콘텐츠를 통해 공부를 해오도록 하고, 수업시간에는 토론 · 질문 · 팀 프로젝트를 진행하는 블랜디드

아이패드의 디지털 교과서 생태계

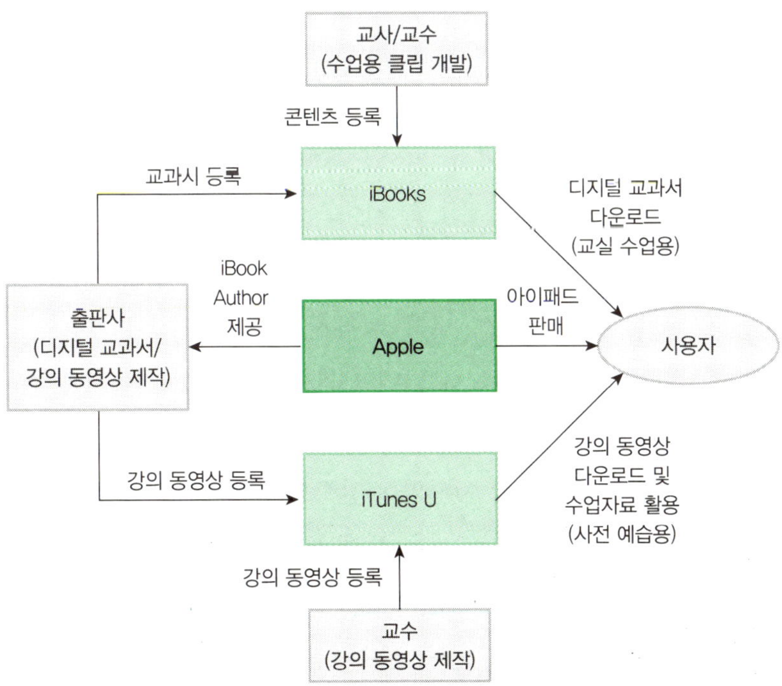

러닝의 교수-학습 모델을 실현할 수 있게 되었다.

아마존 고

아마존 고(Amazon Go)는 미국 최대 온라인 쇼핑몰인 아마존이 운영하는 오프라인 식료품 상점이다. 2016년 12월 시애틀에 첫 매장이 오픈되어 아마존 직원을 대상으로 베타 테스트를 하고 있다. 이곳은 계산대에서 따로 결제할 필요 없이 상품을 집으면 자동결제가 되는 것이 특징이다. 일반 마트와 달리 입장할 때 소비자가 아마존 고 앱을 실행하여 나타나는 QR코드를 게이트에 찍으면 고객의 코드와 사용자 이름이 나오며 본인을 인식하도록 한다. 물건을 고르면 퇴장할 때 자동으로 결제가 되는 시스템이다. 고객은 앱을 통해 자신의 구매목록을 확인할 수 있다.

상품을 집었다가 내려놓으면 자동으로 구매목록에서 삭제되며, 결제를 위해 따로 줄을 서지 않아도 되는 'No Lines, No Checkout'으로 쇼핑시간이 절약된다. 따라서 주스와 사과를 사는 데 단 1분이면 충분하다. 아마존의 CEO인 제프 베조스는 계산원을 없애는 대신 고객에게 집중하자는 경영철학을 제시한다.

아마존 고는 컴퓨터 비전, 딥러닝, 퓨전 센서 등과 같은 기술의 융합을 통해 가능해진다. 매장 내 카메라 센서를 통해 고객 동선을 추적하고, 물품을 구매하면 실시간 데이터를 전송한다. 라이트 커튼이라는 센서로 사람의 손이 상품 진열대 안쪽으로 들어왔다는 것을 감지해낼 수 있다. 상품이 있는 선반을 감시하는 카메라와 상품 아래 설치된 무게, 압력 감지 센서 등으로 상품이 나갔는지 들어왔는지도 감지할 수 있다. 회원이 상품 앞에서 머문 시간과 관심상품, 동선 등의 데이터를 분석하여 고객을 위한 맞춤형 구매 추천시스템이 구축될 것이다.

아마존 고는 O2O(Online to Offline)보다 발전된 O4O(Online for Offline)를 제시한다. O4O는 온라인 고객 DB를 기반으로 오프라인 매출을 증대시키는 방식으로 진화한 서비스이다. 시애틀에 설치된 아마존 고 매장 크기는 60평(170제곱미터) 정도이고, 과일 · 채소 · 달걀 · 고기 · 치즈 · 맥주 등이 갖춰져 있다. 아마존은 앞으로 이러한 매

아마존 고의 '물품 재배치' 관련 특허

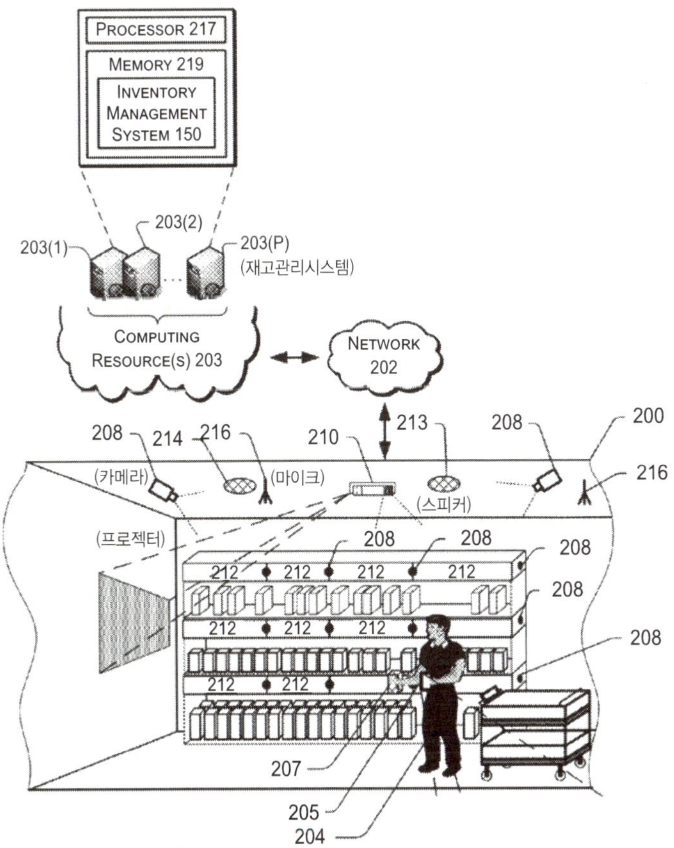

출처 : 미국 특허청(USPTO)

장을 2,000개를 만들 계획이다.

또한 대형마트 정도의 크기로 4,000가지 품목을 취급하는 '아마존 고 슈퍼마켓'도 만들 계획이다. 매장 2층에서 로봇이 제품을 포장하고 아래층에서 소비자들이 편하게 쇼핑할 수 있게 된다. 매장에 필요한 인력은 3~10명에 불과하다. 절도 방지를 위해 회원제로 운영할 계획이다.

국내에서도 여러 마트가 상품에 RFID 칩을 부착하여 결제 자동화를 하려고 했으나 비용적인 문제로 실패하였다. 신기술이 등장했다고 해서 간단히 적용해서 될 수 있는 것은 없다. 아마존 고처럼 건전한 비즈니스 모델의 개발과 치밀한 운영 모델이 필요하다.

사회적 트렌드 연구

사회적 트렌드는 매스컴에서 뉴스의 이슈로 다루는 것들이다. 조깅 붐이라든지, 한강의 식수원 오염, 초등학생 왕따 문제, 인공 조미료(MSG)에 대한 문제점, 보이스 피싱, 유기농 채소, 미세먼지와 같은 것이다. 이러한 문제는 사회 구성원 모두와 관련된 문제이며, 이를 해결한다면 큰 시장이 확보되는 것은 당연하다.

조미료시장

천연 조미료는 인공 조미료의 상대적인 개념이다. 1960년대부터 대상식품과 제일제당은 미원과 미풍이라는 인공 조미료 상품으로 시장에서 치열한 경쟁을 하였다. 결과는 미원의 승리였다. 하지만 지식인

계층에서는 인공 조미료의 MSG가 건강에 해롭다는 견해가 지배적이었다. 따라서 제일제당은 천연 조미료인 '소고기 다시다, 멸치 다시다' 같은 상품을 출시하였고 주부들의 관심을 유도하여 천연 조미료시장을 열게 되었다.

휴대용 오디오

소니의 워크맨은 오디오시장의 혁신을 가져온 상품이다. 1977년에 취임한 미국의 지미 카터 대통령은 아침마다 조깅을 했고, 이는 전 세계적으로 붐을 일으켰다. 소니는 운동하거나 활동하는 개인들이 휴대하면서 음악감상을 할 수 있는 고품질의 미니 오디오 개발에 착수하였다. 기존의 휴대용 카세트 녹음기는 무겁고, 음질이 좋지 않았다. 소니는 상품명을 '워크맨(WALKMAN)'으로 하고, 보행을 하면서 듣는 미니 오디오에 녹음기능을 제거하고 재생기능만을 갖게 하였으며, 스피커 대신에 헤드셋으로 음악을 감상하도록 하였다. 또한 고음질의 스테레오 음향이 가능하도록 하였다. 소니는 1979년에 소형화기술과 마이크로 일렉트로닉 기술을 접목하여 워크맨 소니를 출시하였고, 이는 20년간 소니의 성장을 견인했다.

수질오염

한강의 수질은 1980년대 중반부터 나빠지기 시작하여 시민들은 수돗물을 마시는 것에 대한 거부감이 생겼다. 이때부터 정수기와 생수 보급이 활성화되었다. 이는 발생 중이거나 숨어있는 욕구를 알아내서 이에 대응하는 상품을 출시한 사례이다. 결과적으로 요즘은 정수기가 생활의 필수품이 되었으며, 생수는 편의점에서 가장 잘 팔리는 음료가 되었다.

직장인 자기계발

학습지시장은 주로 어린이들을 대상으로 하는 사업이다. 그러나 어린이를 상대로 해오던 50여 년의 전통도 근래에는 변화가 시작되었다. 최근에는 40대 초반이면 벌써 직장인들은 회사의 눈치를 보게 된다. 언제 자신이 권고사직을 당할지 모르기 때문이다. 그래서 직장인은 30대 중반이 되면 자기계발에 열을 올린다. 외국어 · 글쓰기 · 인문고전 읽기 · 경제 이해하기 · 부동산 공부 · 역사 공부 · 스피치 교육 등 그 범위는 실로 광범위하다. 이에 따라 초등학생을 주요 고객으로 하던 학습지회사들은 성인을 위한 자기계발 학습지시장으로 진출하고 있다.

어린이 상해 종합보험 사례

1990년대 이후에 교육계에는 왕따 문제가 등장하였다. 초등학교 어린이들이 학교에서 친구들에게 놀림을 당하거나 폭력을 당하는 일이 사회적 이슈로 등장한 것이다. 한 보험회사의 직원은 이러한 현상에 관심을 두었다. 그는 왕따에 대한 조사를 한 결과 대부분 맞벌이 집안의 자녀들이라는 것을 알았다. 어린이는 다음날 미술시간에 필요한 준비물을 가져가야 하는데, 엄마가 직장에서 회식하고 늦게 귀가를 해서 지친 모습으로 잠을 자는 것을 보고 차마 준비물을 사야 한다는 말을 못 한다. 이 어린이는 다음날 학교에 가서 준비물을 챙겨오지 않았다고 교실 뒤에 가서 벌을 받는다. 이런 일이 반복되면 같은 반 아이들이 이 아이를 놀리게 되고 결국은 왕따가 되는 것이다. 부모들은 이런 자녀들에게 미안하니까 주말에는 패밀리 레스토랑에 데리고 가서 외식을 시켜주고, 백화점에서 비싼 옷을 사주곤 한다. 하지만 자녀들은 점점 숨을 곳을 찾게 마련이다.

이 보험회사 직원은 "왕따 어린이를 위한 보험상품을 만들면 어떨까?"라는 화두를 개발하였다. 또한 이러한 사실을 사내에서 공론화를 시켰고, 마침내 회사는 새로운 보험상품을 개발하기로 하였다. 상품명은 '어린이 상해 종합보험'이었다. 이를 만약 '왕따보험'이라고 하면 어떤 부모가 기분 좋게 가입을 하겠는가? 하지만 보험사 직원들끼리는 이를 일명 왕따보험이라고 한다.

이 보험은 5~17세를 대상으로 판매되며, 자녀의 신체상해사고와 집단 따돌림으로 인한 정신적 피해, 유괴나 납치사건까지 보장해주는 것을 목적으로 한다. 이 보험은 출시가 되자 고객들에게 뜨거운 사랑을 받았다. 영업방식도 간단하다. 기업체 사무실을 방문하여 맞벌이하는 기혼 여직원들을 대상으로 하면 되기 때문이다. 보험료가 월평균 3만~5만 원으로 저렴하고, 납입보험료 중 85% 정도를 환급하는 좋은 조건이다.

이제는 각 보험회사가 경쟁적으로 왕따보험을 취급하고 있다. 이는 '자녀사랑보험', '엄마안심 종합보험' 등으로 저마다 독특한 상품명과 혜택을 개발하고 있다. 이 상품의 지원 범위도 점점 넓어져서, 자녀의 고도근시 및 원시 치료비, 치아교정비 등 고가 의료비까지 지급하고 부양자 사고의 경우 생활보장자금을 지원하며, 자녀가 우연한 사고로 다른 사람에게 신체나 재산상 손해를 끼쳤을 때는 배상책임까지 보장해준다.

특별한 참조그룹 지원

디지털 시대에는 새로운 라이프스타일의 등장에 주목할 필요가 있다. 이러한 마이크로 세그먼트 유형은 다음과 같이 다양하다. 건강을 위해 유기농 채소를 원하는 사람, 명품으로 자신을 가꾸는 사람, 덕후와 같이 집안에만 틀어박혀서 취미생활을 하는 사람, 사회성이 부족한 사람, 은둔생활을 하는 사람, 어려지기를 원하는 사람, 개성을 중시하는 사람, 환상적 모험이나 익스트림 스포츠 등을 즐기는 사람, 99가지의 삶을 경험하고자 하는 사람, 사회구원(SOS)을 지향하는 사람, 작은 탐닉을 원하는 사람, 건강 장수를 목표로 하는 사람, 의식 있는 소비자, 얼리 어댑터, 홈스쿨링을 실천하는 사람, 자녀들에게 조기에 영어교육을 하는 주부 등이다.

조기 영어교육

조기 영어교육은 최근에 더욱 활성화되는 추세이다. 애플리스(eplis.co.kr)라는 포털은 국내에서 구입하기 어려운 미국의 초등학교 영어 교과서 · DVD · 그림 동화책 · 리더스북 · 챕터북 · 소설 · 학습서 · 어학기 등을 갖추어 판매한다. 이는 학부형에게 잘 알려진 사이트이다.

롱테일계층

리모컨 포털이 있다. 상품을 연구하는 연구소에서는 다양한 리모컨을 필요로 하는데 프리미엄 리모컨 하나를 구입하기 위해서 해외 포털을 이리저리 탐색하는 것은 큰 노력을 요구한다. 따라서 이러한 연구소의 연구원들을 위해 생긴 것이 국내의 리모컨 판매 포털이다. 여기에서는 해외의 유명한 리모컨업체의 고기능 리모컨 등을 쉽게 구매할 수 있도록 도와준다. 이처럼 롱테일을 원하는 계층을 식별하고 이들을 위한 비즈니스 모델을 개발할 수 있다.

DIY

홈디포(The Home Depot)는 미국의 건축자재 및 인테리어 도구 판매업체이다. 이 회사는 DIY로 내 집을 가꾸려는 미국인에게 고객가치를 제공한다. 그 외에도 고객이 자기만의 개성을 나타내기 위한 아바타, 벨소리 다운로드 등의 다양한 참조그룹이 존재한다.

Part 4

디지털 트랜스포메이션 방법론

Chapter 13 방법론 개요
Chapter 14 고객 및 환경분석
Chapter 15 비즈니스 모델 수립
Chapter 16 목표 모델 개발
Chapter 17 이행계획 수립

Chapter 13
방법론 개요

디지털 트랜스포메이션 컨설팅 방법론

디지털 트랜스포메이션을 구축하기 위해서는 이를 위한 상세한 단계의 방법론이 필요하다. 이들 가운데 가장 널리 알려진 것이 AT커니의 digital FIT™과 BCG 방법론이다. 이 방법론들은 GE, 스타벅스, ZARA 등의 글로벌기업의 수준에서 적용할 수 있는 훌륭한 접근방법이지만 국내의 대기업 및 중견기업 수준에는 적용하기에는 너무 방대한 측면이 있다.

또한 국내에서 개발된 방법론 중의 하나는 '비전 수립 → 조직 정비 및 인재 확보 → 거버넌스 체계 구축 → 비즈니스 모델 개발 → 혁신 및 R&D 추진'의 단계를 제시하고 있다. 이 역시 글로벌 컨설팅과 유사한 접근을 취하고 있어서 한계성을 보인다.

그러나 본서에서 제시하고자 하는 방법론은 국내 대기업 또는 공공기관 수준에서 적용할 수 있는 현실적인 접근방안을 취급하고자 한다. 제시된 방법론은 '고객 및 환경분석 → 비즈니스 모델 수립 → 목표 모델 개발 → 이행계획 수립'의 4단계 절차를 거치게 된다.

다음 단계는 방법론의 각 부분별로 상세한 전개방법과 사례를 제시하고자 한다. 사례 제시는 '유아-초등학생-중학생'을 대상으로 하는 학습지회사의 디지털 트랜스포메이션을 가상으로 적용함으로써 이해를 돕고자 한다.

디지털 트랜스포메이션 컨설팅 방법론

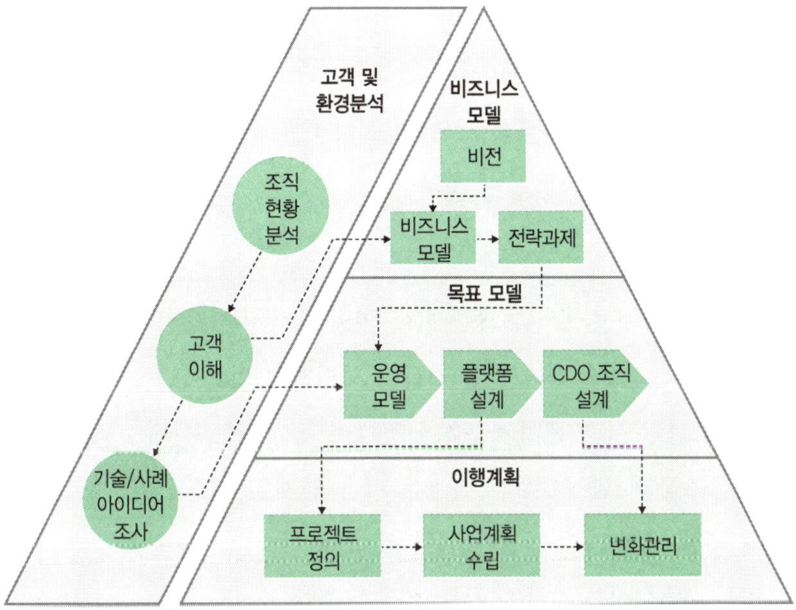

Chapter 14

고객 및 환경분석

고객 및 환경분석 방법론

고객 및 환경분석은 고객 조직의 내외부 환경을 조감할 수 있는 조직 현황분석, 고객의 본질 및 경험을 식별하기 위한 고객이해, 디지털 기술 및 선진 사례 벤치마킹을 위한 기술 및 사례조사의 순서로 진행된다. 고객 및 환경분석의 결과는 다음 단계인 비전 수립, 비즈니스 모델 개발, 전략과제 식별에 입력물(input)이 된다.

조직 현황분석은 일반 현황과 경쟁 환경을 조사하고, 조직전략을 분석하며, 전략집단분석을 통해 조직이 추구하는 방향성을 결정한다. 또한 조직이 디지털 트랜스포메이션을 향해 가고자 하는 의지를 파악하여 그 가능성을 분석한다. 조직 현황분석 단계는 현행의 문제를 찾아내거나 개선하려는 것이 아니므로 깊이 있는 접근은 하지 않는다. 이러한 요소를 종합해서 조직의 전략적 환경분석을 작성한다. 이는 조직을 둘러싸고 있는 전략적 이해관계자에 대한 이슈와 그들의 요구를 파악하는 것이다. 이해관계자는 조직 내부, 종업원, 고객, 관련 산업, 경쟁업체, 일반 환경(FAT : Force At Work) 등이다.

고객이해는 고객을 세분화하고, 고객별로 FGI 및 설문조사를 통해 요구사항을 청취한다. 그리고 고객 핵심질문을 도출하며, 고객가치사슬 단계별로 고객경험을 정의하고, 고객본질을 요약한다.

기술 및 사례조사는 디지털 기술조사 및 선진 사례조사로 구성된다. 디지털 기술조사는 최근에 등장한 관련 기술들이 조직의 디지털 트랜스포메이션에 어떻게 활용이 될지에 대한 가능성을 점검한다. 선진 사례조사는 동종 산업 또는 타 산업의 디지털 트랜스포메이션이 비즈니스 모델을 통해 벤치마킹할 분야를 도출한다. 디지털 기술조사와 선진 사례조사는 라이브러리 등을 만들어서 지속적으로 보강하고 참고할 수 있도록 한다.

고객 및 환경분석 방법론

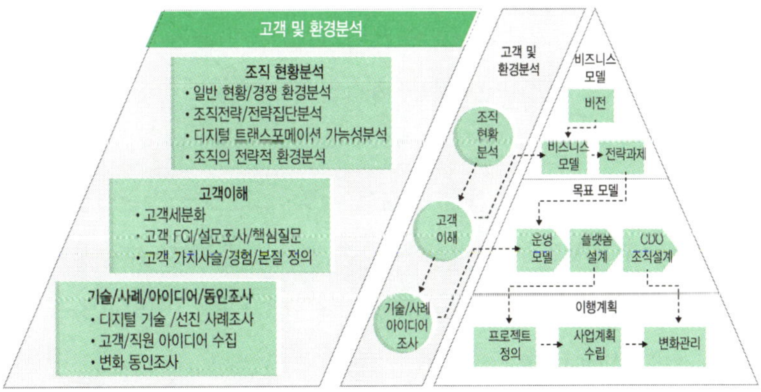

조직 현황분석

조직 현황분석에서 일반 현황 및 경쟁 환경분석, 조직전략분석, 전략집단분석, 디지털 트랜스포메이션 가능성분석은 일반적인 컨설팅 절차와 같으므로 생략하기로 하고, 여기에서는 조직의 전략적 환경분석에 대해서 논하기로 한다. 고객을 이해하기 위한 최초의 단계는 고객 조직의 전략적 환경(strategic environment)분석이다. 이는 고객을 둘러싸고 있는 다양한 영향요소에 대한 주요 특징을 정리하는 것이다. 학생 및 학부모라는 고객을 둘러싼 환경요소들로는 학습지회사, 학습지 교사, 타 경쟁업체, 공교육시스템, 일반 환경 등이 있다.

학생 및 학부모는 고객경험을 기술한다. 이는 학습지에 대한 경제적 요소, 학습지서비스 수준, 학부모의 요구사항 등이다. 학습지회사는 조직의 중장기적인 전망, 경쟁 상황, 내부의 문제점, 사업의 요구 등을 기술한다.

학습지 교사는 고객에 대해 서비스를 하는 접점이다. 따라서 이들이 처한 문제점 및 상황을 기술한다. 현재 학습지 교사들은 열악한 근무조건에서 일하고 있으며, 학부모와 학생을 마주하고 있다. 따라서 이들의 목소리를 경청하는 것은 디지털 트랜스포메이션의 중요한 관건이다.

경쟁업체 부분에서는 선진 사례를 파악하고, 공공기관이 제공하는 16개 시도 교육청의 사이버학습 관련 서비스에 대한 수준을 분석한다. 또한 민간의 아이스크림 홈런, EBS, 강남구청 이러닝 등도 조사 대상에 포함시켜야 한다.

공교육시스템은 현재 학교교육의 한계와 사교육이 무엇을 보완해야 하는가의 관점에서 접근한다. 그러기 위해서는 일선의 교사, 학부모가 공교육을 보는 관점, 학생들의 학교교육에 대한 입장을 분석해야 한다.

일반 환경은 FAW 및 PEST(정책, 경제, 사회, 기술) 측면에서 학생 및 학부모, 학습지회사, 경쟁업체 등에 어떤 영향을 주고 있는가에 대해 기술한다. 특히 스마트폰과 태블릿 PC의 활용 수준, 디지털 사회와 문화에 대한 영향까지 조사한다.

학습지회사의 전략적 환경분석의 시사점은 유아~초등학교 4학년까지의 정상적인 학습관리가 자녀의 삶의 질을 결정하는 중요한 시기이고, 전반적인 상황에서 공교육을 보완하는 사교육시스템의 정비가 필요하며, 현행의 학습지사업 모델은 50년 이상 유지된 것으로 전반적인 혁신의 기회가 존재한다는 것이다.

조직의 전략적 환경분석

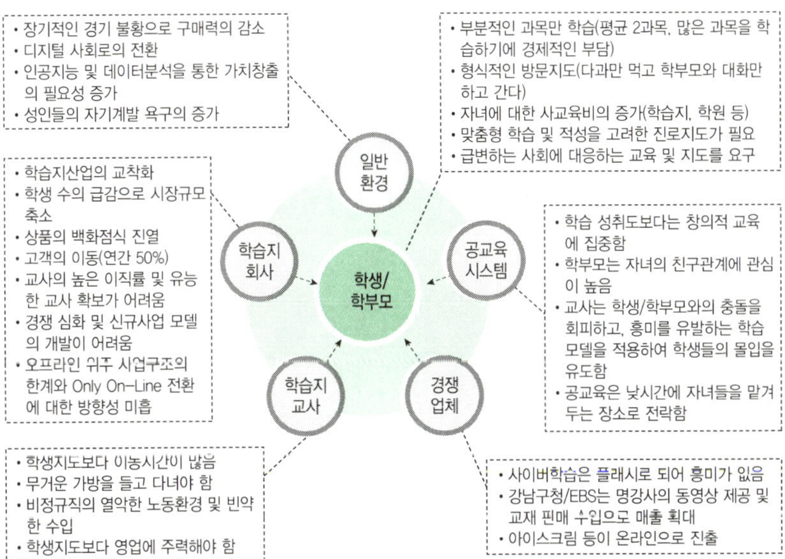

고객이해

고객세분화

고객이해 단계에서는 고객세분화, 고객 FGI 및 설문조사, 고객 핵심질문, 고객가치사슬 정리 등을 단계적으로 접근해서 고객을 파악하는 것이다. 고객분석의 최종 목표는 고객경험지도(customer experience map)를 작성하고 고객본질을 추출하는 것이다.

고객을 분석하기 위해서는 전체 고객을 대상으로 하기보다는, 디지털 트랜스포메이션을 통한 사업설계에 적합한 고객군을 가려내는 것이 필요하다.

고객세분화를 위한 매트릭스는 학생들의 가정 환경과 학생의 능력을 기준으로 9개의 고객군을 설정하였다. (A)그룹은 환경과 능력이 우수한 학생이며, (E)그룹은 환경적으로 우수하지만 학업에 관심을 두지 않는 학생이고, (F)그룹은 환경과 능력이 열악한 취약계층으로 이들은 대상 고객에서 제외하기로 한다.

(B)그룹은 환경과 능력 측면에서 중상위계층으로 노력하면 좋은 진

학습지 고객세분화

학의 결과를 가져올 수 있으며, 구매력이 있고, 학부모의 관심이 높은 편이다. (C)그룹은 환경과 능력 측면에서 중간계층이며 관리 여하에 따라 성과를 이룰 수 있는 그룹이다. (D)그룹은 환경과 능력이 중하위계층이며 현재 학습지의 대다수 고객층이다.

고객세분화의 시사점으로는 (B), (C), (D)그룹은 학습지사업의 디지털 트랜스포메이션에 의해 가치를 제공할 수 있는 주요 고객군이다. 따라서 향후 고객분석과 비즈니스 모델 개발의 타깃 고객이라고 할 수 있다.

고객 FGI 및 설문조사

FGI(Focus Group Interview)는 표적집단면접법이라고 한다. 이는 고객의 심리상태를 파악하는 정성적(qualitative) 조사방법이며, 정량적 조사에 앞서 탐색조사로 이용된다. FGI는 학생 그룹, 학부모 그룹, 교사 그룹 등으로 나누어서 그룹별로 3~4명을 대상으로 90분 내외로 면담을 한다. 학생 및 학부모 그룹은 지역별 또는 소득별 등으로 세분화하여 면접을 수행할 수도 있다.

학부모들은 자녀를 위해 비전문가인 상태에서 산발적인 노력을 하고 있으나, 자녀의 지적 능력의 방향이 판가름 나는 초등 3~4학년이 되면 이미 자녀의 미래 준비를 위한 골든타임을 놓쳐버린다. 따라서 유아기 때부터 초등학교 6학년까지 전문적이고 종합적인 관점에서 학생을 지도하고 관리하는 것이 필요하다.

학부모 FGI 결과

구분	학부모 의견
경제성	• 자녀에 대한 사교육비가 자녀당 월평균 50~100만 원 수준으로 높은 편이에요. • 학습지 전 과목을 배우기에는 부담이 되서, 7만 원에 2과목을 신청했습니다. • 자녀들은 피아노학원, 미술학원, 태권도학원, 무용학원 등의 별도 사교육을 시키고 있어요.
학습 운영	• 학습지교육이 효과가 있는지 모르겠습니다. 그렇다고 다른 방법도 없습니다. • 아이가 학습지를 몰입해서 하는지 걱정이 됩니다. • 학습지 선생님이 방문하면, 자녀 학습지도보다는 다과 대접과 다른 집에서의 자녀교육 등에 대해 대화만 하다 가는 것이 통상적입니다. • 방문교사들이 바쁘다 보니 자녀가 궁금한 것을 물어보기가 어렵습니다. • 여행 이동 중에 스마트폰으로 자투리시간을 활용한 학습이 가능했으면 좋겠습니다. • 왜 학습지업체는 인터넷 포털 등을 통해서 학습정보 제공, 교과 질문 등을 할 수가 없는 거죠? • 지금 하는 학습지가 효과가 없어서 다른 학습지로 바꿀까 고려 중입니다.
학생 관리	• 공부를 잘하는 학생들의 부모는 어떻게 자녀들의 학습을 관리하는지 궁금합니다. • 자녀의 수준을 고려한 맞춤형 학습이 필요하다고 생각합니다. • 자녀의 적성을 파악해서 조기에 진로를 결정하고 싶지만, 이를 위한 마땅한 방법이 없습니다. • 아이는 역사를 좋아해요. 자기주도학습 서비스를 기대하기는 어렵겠죠? • 초등 5학년에 처음 모의고사를 보는데, 그 이전에는 아이의 수준이 어떤지 정말 깜깜이에요. • 우리 아이의 정확한 실력 측정 및 수준에 대한 정보가 필요합니다. • 결국은 영어, 수학이 아이의 앞날을 결정하잖아요? 어떻게 도움을 받을 수 있나요? • 초등 3, 4학년에 지적 능력, 인격이 형성되는데, 어떻게 대처를 해야 하는지 걱정이 됩니다. • 아이는 학습능력이 뛰어납니다. 혹시 영재교육이 가능한지 진단이 필요하다고 생각합니다. • 학생들의 학습 전반에 대해 종합적으로 관리를 할 수 있다면 좋겠어요. • 장차 외고 또는 특목고를 보내야 하는데 지금부터 어떤 준비를 해야 하죠?

다음 표는 수도권 도시의 초등학교 교사에 대한 FGI 결과이다. 사회적인 환경 변화에 따라서 공교육시스템이 한계에 봉착하고 있고, 한국의 환경에서는 대학입시가 자녀의 인생을 질을 결정하는 중요한 요소이며, 학부모들은 사교육을 통해서 공교육의 문제를 보완하고자 산발적인 노력을 하고 있다. 따라서 전문적이고 풍부한 경험을 바탕으로 학부모들의 올바른 자녀 성장을 위해 공교육의 문제점을 보완하는 사교육시스템이 요구된다.

정성조사인 FGI 결과를 바탕으로 정량조사인 설문조사를 실시할 필요가 있다. 이는 FGI에서 도출된 고객의 원츠 및 이를 충족시키는 고객가치 등에 대한 계량적인 검증과정이다. 또한 설문조사는 광범위한 대상으로 실시가 되기 때문에, 선택 문항뿐만 아니라 주관적인 대답을 요구하는 질문사항이 반드시 포함되어서, 고객의 경험적 요소를 찾아내야 한다.

교사 FGI 결과

구분	교사 의견
학부모 관심	• 학부모 상담은 연간 1~2회, 30분 동안 진행이 됩니다. • 학부모의 관심은 자녀의 친구관계, 사회성에 집중이 됩니다. "누가 괴롭히지 않는가?" 하는 것이죠. • 학부모는 자녀의 문제점을 듣기 싫어합니다. 좋은 말만 듣기를 원합니다. • 학부모들은 자기 자녀들만 생각하는 이기심이 팽배하고 있습니다.
학생 관심	• 학생들은 친구관계에 관심이 높습니다. "친구들이 나를 어떻게 생각하는지?"와 같은 것이죠.

학습 운영	• 초등학교 5학년까지는 평가가 없는 편입니다. 그래서 정량화된 평가가 불가능합니다. • 질문을 잘하거나 대답을 잘하는 학생에 대해 우수한 학생이라고 정성적인 평가를 합니다. • 우수한 학생은 집중력이 강합니다. 반면에 주의력이 산만한 학생도 있습니다. • 평가방법은 수행평가와 지필평가가 있습니다. • 지필평가는 반마다 다르고, 학부모에게 시험지와 답안지를 보냅니다. 채점은 별도로 하지 않습니다. • NEIS 학생부에는 교과학습발달 상황을 기록합니다. 부정적인 표현은 쓰지 않습니다. • 과거에는 초등학교 5~6학년에 학생의 방향이 결정된다고 했는데, 지금은 3~4학년에 결정이 됩니다.
교수-학습 모델	• 과거 정권에서는 3RS를 강조(일기, 쓰기, 계산하기)했습니다. – "학생은 미성숙하고, 마음의 구멍이 있으므로, 최대한 많은 지식을 넣자"라는 가정 • 경기도 성남시 남한산 초등학교는 혁신교육의 대표적인 사례입니다. – 80분 수업/20분 휴식, 체험수업(시장에서 물건 사기로 수학 공부), 대안학교방식의 수업, 교사들이 철야로 노력, 분당에서 전학을 온다(학교 홈페이지에 더 이상 전학 오지 말라고 호소함). – 학부모들은 1~3학년에는 혁신교육을 선호하고, 4~6학년에는 주입식 교육을 선호함 • 최근 교육은 주입식보다 창의성을 강조하여 판단 및 생각하는 능력을 강조합니다. – 배경지식(스킴) + 삶의 경험 = 유의미한 결과 • 교사는 수업시간에 지식 주입보다는 흥미 있는 학습 모델을 적용하여 학생들이 몰입하도록 유도합니다. – 우수학생은 발표할 기회가 많아서 좋아함 – 우수하지 않은 학생은 스트레스를 받지 않고, 수업을 따라갈 수 있어서 좋아함 – 초등학교란 낮에 시간 때우는 장소로 전락함
교사 관심	• 교권 추락에 따라 학생/학부모와 충돌을 회피하고, 흥미 위주의 학습 모델로 학생들이 수업에 몰입하도록 합니다.

고객 핵심질문

고객 핵심질문(key question)은 고객이 활동하면서 공통으로 느끼고 생각을 하는 질문이다. 이는 다음 단계의 고객경험을 개발하는 중요한 관점이다. 핵심질문은 고객 유형별로 제시되어야 한다.

학생 및 학부모의 핵심질문을 정리해보자. 학습지의 주요 고객인

학생/학부모의 핵심질문

학생

- 학교수업, 보습학원, 학습지를 공부하지만 제대로 열심히 하는 것인지 궁금합니다.
- 학교에서 친구들이 나를 싫어하는 것 같아요. 어떻게 해야 친구들과 잘 어울릴 수 있나요?
- 저는 공부에 적성이 맞지 않는 것 같아요. 요리사가 되고 싶습니다.
- 수학은 너무 어려워요. 그래도 중학교에 가서 수업을 따라가려면 수학을 꼭 해야 합니다.
- 같은 반에는 영어회화를 잘하는 친구들이 있습니다. 저도 노력해서 영어를 잘하고 싶어요.
- 보습학원에서는 우수학생에 맞추어서 수업을 진행합니다. 저의 수준에 맞는 공부를 하고 싶습니다.
- 학습지를 2과목 하고 있습니다. 전 과목을 다 하려고 해도 부모님의 경제사정을 생각하면 차마 말씀드리기가 어려워요.
- 책을 많이 읽고 친구들과 대화를 할 때 풍부한 상식과 교양을 자랑하고 싶어요.
- 저의 적성이 궁금해요. 적성을 알고, 적합한 분야를 찾아서 어린 시절부터 노력하고 싶습니다.
- 저는 암기과목에 취약합니다. 어떻게 해야 잘할 수 있을까요?
- 학습지 공부를 하면서 질문을 하고 싶은데 마땅하게 물어볼 사람이 없습니다.

학부모

- 아이가 공부를 잘해요. 어떻게 하면 지금의 상태를 잘 유지하면서 강북에서도 SKY를 갈 수 있을까요?
- 외고나 특목고를 보내려고 합니다. 도움이 필요합니다.
- 학교에서는 창의성교육에 주력하네요. 이러다가 중학교에 진학하면 잘 따라갈지 걱정이 됩니다.
- 아이가 공부에는 관심이 없어요. 조기에 적성을 발견해서 아이의 재능을 키워주고 싶어요.
- 요즘은 자기주도학습이 필요하다는데, 어떻게 해야 하나요?
- 아이가 학교생활에 적응하지 못해서 홈스쿨링을 하려고 합니다. 도움이 필요해요.
- 아이의 인성을 풍부하게 해주고 싶습니다.
- 인문학이 중요하다는데 어떻게 시작해야 하나요?
- 영어만 잘해도 성공할 수 있을 것 같아요. 좋은 방법이 있을까요?
- 아이를 키우기 위해 많은 정보와 경험을 필요로 합니다.
- 아이의 나이에 맞는 도서를 읽게 하고 싶습니다.
- 다른 엄마들이 아이를 위해 어떻게 학습관리를 하는지 경험을 공유하고 싶습니다.
- 아이를 잘 키우기 위한 세미나가 있으면 참가하고 싶습니다.
- 아이와 상담을 받고 싶은데 추천을 부탁합니다. 사설 상담소는 시간당 40만 원의 상담료를 요구하는데 별로 신뢰가 안 가네요.

학생이 학습하고, 학부모가 자녀의 학습을 감독하는 입장에서 항상 궁금하게 여겼던 사항에 대해 정리한 것이다. 이는 FGI 및 설문조사 등의 조사로부터 얻어진 공통적인 요구를 정리한 것이다. 학생과 학부모의 핵심질문을 통한 시사점은 학습 위주의 서비스에서 학습준비, 학습계획, 학습진행, 학습관리를 망라한 토털 솔루션을 제공하는 방향으로 개선될 것을 요구하고 있다.

고객경험지도 작성

고객경험지도(customer experience map)는 고객의 업무 프로세스 단계별로 요구되는 경험을 그린 연관도를 의미한다. 상단에는 고객의 상위 프로세스 단계를 나열하고, 중단에는 구체적으로 수행하는 활동

학부모의 학습에 대한 경험지도

단계	학습준비평가	학습계획	학습진행	학습관리
고객 활동	학습준비도 측정 적성/지능 파악 가정환경조사 → 학생/학부모 상담	→ 학습 방향 설정 ↓ 학습 로드맵 수립 ↓ 학습목표 결정	교과과목 학습 외국어 학습 예체능 학습 창의인성 교육 자기주도학습/홈스쿨링 영재교육	세미나 참여 상담 받기 정보 및 경험 공유 학습 수준 측정 자녀의 문제해결 진학 및 진로 예측
요구되는 경험	• 현재 자녀의 학습준비도는 어느 수준일까? • 자녀의 적성과 지능은 어느 수준일까? • 자녀의 진학/진로의 방향은 무엇일까? • 자녀의 성장 후 삶의 질을 높여주고 싶다.	• 자녀의 학습 방향을 어떻게 결정해야 하나? • 자녀의 학습을 위한 전체적인 로드맵은 어떻게 구성해야 하나? • 향후 1년 동안의 학습목표는 무엇으로 해야 하나? • 누가 학습계획을 전문적으로 설계해주는가?	• 자녀의 취약 과목은 무엇일까? • 수학을 포기하지 않는 방법은 무엇인가? • 영어의 효과적인 교육방법은 무엇인가? • 예체능에서 어느 것에 관심이 높은가? • 인문고전은 어떻게 읽혀야 하나? • 자기주도학습의 주제와 방법은 무엇인가? • 영재교육을 어떻게 해야 하나?	• 학습 상담을 받고 싶다. • 자녀교육 세미나에 참여하고 싶다. • 교육정보를 얻어야 한다. • 자녀교육 경험을 듣고 싶다. • 자녀의 수준은 어느 정도인가? • 자녀가 균형적으로 성장을 하고 있는가? • 과연 어느 대학에 갈 수 있을까? • 자녀는 미래에 대해 어떠한 생각을 갖고 있을까?

을 나열한다. 하단에는 프로세스를 수행하면서 고객의 입장에서 요구되는 경험과 느낌을 기술한다.

학습지 고객인 학부모에 대한 경험지도를 작성해보자. 상단에는 학습준비평가, 학습계획, 학습진행, 학습관리의 4단계 상위 프로세스를 나열하였다. 중단에는 세부적인 19개의 활동을 도식화하였다. 하단에는 학습 관련 프로세스를 수행하면서 학부모가 필요로 하는 경험이 무엇인지를 나열하였다.

고객경험 테이블

고객경험지도는 간단하지만, 직관적으로 주요한 고객경험을 전달하기에 유용한 수단이다. 그러나 보다 구체적인 고객경험을 전달하고 싶다면 다음 표와 같은 고객경험 테이블을 작성하는 것도 좋은 방법이다. 이는 고객경험뿐만 아니라 이에 대응되는 제공가치까지 전개된다.

이처럼 학습진행 및 관리의 라이프사이클 관점에서 다양한 학부모의 원츠가 나타나며, 이는 전문적이고 충분한 경험을 바탕으로 해결책을 제시할 수 있다. 따라서 학부모의 원츠를 해결하기 위한 토털 솔루션을 제공하기 위해서는 차세대학습지 플랫폼이 요구된다.

고객경험 테이블

단계	활동	고객경영	제공가치
학습 준비 평가	학습 준비도 측정	내 자녀의 현재 학업 성취도 수준은 어느 정도인가?	• 사전 학업 성취도 측정
	적성/지능 파악	내 자녀는 어떤 직업에 어울릴까? 내 자녀의 지능 수준은 어떤가?	• MBTI 검사, 에니어그램 검사 • 지능 검사
	가정환경 조사	자녀를 위해 가정의 지원 여력은 어떠한가?	• 부모 수준 및 경제적 능력조사
	학생/학부모 상담	자녀의 진로 및 진학의 방향성은 어떻게 설정해야 하는가?	• 학생/학부모 상담 • 예상되는 포트폴리오 설계
학습 계획	학습 방향성 설정	학습 방향은 어떻게 결정하는가?	• 중장기적인 학생의 학습목표 제시
	학습 로드맵 수립	어떤 순서로 공부를 해야 하나?	• 현재~초등 6학년까지의 학습 로드맵 작성
	학습목표 결정	당장 무엇을 공부해야 하나?	• 1년 및 전학년 학습계획 제공
학습 진행	교과목학습	국어, 수학, 사회, 과학에 대한 공부는 어떻게 진행하는가?	• 학생 수준을 고려한 맞춤형 학습 • 취약과목을 위한 개인지도방안 제공 • 보충학습용 클립 콘텐츠 제공 • 인터넷을 통한 질문/답변 체계 마련
	외국어학습	영어와 제2외국어에 대한 방안은 무엇인가?	• 영어학습의 수준별 학습 • 제2외국어에 대한 학습 제공
	예체능학습	예체능학습은 어떻게 시킬까?	• 학생에게 필요한 예체능 과목 선정 • 오프라인 학원 연계를 통한 학습 지원
	창의인성 교육	창의력, 인성의 함양을 위한 교육은 어떻게 접근해야 하는가?	• 창의력을 위한 프로그램 제공 • 인성교육을 위한 인문고전 읽기 교육
	자기주도학습/홈스쿨링	자기주도학습 및 홈스쿨링의 효과적인 방법은 무엇인가?	• 자기주도학습 주제 선정/학습 프로그램 제공 • 홈스쿨링 프로그램 제공
	영재교육	영재교육을 위한 효과적인 방법은 무엇인가?	• 우수 학습자에 대한 영재 진단 지원 • 과목별 영재교육 프로그램 운영

학습 관리	세미나 참여	자녀의 의식 개발과 학부모의 정보 수집을 위해서 좋은 방법은 무엇인가?	• 학생 의식 개발 세미나 • 학부모를 위한 교육 트렌드 세미나
	상담받기	학습 전반에 걸친 전문가 상담은?	• 학생/학부모와 자료에 기반한 전문 상담서비스 제공
	정보, 경험 공유	자녀교육을 위한 검증된 정보와 경험을 어디에서 얻을 수 있나?	• 학생을 위한 학습정보 온라인 제공 • 학부모를 위한 교육정보 온라인 제공 • 유사 수준/환경의 학부모들의 토론 모임 제공
	학습 수준 측정	자녀의 정확한 학습 수준과 진학의 가능성은 무엇인가?	• 자체 모의고사를 통한 전국 수준 평가 • 진학 가능한 고교 또는 대학의 예측
	자녀의 문제해결	자녀의 문제를 누구와 상담할까?	• 자녀의 교우관계, 학교폭력 등에 대한 전문적인 상담 제공
	진학, 진로 예측	자녀의 진학, 진로는 어떻게 정할까?	• 학생의 진학을 위한 중장기적인 계획 마련 • 학습 부진 학생에 대한 진로 방향을 조기에 마련
기타	교과 과목 지도	국어, 영어, 수학, 과학, 사회에 대해 전과목 지도	• 전과목 신청 시 할인제도 적용
	교육비 부담	주요 과목과 예능교육을 포함한 사교육 비용의 절감	• 사교육에 대한 모든 것을 일괄 서비스 계약으로 비용을 낮춤

고객본질 정의

고객본질의 정의는 고객응축을 바탕으로 한다. 고객응축이란 나에게 주어진 환경을 너무나 당연하게 받아들였지만, 마음속에는 이를 바꿔야 한다는 욕구가 간절한 것이다. 학습지회사의 주된 고객인 학부모 특히 주부의 입장을 통해서 응축이 무엇인지 알아보자.

주부들은 결혼과 동시에 좋은 가정을 이루겠다고 다짐을 하고 태교, 출산, 육아에 전념한다. 그러나 남편의 늦은 귀가, 지나친 음주, 무절제한 생활, 회사 사직, 사업 실패 등과 같은 요인으로 인해, 주부는 자녀를 제대로 키워야 한다는 강박감을 갖게 된다. 제대로 자식을 키우겠다며 무턱대고 학원을 보내고 과외를 시키지만, 노력보다 성과는 없고, 그렇다고 별다른 대안도 없다. 물론 가정주부가 과학적인 학습관리방법을 생각할 수 없다. 이로써 아이들은 공부에 시달리고 엄마와 자녀 간에는 갈등만 증폭된다. 이러한 힘들고 희망 없는 상황은 계속된다. 자녀들의 10%는 부모를 만족시키고, 20%는 선방을 하고, 나머지 70%는 실망하게 한다. 결국, 중년에 병들고, 노후 여유자금이 없게 되며, 성장한 자식의 앞날이 캄캄하게 될지 모른다는 암울한 미래를 보여준다.

이것이 주부들의 자녀에 대한 응축이다. 따라서 학습지 러닝 플래너는 이러한 관점을 주부에게 고취시켜 감성적인 동화를 일으키고 "자녀의 맹목적인 밀어붙이기방식의 학습으로는 자녀의 앞날이 불투명해질 것이다. 따라서 아이돌 가수 육성하듯이 공부에도 매니지먼트가 중요한 것이다."라는 영업 메시지를 만들 수 있다.

이제 고객응축을 바탕으로 학부모가 자녀교육에 대해 원하는 본질을 정의한다. 자녀에 대한 학부모의 본질적 욕구는 "자녀가 성장하여 성공적으로 삶을 살아가는 것"이다. 그러기 위해서 충족되어야 하는 목표는 "안정적으로 대학을 진학하거나 진로를 확보하는 것"이다. 또한, 이를 가능하게 하는 핵심성공요소는 "14세 이전에 지적 학습능력을 갖추는 것"이다. 이러한 핵심성공요소가 이루어지려면 '과학적이고 합리적인 학습관리'라는 트리거가 작동해야 한다. 따라서 학습지 회사가 고객본질을 충족시키기 위해서는 "학생의 미래를 책임진다."라는 핵심가치가 요구된다.

학부모의 자녀교육에 대한 본질

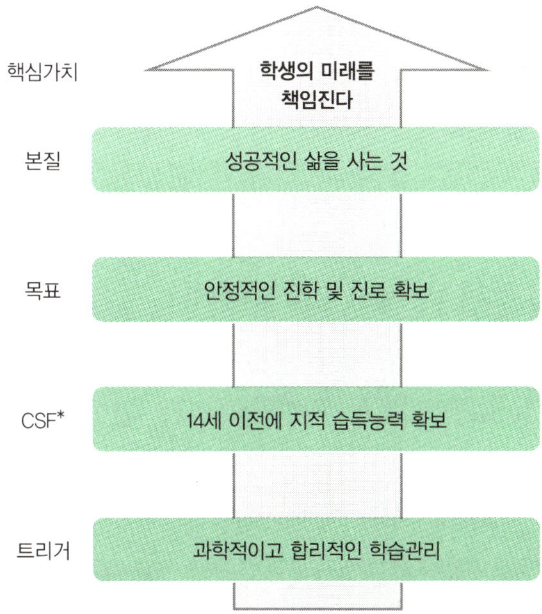

* CSF : Critical Success Factor

기술, 사례, 아이디어, 동인의 조사

디지털 트랜스포메이션은 최근에 등장한 디지털 기술과 해외의 선진 사례를 벤치마킹하고, 내외부의 아이디어를 수집하며, 디지털 변화 동인을 조사하는 것이 필요하다. 이러한 자료들은 조직이 디지털 트랜스포메이션을 수행할 때에 좋은 참고가 되기 때문에 데이터베이스에 라이브러리화시켜서 참조 모델(reference model)을 구축해야 한다.

디지털 기술은 빅데이터, IoT, VR/AR 등을 비롯해서 기본적인 것만 정리한다고 해도 40~50가지가 될 것이다. 기술 라이브러리의 정의 항목은 기술 명칭, 기술 정의, 기술 구성도, 활용 사례, 자사 적용방안, 기술 성숙도, 기술 공급자, 기술 도입비용 등이다. 선진 사례는 GE, 아마존, 스타벅스 등 매스컴 등에 등장하는 사례만 수집해도 20~30건은 될 것이다.

선진 사례 라이브러리 정의 항목은 사례 명칭, 사례 내용, 사례 구성도, 사례 유형(고객이해, 비즈니스 모델, 운영혁신), 관련 기술, 사례 적용연도, 자사 적용방안 등이 될 것이다.

고객 아이디어는 제품, 경험, 참여 등에 관한 고객경험을 수집하는 것이며, 종업원 아이디어는 고객경험, 기술 및 선진 사례, 비즈니스

디지털 기술/선진 사례/아이디어/변화 동인 라이브러리

모델, 운영 모델 등으로 다양한 사항을 수집한다.

이러한 라이브러리 및 아이디어 뱅크는 CDO 직원뿐만 아니라 전사 종업원이 참조할 수 있도록 제공되어야 한다. 마지막으로 디지털 트랜스포메이션의 동인을 PEST 관점과 문화, 환경, 내부적 측면에서 요소를 찾아서 라이브러리화할 것을 권유한다.

Chapter 15

비즈니스 모델 수립

비즈니스 모델 수립 방법론

비즈니스 모델 수립은 디지털 트랜스포메이션을 위한 비전 수립, 비즈니스 모델 개발, 전략과제 식별로 구성된다.

비전 수립은 디지털 트랜스포메이션을 위한 비전, 핵심가치, 목표, CSF, 공유가치를 정의한다. 사업설계는 현재와 비교할 수 있는 미래 사업의 주요 특징을 제시한다. 운영전략은 현재와 대비되는 향후의 사업의 특징에 대한 사항을 액티비티시스템으로 도식화한다.

비즈니스 모델 개발은 비즈니스 모델 구조도를 개발한다. 또한 비즈니스 모델 캔버스는 고객세분화 · 가치제안 · 고객관계 · 유통경로 · 핵심활동 · 핵심자원 · 핵심파트너 · 수익구조 · 비용구조를 기술한다. 오퍼링 커버리지(offering coverage)는 콘텐츠 · 커머스 · 커뮤니티 · 콜라보레이션의 4C에 대한 내역을 작성한다. 기브 앤 테이크(Give & Take) 모델은 사업자와 참여자 간의 제공가치와 제공받는 가치 그리고 협상을 위한 요소를 기술한다.

전략과제는 비즈니스 모델을 구축하는 필수적인 이슈를 찾는 것이다. 이를 위하여 내부 관점의 강점 및 약점, 외부 관점의 기회 및 위협 요소를 고려한 SWOT 매트릭스를 작성하고, 도출된 전략요소를 바탕으로 전략 · 제도 · 역량 강화 · 게임의 규칙변화 · 신규사업 측면으로 전략과제를 재배열한다.

비즈니스 모델 수립 방법론

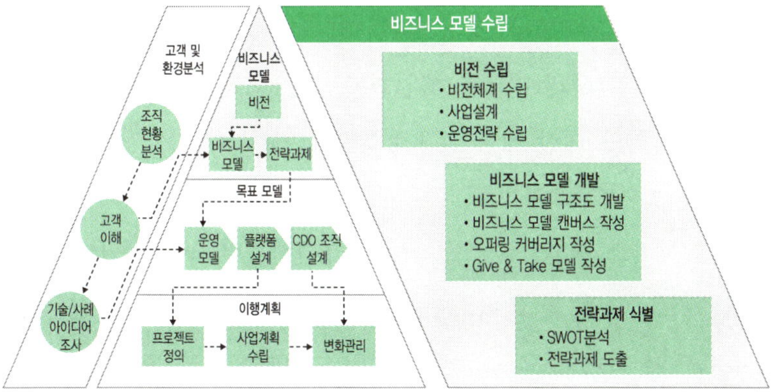

비전 수립

비전 체계 수립

비전 체계는 비전, 핵심가치, 사업목표, 핵심성공요소, 종업원 공유가치로 구성된다. 비전(vision)은 디지털 트랜스포메이션을 추진하는 조직의 10년 후의 모습이다. 핵심가치(core value)는 기업이 고객에게 전달하는 메시지이고, 사업이 궁극적으로 지향하는 방향이며, 사업의 존재 이유를 의미한다. 사업 목표(objective)는 달성해야 할 과제를 7개 내외로 정의하는 것이다. CSF는 사업이 성공하기 위해서 필수적으로 확보하여야 하는 4~5개의 방향성이다. 이는 "나는 ○○○을 가지면 사업에 성공할 수 있다."의 의미이다. 따라서 CSF는 조직이 디지털 트랜스포메이션을 위해 필수적으로 확보해야 하는 전제조건이 된다. 공유가치(shared value)는 사업을 위해 조직원이 공유해야 하는 절대적 신념을 의미한다.

비전은 최근 창의 인성교육에 집중하는 공교육의 한계를 학습지를 통해 보완하는 것으로 설정하였다. 핵심가치는 디지털 트랜스포메이션을 통해서 "학생의 미래를 책임진다"라는 고객을 향한 메시지와 학습지의 업(業)에 대한 개념을 재정립한 것이다. CSF는 새로운 사업의 완성도를 높이기 위해 반드시 요구되는 토털 솔루션, 디지털 고객경험, 킬러서비스 제공, 러닝 플래너로 규정하였다. 사업목표는 고객에게 제공하는 상품 및 서비스이다. 공유가치는 전체의 종업원들이 가슴에 품어야 하는 것으로 고객을 책임지겠다는 의지, 학생의 학습 성취도를 한 단계 상승시키겠다는 각오, 고객과 원 투 원(one to one)

학습지회사 디지털 트랜스포메이션을 위한 비전 체계

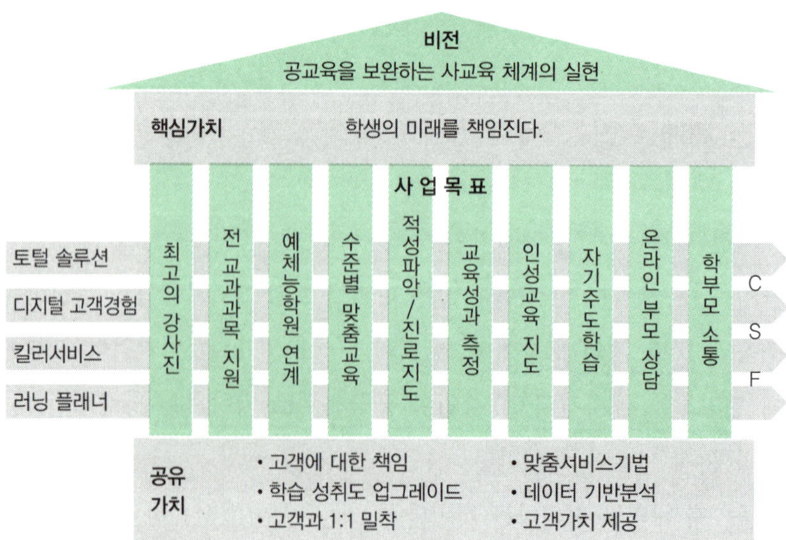

으로 밀착하겠다는 의지 등으로 설정하였다.

사업설계

사업설계는 비즈니스 모델을 작성하기 전에 사업의 전체적인 모습이 어떻게 발전되어야 하는가에 대한 것이다. 따라서 사업설계는 비전체계에서 한 단계 나아가서, 상품 및 서비스의 현재와 미래에 대한 비교를 통해 새롭게 제공하고자 하는 고객본질을 충족시켜줄 수 있는 모습을 보여준다. 우선 도표로 간략하게 개념에 대한 모습을 보여주고, 목적 · 제공가치 · 서비스 경로에 대한 내용을 보여준다.

학습지회사의 사업설계를 작성해보자. 현재의 사업설계가 학습상품 · 심리진단검사 · 러닝센터 · 올림피아드 등 백화점에서 진열하듯이 연관성 없이 개발된 서비스라면, 미래 사업설계는 학습준비평가 · 학

학습지회사 사업설계

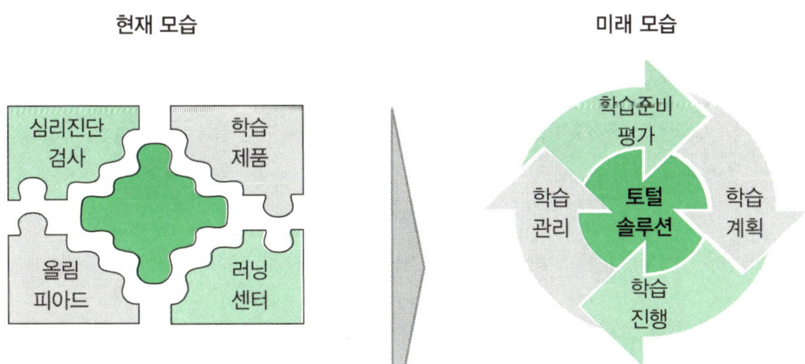

- 목적 : 공교육 학습 보완을 보완하기 위해서 학생의 취약과목에 대한 학습
- 제공가치 : 백화점식의 분산된 학습 상품 제공
  - 온라인 학습지 및 러닝센터
  - 심리진단 검사, 올림피아드 등
- 서비스 경로 : 방문교사

- 목적 : 14세 이하의 청소년 시기를 성공적으로 관리하여, 성장 후 삶의 질을 향상시킴
- 제공가치 : 학생/학부모의 라이프사이클 및 프로세스를 고려한 토털 솔루션 제공
  - 온라인 학습지, 예체능학원, 인성교육 등
  - 학생/학부모와의 소통 강화
- 서비스 경로 : 러닝 플래너

습계획 · 학습진행 · 학습관리의 일관성 있고 통합된 가치제공이라는 측면에서 차별화된다.

운영전략 수립

운영전략이란 조직의 핵심전략 · 핵심수용자 · 핵심서비스 · 핵심시스템 · 서비스경로 · 핵심경로 · 핵심역량 측면에서 과거의 운영방식과 새로운 운영방식에 대한 비교를 의미한다. 이는 주요 관점에서 어떠한 요소가 차별적으로 바뀌는지를 알 수 있게 해준다.

학습지회사의 운영전략을 나타내기 위해 액티비티시스템을 작성하였다. 액티비티시스템은 개념의 전환 · 핵심수용자 · 토털 솔루션 · 전

학습지회사의 액티비티시스템

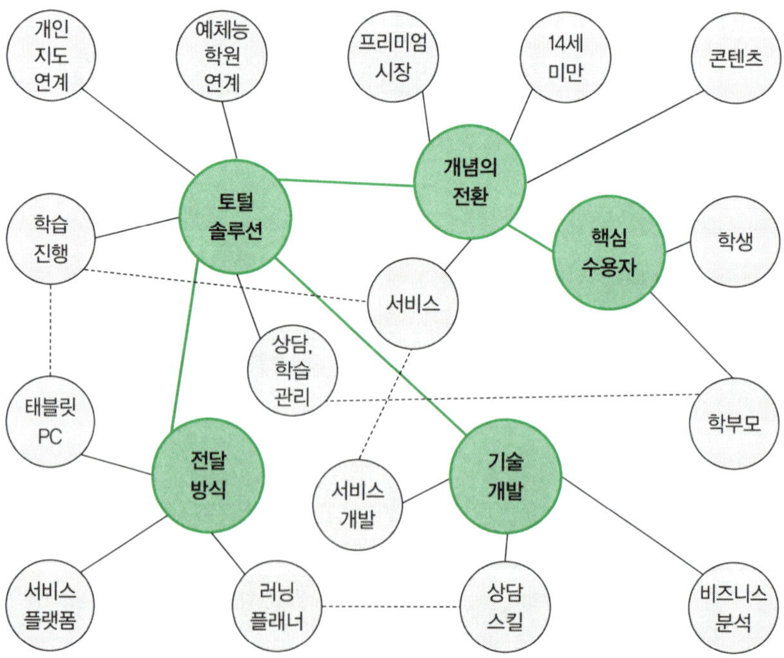

달방식 · 기술 개발 측면에서 작성되었다.

개념의 전환 측면에서는 프리미엄시장, 14세 미만 학생, 콘텐츠 위주에서 서비스 위주로의 전환이 포함된다. 핵심수용자는 학생 위주에서 학부모 위주로 전환된다. 토털 솔루션은 학습진행, 상담 및 학습관리, 예체능학원 연계, 개인지도 연계로 구성된다. 전달방식에서는 인쇄물 학습지에서 태블릿 PC로 전환되고, 포털에서 서비스 플랫폼으로 바뀌며, 학습지 지도교사는 러닝 플래너로 변경된다. 기술개발은 콘텐츠 개발 위주에서 서비스 개발로 변경되며, 데이터 기반의 비즈니스분석, 러닝 플래너의 상담 스킬이 강화된다.

비즈니스 모델

비즈니스 모델 구조도

비즈니스 모델 구조도는 플랫폼과 참여자들 간의 가치의 흐름을 나타내는 것이다. 이는 고객경험을 기반으로 작성된다. 가치흐름은 콘텐츠 · 서비스 · 정보 · 물류 · 비용 등에 대한 것이다. 플랫폼은 고객에게 제공하는 콘텐츠 및 서비스, 커뮤니티, 커머스, 시스템 간의 협력을 의미하는 콜라보레이션의 4C를 제공하는 정보시스템이다. 비즈니스 모델을 만드는 유형은 비즈니스 모델의 재창조, 기존 비즈니스 모델의 업그레이드, 타 비즈니스 모델의 모방으로 나뉠 수 있다.

차세대 학습지 플랫폼을 위한 비즈니스 모델 구조도를 그려보자. 학습지 비즈니스 모델에서 참여자는 학생 및 학부모가 있으며, 서비스를 제공하는 러닝 플래너, 콘텐츠 및 서비스 협력업체, 오프라인학원, 개인지도 교사로 구성되고, 세미나 및 상담을 제공하는 고객센터, IT센터, 학습연구소, 운영센터 등이 있다.

학부모는 정보조회 및 상담을 받고, 학생은 학습 및 평가서비스를 받는다. 또한 학생 및 학부모는 고객센터를 통하여 세미나 및 상담에 참여하고, 러닝 플래너는 학습지도 및 학습관리를 도와준다.

파트너 측면에서는 학습 콘텐츠 및 서비스 개발을 위해 협력업체가 참여하며, 음악 · 미술 · 체육 · 무용 · 한자 · 속독 등을 지도하기 위한 오프라인학원은 가맹점으로 모집하고 표준 커리큘럼에 의해 운영이 된다. 대학생 및 일반인들은 개인지도 교사를 신청하고, 학생들의 취약과목을 지도하는 역할을 수행한다.

차세대 학습지 플랫폼을 위한 비즈니스 모델 구조도

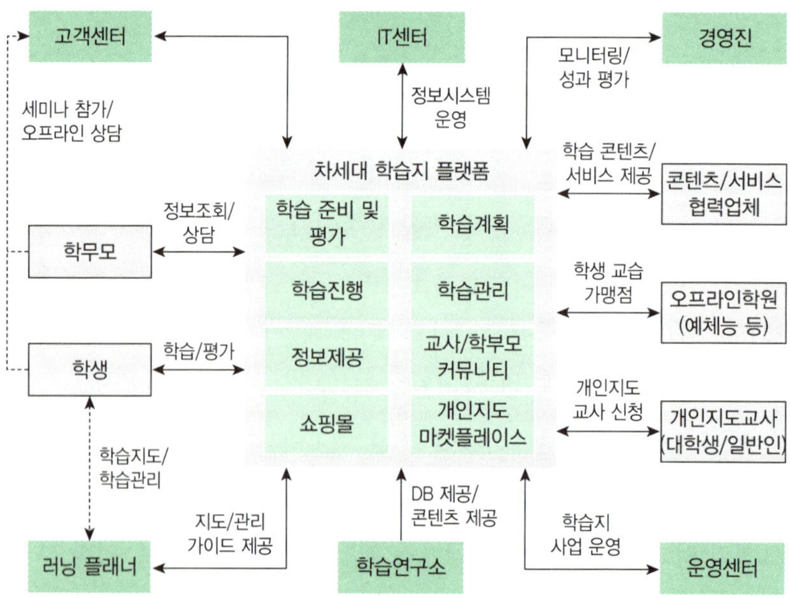

비즈니스 모델 캔버스

비즈니스 모델의 속성을 표현하기 위해서 비즈니스 모델 캔버스를 적용하기로 한다. 캔버스의 흐름은 우선 고객을 세분화한다. 가치제안은 고객별로 차별화된 솔루션을 개발한다. 채널은 고객에게 가치제안의 메시지를 전달한다. 고객관계를 통해 고객을 개발 및 유지하고, 이는 수익흐름을 발생시킨다. 수익흐름을 기반으로 핵심자원을 확보하고, 이는 핵심활동을 수행한다. 핵심활동에서 필요한 역량을 핵심파트너로부터 조달하고, 이들에게 비용을 지불하게 된다.

고객세분화는 학부모와 학생을 여러 유형으로 나누었다. 가치제안은 학습 콘텐츠 제공과 학습관리서비스 제공 등이다. 채널은 기존 학습교사를 통해 신도시를 프로모션하고, 홈쇼핑 또는 회사 홈페이지를

차세대 학습지 비즈니스 모델 캔버스

핵심파트너	핵심활동	가치제안	고객관계	고객세분화
콘텐츠 협력업체	학생/학부모관리	학습 콘텐츠 제공	러닝 플래너 상담	우수학생
러닝 플래너	학습관리연구	학습관리서비스	셀프서비스	일반학생
예체능학원 가맹점	**핵심자원**	예체능학원 연계	**채널**	취약학생
개인지도교사	학습연구원	개인지도교사 연계	기존 학습지도교사 (분당, 일산, 대덕 등)	재능학생
시스템 통합업체	콘텐츠/ 서비스 개발자	맞춤서비스	홈 쇼핑	영재학생
	데이터분석 요원	경제성	웹 사이트	홈스쿨링학생

비용구조		수익흐름		
러닝 플래너 수당	협력업체 개발비용	박리다매	학습지 판매 수익	예체능학원 수수료
직원 급여	플랫폼 구축 및 운영비용		개인지도교사 매칭 수익	쇼핑몰 수익

통해 판매한다. 고객관계는 학생 및 학부모와 러닝 플래너의 접촉 및 카페 운영 그리고 컨택센터로 구성된다.

핵심활동은 학습을 위한 콘텐츠와 서비스 개발, 플랫폼 운영, 학습연구소 운영 등이다. 핵심자원은 학습연구원, 마케터, 콘텐츠 및 서비스 개발자 등이다. 핵심파트너는 콘텐츠 및 서비스를 제공하는 협력업체, 오프라인 학원 등이 있다. 비용구조는 콘텐츠 및 서비스 개발비용, 러닝 플래너 급여, 플랫폼 운영비용 등이다. 수익흐름은 학습지 판매 수익, 학원 및 개인 지도교사 매칭 수익, 쇼핑몰 수익이다.

오퍼링 커버리지 작성

오퍼링 커버리지(offering coverage)는 고객의 본질을 4C로 나누어서 고객요구를 정의하고, 이를 오퍼링으로 상세화한다.

콘텐츠 및 서비스에서는 학습서비스 측면에서 학습진행을 제공하며 학습지원 측면에서 학습준비 · 학습평가 · 학습계획 · 학습관리를 제공한다. 정보제공 측면에서는 학습 및 자녀관리를 위한 정보를 제공하며, 오프라인 지원 측면에서는 세미나 등을 제공한다.

콜라보레이션에서는 협력 네트워크 측면에서 오프라인 학원 연계 및 개인 지도교사 연계를 제공하고, 콘텐츠 및 서비스 협력 측면에서는 파트너로부터 학습 콘텐츠 및 서비스를 받는다.

커뮤니티에서는 러닝 플래너가 카페를 통해 교사와 학부모 및 학생을 관리하고, 유형별 카페에서는 학부모 · 학생 · 러닝 플래너 간의 모임을 지원한다.

커머스에서는 쇼핑몰을 통해 학습 교구, 도서 및 전집류 등을 판매한다. 또한 학생들의 문화활동에 도움이 되는 공연 및 문화행사 티켓 판매와 패션 및 스포츠 관련 상품을 판매한다.

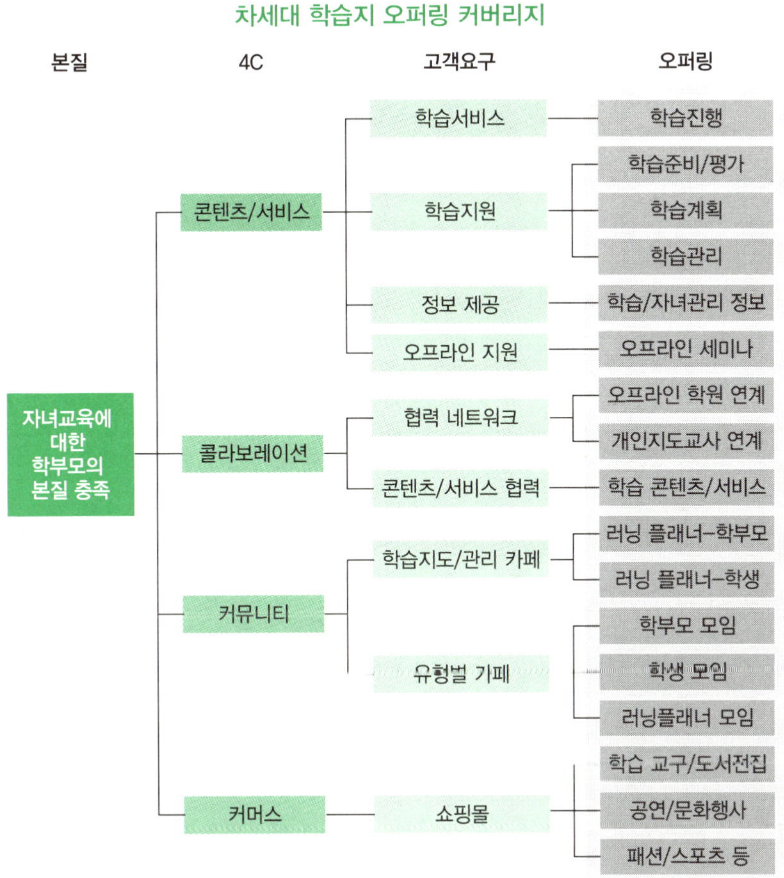

기브 앤 테이크 모델

기브 앤 테이크(Give & Take) 모델은 고객 및 주요 파트너와의 관계를 맺기 위해 플랫폼이 제공해야 하는 가치와 제공받아야 하는 가치에 대해 정의하고, 이들과의 계약체결에 관건이 되는 핵심적인 협상요소를 정의한다.

학생에게는 학습 콘텐츠 및 서비스를 제공하고 학습 로그 정보를 수집하며, 핵심요소는 "학습의 즐거움을 느끼며 몰입을 가능하게 하는가?"와 "노력에 따른 성적 또는 실력이 향상되는가?"이다. 학부모에게는 교육정보, 학습관리 결과, 상담서비스를 제공하고, 학부모의 의견 및 학부모 로그 정보를 수집한다. 학부모와의 협상요소는 학습관리의 효용성, 학습 성취도 향상, 학생의 정확한 수준 파악이 필요하다.

기브 앤 테이크 모델

구분	참여자	Give	Take	핵심 협상요소
고객	학생	• 학습 콘텐츠/서비스	• 학습 로그 정보	• 학습의 즐거움/몰입 • 성적/실력 향상
	학부모	• 교육정보 제공 • 학습관리 결과 제공 • 상담서비스	• 학부모의 의견 • 학부모 로그 정보	• 학습관리의 효용성 • 학습 성취도 향상 • 학생의 정확한 수준 파악
주요 파트너	러닝 플래너	• 교사의 복지 • 교사의 학습지도 가이드	• 현장지도경험 • 지도 학생의 정보	• 교사의 성취감
	콘텐츠/서비스 협력업체	• 안정된 수요 보장	• 학습 콘텐츠/서비스 개발	• 킬러 콘텐츠/킬러 서비스 개발
	오프라인 학원	• 안정된 수입 보장 • 학습 지도 가이드	• 학생의 학습 진행 데이터	• 교육 품질 및 가이드 이행 여부
	개인지도 교사	• 안정된 수입 보장 • 학습 지도 가이드	• 개인지도서비스 • 지도 학생의 정보	• 개인지도교사의 능력 • 가이드 이행 여부

주요 파트너인 교사, 콘텐츠 및 서비스 협력업체, 개인지도교사, 오프라인학원 등에 대해서도 정확히 제공하고 제공받을 가치와 핵심적인 협상요소를 설계하고 운영모델에 반영하는 것은 성공하는 디지털 트랜스포메이션의 비즈니스 모델을 가능하게 한다.

전략과제 식별

비즈니스 모델을 구현하기 위해서 필요한 전략과제를 식별해야 한다. 이를 위해서는 SWOT 분석과 이를 바탕으로 전략과제를 도출한다. 전략과제는 운영 모델을 개발하기 위한 방향성을 가늠하기 위해 필요하다.

SWOT 분석

SWOT 분석은 조직 내부 관점의 강점과 약점, 외부 관점의 기회 및 위협을 배지한다. S-O 전략은 강점 및 기회를 바탕으로 신속하게 추진하여야 할 과제를 식별한다. W-O 전략은 약점과 기회를 바탕으로 시급히 보완해야 할 과제를 도출한다. S-T 전략은 강점과 위협의 상태에서 리스크를 껴안을 수 있는 것으로서 신중한 의사결정이 요구되는 과제를 찾는다. W-T 전략은 약점과 위협요소를 갖고 있으므로 장기적으로 보완해야 하는 과제를 식별한다.

SWOT 분석 결과 우선적으로 추진해야 하는 S-O 전략은 디지털 학습지에 대한 전략을 마련하고, 비즈니스 모델 수립과 운영 모델을 위한 프로세스 재설계, 서비스 플랫폼 구축을 이행하여야 한다. 긴급하게 보완해야 하는 W-O 전략은 CDO 조직 신설, 전문인력 확보, 콘텐츠 및 서비스 개발, 러닝 플래너 육성이다.

중장기적인 관점으로 보완해야 하는 W-T 전략은 조직 변화관리와 고객연구의 강화, 분석능력 강화가 필요하다. 리스크를 감안하여 전략적인 판단을 요구하는 S-T 전략은 오프라인학원 연계, 개인지도교사 마켓플레이스 구축, 기존 학습지의 전환 등의 과제가 있다.

SWOT 분석

내부 관점 / 외부 관점	강점	약점
	• 기존 브랜드 인지도 • 방문교사 네트워크 • 투자를 위한 재정적 능력 • Only 온라인 교육 BM에 대한 욕구 • 콘텐츠 보유 및 개발능력 • ITC 능력 보유	• 방문교사의 근무 환경 열악 • 데이터 기반분석능력 취약 • 고객에 대한 이해 및 연구 부족 • 디지털화를 위한 전문인력 부족 • 현행 사업구조에 대한 매너리즘 • 변화에 대한 긍정 마인드 미흡
기회 • 공교육시스템의 한계 상황 • 디지털 기술의 발전 • 스마트 디바이스의 확산 • 학생/학부모 욕구의 다양화 • 고객의 프리미엄서비스 요구	**S-O 전략** • 디지털 학습지전략 수립 • 비즈니스 모델 수립 • 운영 모델의 설계 • 서비스 플랫폼 구축 • 시범사업 수행(분당, 일산, 대덕 등)	**W-O 전략** • CDO 조직 신설 • 디지털 기술 전문인력 확보 • 킬러 콘텐츠 및 킬러 서비스 개발 • 러닝 플래너 육성 • 토털 솔루션/매니지먼트 개념 정립
위협 • 학령인구 감소 • 경제침체의 장기화 • 학습지사업구조의 노후화 • 신기술 기반의 경쟁업체 진입 • 학습지시장의 포화상태	**S-T 전략** • 오프라인 예체능학원 연계 • 개인지도교사 마켓플레이스 구축 • 조직구조 개편 • 오프라인 학부모 소통/세미나 강화 • 기존 학습지 고객의 전환 노력	**W-T 전략** • 조직 변화관리 수행 • 사업 확산(Roll-Out) • 고객행동 모형 및 고객연구 강화 • 비즈니스 분석 역량 강화 • 디지털 학습을 위한 표준화 마련

전략과제 도출

전략과제는 SWOT 분석으로 식별된 이슈를 전략 및 제도, 역량 강화, 게임의 규칙 변화, 신규사업의 4개 부문으로 20개 전략과제를 재정렬하였다. 전략과제는 개별 과제별로 구체적으로 전개해야 한다. 개별 과제의 정의는 과제명 · 과제 설명 · 중점 추진사항 · 산출물 · 기대효과 · 투입 인력 · 추진 기간 등이 포함된다.

전략과제 도출

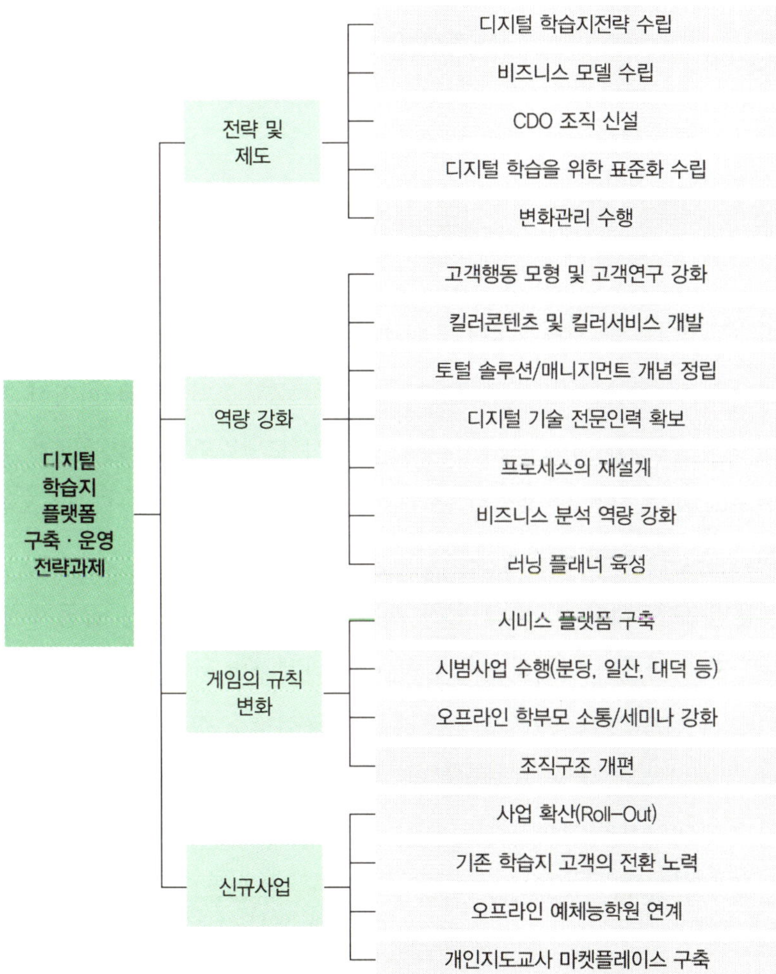

Chapter 16

목표 모델 개발

목표 모델 개발

목표 모델 개발은 비즈니스 모델을 구현하기 위한 단계이다. 목표 모델을 위해서는 비즈니스 모델을 구체화하고 고객가치를 반영한 운영 모델 개발을 하고, 정보, 서비스, 분석 모델링과 응용업무설계 및 인프라 구조 개발을 포함한 플랫폼 설계를 하며, 디지털 트랜스포메이션 추진을 위한 조직설계를 한다.

운영 모델 개발은 고객가치를 개발하는 단계이다. 이는 공급자 및 수요자 측면에서 이해관계자 정의, 이해관계자별 MOT 정의, MOT별 니즈 & 원츠 개발, 니즈 & 원츠별로 제공서비스 정의, 제공서비스별로 인에이블러 결정, 인에이블러를 유형별로 구현과제로 분류, 구현과제별 내역서를 정의한다.

플랫폼 설계는 프로세스 모델링, 데이터 모델링, 프로그램 개발을 위한 응용업무설계, 하드웨어와 소프트웨어 등의 인프라 구조를 개발한다.

조직설계는 조직 프로세스 정의, 조직구조 개발, 조직 역량설계, 조직 성과관리방안을 포함한다.

목표 모델 개발 방법론

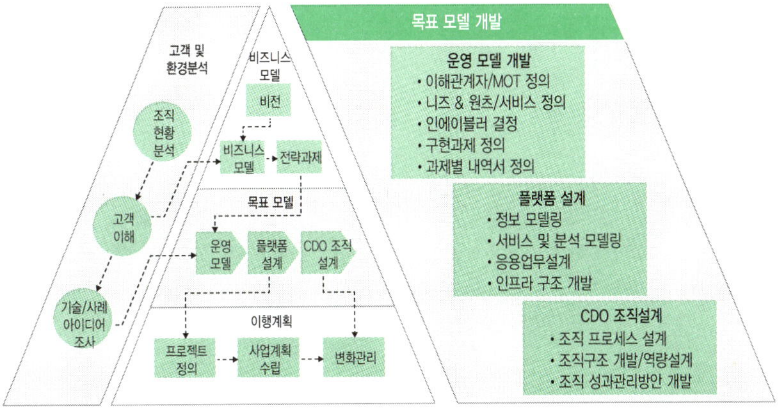

운영 모델 개발 절차

앞에서 개발된 고객경험과 비즈니스 모델은 새로운 사업에 대한 큰 특징을 담고 있다. 비즈니스 모델을 세분화한 운영 모델은 고객가치를 도출하기 위한 것으로 고객의 세부적인 니즈 & 원츠를 구체적으로 도출한다. 이는 플랫폼의 이해관계자 식별, 이해관계자별 MOT 정의, MOT별 고객의 니즈 & 원츠 식별, 제공서비스별 인에이블러 결정, 분야별 구현과제의 정의, 목표시스템 이미지 작성, 과제별 내역서 정의의 순서로 진행된다.

운영 모델 개발 절차

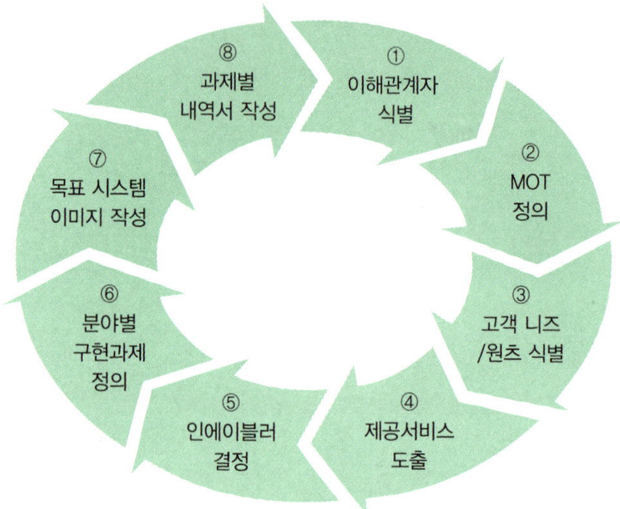

이해관계자 식별

이해관계자 식별은 플랫폼의 공급자와 학습자 관점으로 구분하고, 세부적인 이해관계자를 나열한다. 디지털 학습지 플랫폼 사례에서는 공급자 측면에서 학습지회사, 파트너 그리고 수요자 측면에서 학부모와 학생으로 구분하였다. 학부모와 학생의 경우는 우수 · 일반 · 재능 · 취약 · 영재 · 홈스쿨링 학생으로 고객세분화를 하였다.

이해관계자 모형

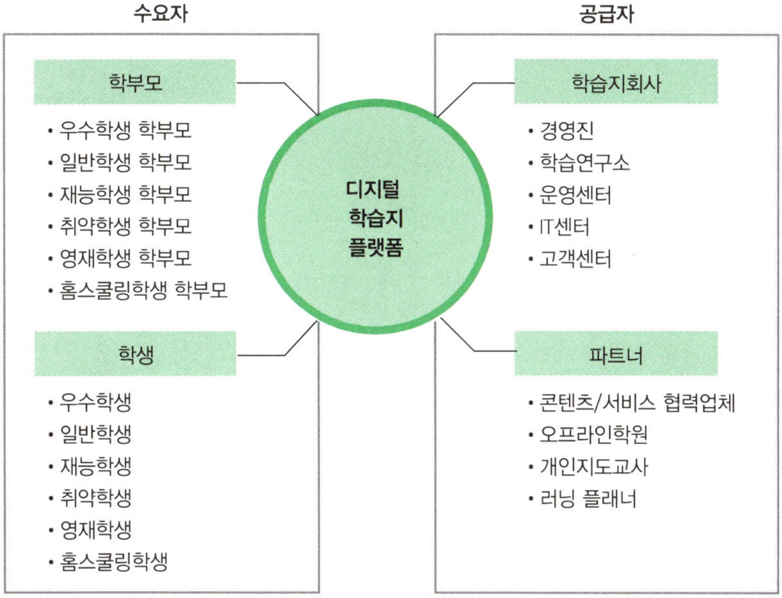

MOT 정의

MOT(Moment of Truth)는 고객과의 접점이라는 의미로 고객이 만족 또는 불만족을 경험하는 순간이며, 기업이 상품 및 서비스를 제공할 수 있는 공간인 동시에 고객에 대한 소중한 정보를 획득할 기회를 의미한다. MOT는 이해관계자별로 작성이 된다. 일반학생을 자녀로 둔 학부모의 영어학습에 대한 MOT는 시간의 축으로 진단 · 학습 · 평가 · 활용 · 능력 보완 순서로 전개된다.

영어학습의 MOT 정의

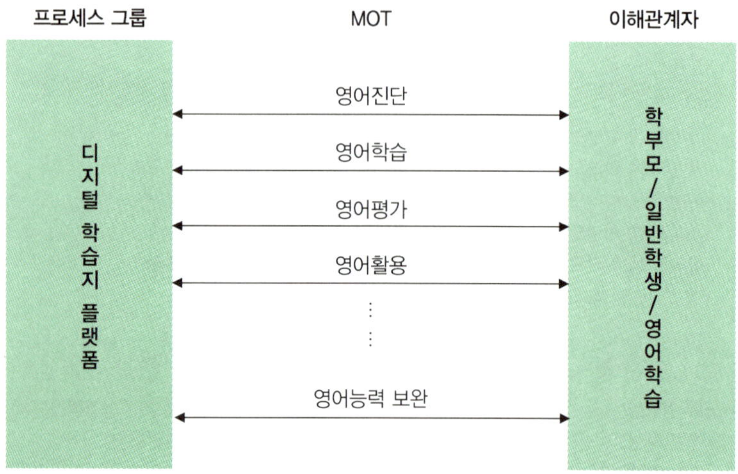

니즈 & 원츠 식별

니즈 & 원츠는 앞에서 식별된 MOT별로 작성이 된다. 고객이 MOT의 순간에 느끼는 고객경험이 니즈 & 원츠가 되는 것이다. 다음 표는 영어학습의 니즈 & 원츠의 사례이다. 예로서 영어학습을 하는데 학생의 수준과 현격히 차이가 나는 교육과정에 대한 불편함, 영어 지문에 대한 히어링이 전혀 안 될 때의 당혹감, 영어단어를 암기하는 것이 싫은 경우 등에 대한 해결책이 니즈와 원츠가 될 것이다. 이를 개발하기 위해서는 다양한 경험을 갖춘 지도교사와 학부모 및 학생이 참여해서 정교한 고객경험을 반영하는 것이 중요하다.

영어학습의 니즈 & 원츠

MOT	니즈 & 원츠
영어진단	• 전반적인 영어 수준이 어떠한가? • 어떤 부분이 취약한지 알고 싶어요.
영어학습	• 수준에 맞는 영어교육이 필요해요. • 영어독해를 잘하려면? • 기초 영작문도 잘 못 해요 • 히어링이 전혀 안 돼요. • 영어로 말을 한마디도 못 해요. • 영어문법의 기초가 없어요. • 영어단어를 외우지 않으려고 해요. • PC에 앉아서 정말 공부를 하는지 궁금해요.
영어평가	• 학교 영어시험 점수가 나빠요.
영어활용	• 미국 여행을 데려가고 싶어요.
영어능력 보완	• 영어 가정교사를 원해요. • 방학에 영어 집중학습을 시키고 싶어요.

제공서비스 도출

제공서비스는 니즈 & 원츠의 항목별로 작성이 된다. 제공서비스는 소수의 전문가 그룹이 모여서 세션을 통해 개발한다. 이는 요구사항에 대하여 논리적으로 대응하는 업무적인 절차이다. 따라서 단지 동전 뒤집기 식의 해결책을 제시하면 안 된다. 다음 표는 학습지사업의 제공서비스를 도출한 사례이다. 학습지의 경우 수준에 맞는 영어교육이 필요하다면 이를 위해서 읽기 · 쓰기 · 듣기 · 말하기 · 문법 · 단어 등 각각의 수준별로 학습 콘텐츠가 제공되어야 한다. 영작문을 못한다고 하면, 영작문을 가르치기보다는 영어문장을 통째로 암기하는 방법을 통해서 수준을 올리도록 하는 발상의 전환이 필요하다.

영어학습의 제공서비스

니즈 & 원츠	제공서비스
전반적인 영어 수준이 어떤가?	• 영어 읽기 · 쓰기 · 듣기 · 말하기 · 문법 · 단어 등의 수준 평가 • 전반적인 영어 수준 진단
어떤 부분이 취약한지 알고 싶어요.	• 읽기 · 쓰기 · 듣기 · 말하기 · 문법 · 단어에 대해서 분야별로 성적을 제시
수준에 맞는 영어교육이 필요해요.	• 영어 6대 부분을 수준별로 학습진행
영어 독해를 잘하려면?	• 독해에서 잘 안 되는 부분을 반복학습
기초 영작문도 잘 못 해요.	• 영어문장 통암기법 제공
히어링이 전혀 안 돼요.	• 청크 단위의 히어링기법 제공
영어로 말을 한마디도 못 해요.	• 영어발음 교정 • 핵심표현문장 반복 훈련
영어문법의 기초가 없어요.	• 문법 강의 및 연습문제 풀이 제공
영어단어를 외우지 않으려고 해요.	• 연상법 등을 활용한 단어 암기 앱 제공
PC에 앉아서 정말 공부를 하는지 궁금해요.	• 학습상태를 실시간 모니터링
학교 영어시험 점수가 나빠요.	• 자주 틀리는 부분에 대한 재교육 실시 • 영어문제 풀이 훈련
미국 여행을 데려가고 싶어요.	• 여행 영어 필수문장 암기 훈련
영어 가정교사를 원해요.	• 학생 수준에 적합한 가정교사 추천 • 개인 교습을 위한 학습 가이드라인 제공
방학에 영어 집중학습을 시키고 싶어요.	• 국내 및 해외 영어캠프 개최

인에이블러 결정

인에이블러는 제공서비스에 대한 해결책을 제시하는 것으로 고객가치설계에 가장 중요한 단계이다. 서비스를 어떻게 효과적으로 실현할 수 있는가에 대한 해결책을 논리적으로 접근하여 제시한다. 이 단계에서는 놀라운 고객경험을 제시해야 한다. 여기서 또다시 현재에 적용하던 방안을 적당히 포장하여 제안한다면 디지털 트랜스포메이션은 알맹이가 없는 빈껍데기로 전락한다.

영어문장 통암기를 위해서는 암기를 위한 엄선된 문장을 제공하여야 한다. 그리고 한글 번역을 보고 영어문장을 만드는 연습이 가능해야 한다. 추가적으로 영어문장을 듣고 이를 타이핑할 수 있는 프로그램을 제공한다면 학습자들은 이를 통해서 영어문장을 머리에 넣는 뇌새김학습이 될 것이다.

영어발음을 교정하기는 쉽지 않다. 우선 영어를 발음할 때에 구강모습의 변화를 동영상으로 보여주고, 학습자와 원어민 발음을 음파그래프로 보여주면 학습자는 이에 파형의 차이를 보고 반복 연습을 할 수 있다.

핵심표현문장의 반복 훈련을 위해서는 좋은 예문을 제시해야 한다. 일본 영어회화 책의 예문은 미국 학자들도 감탄할 정도로 깔끔한 문장이라고 한다. 따라서 이러한 문장을 추출하여 핵심표현문장을 제시하면 학습에 효과적일 것이다. 그리고 이러한 문장을 쉽게 암기할 수 있도록 에피소드별로 동영상을 제공하는 것도 좋은 방법이다.

영어단어 암기는 자연스럽지 못한 연상법 암기학습보다는 이미지 등을 활용한 자연스러운 연상기억이나, 미국 영화나 팝송 제목 등을 활용하여 단어를 연상하는 새로운 암기법을 적용하면 효과적일 것이다.

학습자가 제대로 학습하는지 모니터링하기 위해서는 PC에 부착된 카메라로 얼굴을 인식하여 학습상태를 모니터링하는 프로그램을 제공하는 것도 효과적일 것이다.

이처럼 서비스별 인에이블러는 사업 성공에 관건이 되기 때문에 극히 효과적인 수단을 요구하고, 정교하게 설계되어야 한다.

영어학습의 인에이블러

제공서비스	인에이블러
읽기 · 쓰기 · 듣기 · 말하기 · 문법 · 단어 등의 수준 평가	• 영어 수준별 문제 제공 • 문제은행 DB 개발
전반적인 영어 수준 진단	• 단계별 목표 및 필요 커리큘럼과 학습 기간 제시
읽기 · 쓰기 · 듣기 · 말하기 · 문법 · 단어에 대해서 분야별로 성적을 제시	• 읽기, 쓰기, 듣기, 말하기, 문법, 단어의 취약 분야 식별(문법의 관계대명사, 부정사 등)하는 분석기법 확보 • 영어 6대 분야별 학습 처방 제시
영어 6대 분야를 수준별로 학습진행	• 영어 6대 분야별 학습 및 문제 콘텐츠를 수준별로 제공
독해에서 잘 안 되는 부분을 반복 학습	• 유형별(예 : 관계대명사, 부정사 등) 다양한 콘텐츠 제공
영어문장 통암기법 제공	• 영어 통암기를 위한 문장 제공 • 한글 번역을 보고 영어로 말하기 콘텐츠 제공 • 영어회화를 듣고 타이핑을 하는 뇌새김 앱을 제공
청크 단위의 히어링기법 제공	• 청크 단위 문장 개발 및 발음 제공 • 수준별 문장 암기를 위한 에피소드 동영상 제공
영어발음 교정	• 영어발음 시 구강의 모양을 동영상으로 제공 • 학습자와 표준발음에 대한 음파 그래프를 비교하여 보여주는 앱 제공
핵심표현문장 반복 훈련	• 문장표현이 깔끔한 일본 영어회화 책에서 표준문장을 추출하여 회화 교재 개발 • 수준별 문장 암기를 위한 에피소드 동영상 제공
문법 강의 및 연습문제 풀이 제공	• 문법 강의 콘텐츠 제공 • 수준별 문제은행 DB 개발
연상법 등을 활용한 단어 암기 앱 제공	• 이미지 등을 활용한 연상법 단어집 개발 • 영화 및 팝송 제목 등을 활용한 영어단어 교육 • 파생어, 어간, 어미 등을 통한 단어 확장
학습상태를 실시간 모니터링	• PC 카메라로 얼굴을 인식하여 학습상태를 모니터링하는 앱 제공
영어문제 풀이 훈련	• 문제은행 DB에 정답, 오답에 대한 통계를 제시
자주 틀리는 부분에 대한 재교육 실시	• 문제별로 틀리는 이유를 자세히 설명

여행 영어 필수 문장 암기 훈련	• 여행을 위한 필수 문장은 50개, 100개, 200개 등의 순으로 단계별로 제공
학생 수준에 적합한 가정교사 추천	• 가정교사의 과거 학습지도 성과 통계를 학부모에게 제공
개인 교습을 위한 학습 가이드라인 제공	• 가정교사에게 표준화된 학습 교재 제공
국내 및 해외 영어캠프 개최	• 영어만 사용하는 학습캠프를 수준별로 개최 • 주말캠프, 방학캠프, 해외캠프 등 다양한 캠프 제공

분야별 구현과제 정리

구현과제는 인에이블러를 데이터베이스 및 콘텐츠 구축, 서비스 연구, 앱 및 프로그램 개발, 분석 및 통계의 관점으로 재분류한 것이다. 이러한 구현과제는 과제별로 정의되어야 한다.

분야별 구현과제

분야	구현과제
데이터베이스 및 콘텐츠 구축 과제	• 독해 유형별(예 : 관계대명사, 부정사 등) 다양한 콘텐츠 제공 • 영어 통암기를 위한 문장 제공 • 청크 단위 문장 개발 및 발음 제공 • 수준별 문장 암기를 위한 에피소드 동영상 제공 • 영어발음 시 구강의 모양을 동영상으로 제공 • 문법 강의 콘텐츠 제공 • 수준별 문제은행 DB 개발 • 문제별로 틀리는 이유를 자세히 설명

서비스 연구과제	• 영어 수준 평가문제 제공 • 단계별 목표 및 필요 커리큘럼과 학습 기간 제시 • 영어 6대 분야별 학습 처방 제시 • 영어 6대 분야별 학습 및 문제 콘텐츠를 수준별로 제공 • 문장표현이 깔끔한 일본 영어회화 책에서 표준 문장을 추출하여 회화 교재 개발 • 이미지 등을 활용한 연상법 단어집 개발 • 영화 및 팝송 제목 등을 활용한 영어단어 교육 • 파생어, 어간, 어미 등을 통한 단어 확장 • 여행을 위한 필수 문장은 50개, 100개, 200개 등의 순으로 단계별로 제공 • 가정교사에게 표준화된 학습 교재 제공 • 영어만 사용하는 학습캠프를 수준별로 개최 • 주말캠프, 방학캠프, 해외캠프 등 다양한 캠프 제공
앱 및 프로그램 개발과제	• 한글 번역을 보고 영어로 말하기 콘텐츠 제공 • 영어회화를 듣고 타이핑을 하는 뇌새김 앱을 제공 • 학습자와 표준발음에 대한 음파 그래프를 비교하여 보여주는 앱 제공 • PC 카메라로 얼굴을 인식하여 학습상태를 모니터링하는 앱 제공
분석 및 통계 업무과제	• 전체 평균 대비한 통계적 리포트 제공 • 읽기, 쓰기, 듣기, 말하기, 문법, 단어의 취약 분야 식별(문법의 관계대명사, 부정사 등)하는 분석기법 확보 • 문제은행 DB에 정답, 오답에 대한 통계를 제시 • 가정교사의 과거 학습지도 성과 통계를 학부모에게 제공

플랫폼 설계

플랫폼 설계는 비즈니스 모델 및 운영 모델이 구체적으로 시스템화하는 과정이다. 이를 위해서는 프로세스 모델과 데이터 모델로 구성된 정보 모델을 개발하고, 고객을 위한 킬러서비스와 데이터 분석을 위한 모델링을 하며, 응용업무설계와 인프라 구조를 개발한다.

정보 모델링

정보 모델링은 플랫폼을 개발하기 위해서 프로세스 체계도와 프로세스 흐름도를 포함한 프로세스 모델 개발과 실체-관계 다이어그램과 실체-속성 정의를 포함하는 데이터 모델을 작성하는 것이다. 새로운 비즈니스 모델과 고객가치 정립에 의해 프로세스와 데이터의 구조가 대폭 개편이 된다는 것을 명심해야 한다.

프로세스 모델링의 특징은 기존의 업무가 아닌 비즈니스 모델에 의해 새롭게 생겨난 업무에 대한 모델을 개발해야 하며, 변화된 업무의 수정된 모델이 요구되고, 새로운 업무와 기존의 기업자원관리(ERP) 업무와 연계를 시키는 것이다. 전사의 업무를 구성하는 5개의 1차 프로세스(기능영역, 메타 프로세스)는 비즈니스를 이끌어가는 기업관리와 가치사슬을 지원하는 지원 업무가 있으며, 가치사슬은 가치개발 · 가치생산 · 가치전달로 구성이 된다. 디지털 트랜스포메이션을 위해 새롭게 등장한 2차 프로세스(기능, 메가 프로세스)는 거버넌스, 크라우드 소싱, 비즈니스 모델 및 고객가치 개발, 러닝 플래너 운영, 학생 · 학부모서비스 및 CRM, 데이터 분석 및 보고서 개발이 있다. 디지털 트랜스포메이션을 위해 기존 업무가 변형된 2차 프로세스는 성과관리, 콘텐츠 · 서비스 · 기술연구, 콘텐츠 · 서비스 위탁 생산, 학습관리 운영, 학습과정 전달, HRM, 종업원 SNS, 플랫폼 구축 및 운영이다. 기존과 동일하게 운영되는 2차 프로세스는 경영기획, 관리회계, 홍보 · 법률 · 총무 업무이다. 프로세스 모델을 구체화하기 위해서 2차 프로세스 17개에 대해서 프로세스 흐름도를 작성하고, 프로세스 구조도를 개발하게 된다.

프로세스 구조

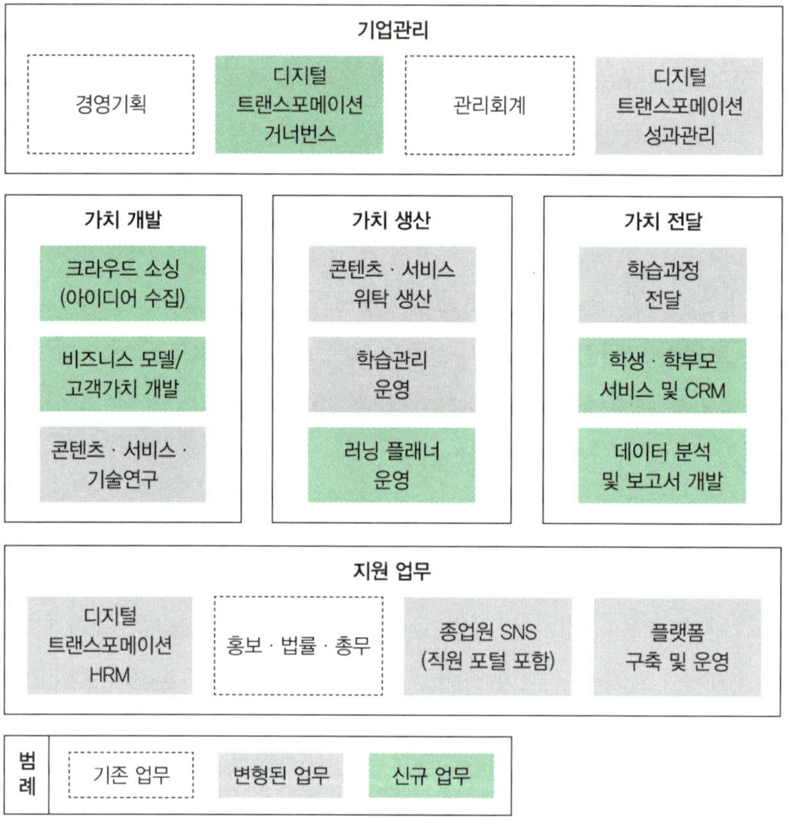

데이터 모델링은 전사적인 프로세스가 크게 바뀌게 됨으로써 이에 따라 데이터 모델이 전체적으로 바뀌게 된다. 모델링 업무는 새롭게 생겨난 업무에 대한 데이터 모델을 개발해야 하며, 변화된 업무에 대해 수정된 데이터 모델이 요구되고, 새로운 데이터와 기존의 기업자원관리(ERP) 데이터와 연계시켜야 한다. 상위 수준의 데이터는 기업관리 · 지원업무 · 가치 개발 · 가치 생산 · 가치 전달의 5개 주제영역이다. 디지털 트랜스포메이션 추진에 의해 새롭게 추진되는 데이터는 거버넌스, 기술 · 선진 사례 · 고객 아이디어, 고객가치, 러닝 플래너, 서비스 · 고객관계관리 정보, DW · 빅데이터, 종업원 아이디어 · SNS

Log Data이다. 디지털 트랜스포메이션에 의해 변형된 데이터는 성과관리, 콘텐츠 · 서비스 · 요소기술, 콘텐츠 · 서비스 개발관리, 학습관리 · Log Data, 교재 · 단말기정보, 인력 · 역량정보, 플랫폼 운영통계정보이다. 기존과 동일한 데이터는 경영기획, 원가관리, 홍보 · 법률 · 총무정보이다. 데이터 모델링을 구체화하기 위해서는 17개 데이터 그룹에 대해서 실체–관계 다이어그램과 실체–속성 정의를 하게 된다.

개념적 데이터 구조

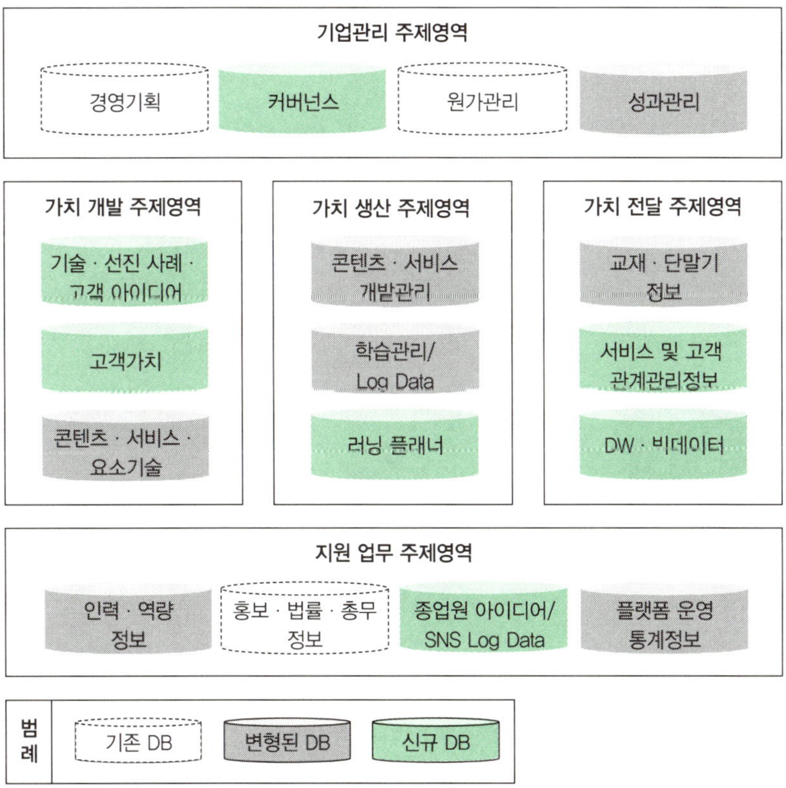

서비스 및 분석 지원 모델링

디지털 트랜스포메이션의 추진에서 가장 핵심이 되는 부분은 어떻게 킬러서비스를 제공하고, 고객 및 거래로부터 발생하는 다양한 데이터를 효과적으로 분석하여 비즈니스 모델과 플랫폼의 기능을 업그레이드하는가이다. 서비스 및 분석 지원 모델은 비즈니스 모델의 정점이고, 차별화를 위한 필수요소이다.

서비스 및 분석 지원 모델

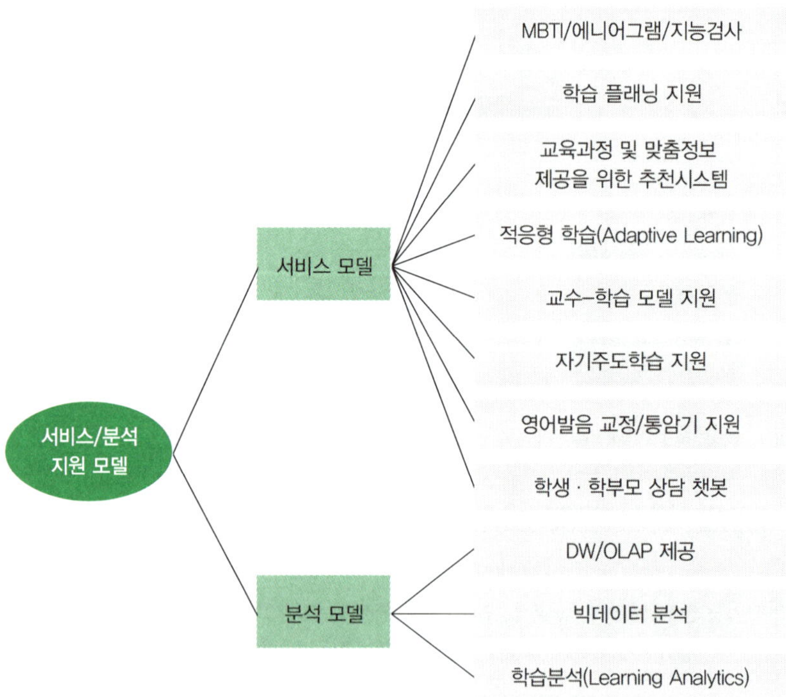

서비스 모델은 학생의 학습 수용능력을 평가하는 MBTI · 에니어그램 · 지능검사가 있으며, 학생의 학생계획을 위한 학습 플래닝 지원이 있고, 학생 특성을 고려한 교육과정 및 맞춤 정보 제공을 위한 추천시

스템이 있다. 학습을 위해서는 학생 수준을 고려한 적응형 학습이 있고, 다양한 학습을 위해 교수-학습 모델을 지원하며, 학생 스스로가 적성에 맞는 과목에 대해 심화학습을 하도록 하는 자기주도학습 지원이 있다. 또한 영어발음을 교정해주는 기능과 영어 문장 통암기를 지원하는 기능이 있으며, 학생 및 학부모와 상담을 위해 음성 및 문자 기반의 챗봇이 있다.

추천시스템은 학습과정, 학습 콘텐츠, 진학과 관련된 지식 및 정보 콘텐츠를 제공하며, 학생은 이를 활용하여 유용한 학습활동을 할 수 있다.

추천시스템의 흐름도

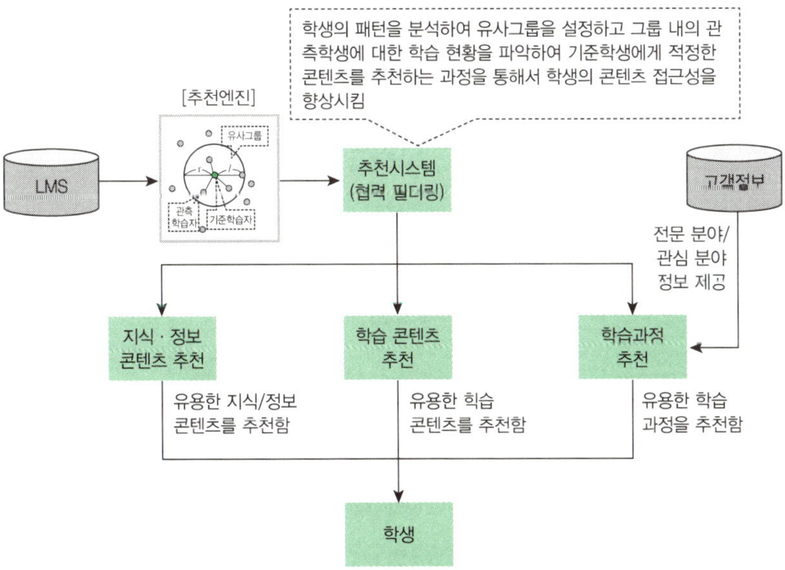

분석 모델은 학습관리시스템(LMS)의 데이터를 DW로 취합하여 OLAP을 통해 분석하고, 학습관리시스템, 고객 포털, 종업원 SNS의 로그 데이터를 통해 빅데이터를 분석하며, 통계 및 오퍼레이션 리서

치 등의 기법을 적용한 학습분석(learning analytics)을 지원해야 한다.

DW/OLAP는 학습관리시스템의 분석 결과로 학습시간(학년별 · 지역별 · 과목별 · 학생 특성별 · 학습 기기별 등), 튜터 활동(질의응답 · 만족도 등), 교육 현황(수료 및 미수료자 · 진척도 · 성적 · 만족도 등), 콜센터 현황(학습자 문의 · 학습자 불만 등), 성과관리를 위한 지표 등을 결과로 산출한다.

빅데이터는 분석을 통해서 학습 정책 아젠다 발굴, 학습과정 주제 개발, 주제 네트워크, 학습과정–학생 속성에 대한 상관분석, 학생 관심 분야 키워드 추출, 키워드별 선호 여부 분석, SNS 연계분석 등을

학습관리시스템 분석을 위한 DW 구성도

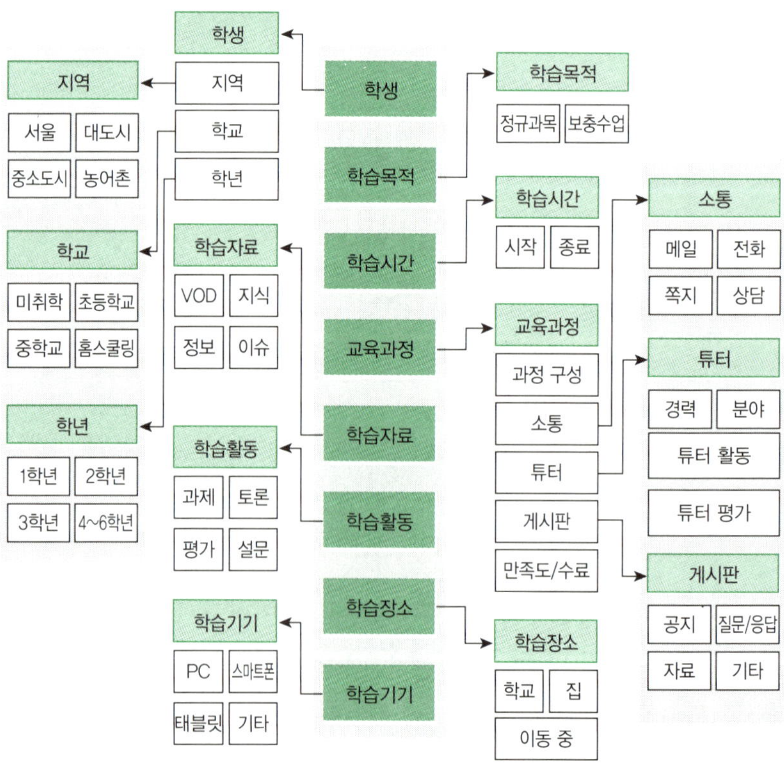

지원한다.

학습분석은 교육과목별 수요예측, 학습자 이해도분석, 과정 난이도 및 학생 편차 등을 파악할 수 있다.

응용업무설계

응용업무(application)는 플랫폼을 구현하는 프로그램의 집합체이다. 응용업무의 목표시스템은 콘텐츠관리, 학습관리시스템, 이러닝 포털, 오픈마켓, 분석 및 서비스 엔진, 관리자 포털로 구성된다.

콘텐츠관리는 저작도구, 콘텐츠 개발관리시스템(CDMS), 콘텐츠 관리시스템(CMS), 학습 콘텐츠관리시스템(LCMS)으로 구성된다. 학습관리시스템은 정규과목, 보조과목, 개인교사 연계, 오프라인학원 연계 학습을 관리한다. 이러닝 포털은 학생 및 학부모가 접속하는 수단으로 학생 및 학부모관계관리, 학습 포털, 정보 게시판, 검색엔진, 모바일서비스, 상담센터로 구성된다. 오픈 마켓은 오프라인학원 및 개인교사를 연계하는 수단으로 크라우드 소싱, 매칭 엔진으로 구성된다. 분석 및 서비스 엔진은 플랫폼을 고도화시키는 기능으로서, 추천시스템, CRM, MBTI 및 지능검사, 적응형 학습, DW/OLAP, 빅데이터, AI 및 딥러닝, 챗봇 및 음성인식의 기능이 제공된다. 관리자 포털은 플랫폼과 학습 운영을 통합 모니터링하고 리포팅하는 시스템으로 구성이 된다. 플랫폼은 모듈화로 구성됨으로써 필요한 경우에 단계별로 확장이 쉽고, 시스템 유지보수가 용이하다는 장점이 있다.

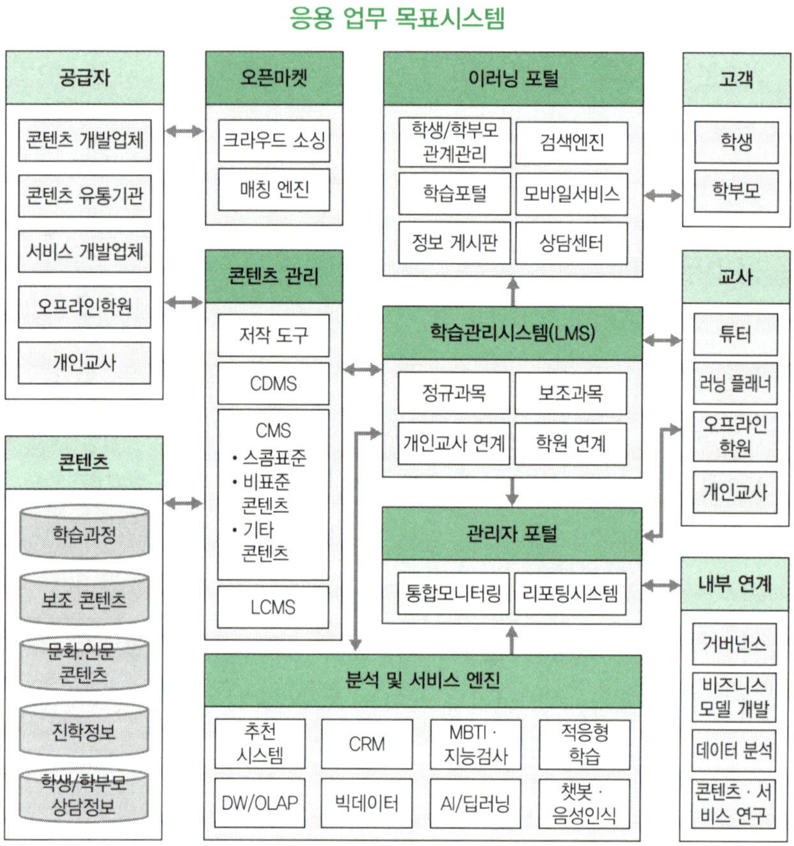

인프라 구조 개발

플랫폼을 위한 인프라는 하드웨어, 네트워크, 소프트웨어, 정보보안 및 인증 · 지불이 포함된다. 정보 인프라에 대해서는 기존의 IT 담당부서가 잘 알고 있으므로 여기에서는 중요한 핵심만 거론하기로 한다. 하드웨어는 자체 시스템 구성과 클라우스서비스에 대한 선택을 고민하여야 한다. 시스템과 네트워크는 플랫폼이 24시간 운영되는 것을 고려한다면 이중화가 필요할 것이다. 소프트웨어는 학습관리시스템은 서비스에 필요한 기능에 맞게 재구성을 해야 하며, 검색엔진, 저작도구, LMS, LCMS, CDMS, CMS 등은 기존에 상용화된 것을 구매하는 것이 신속한 구축을 위해서 바람직하다. 정보보안 측면에서는 모바일 정보보안을 위해서 모바일 백신, 모바일 가상 키패드, 앱 변조 검사 등에 대한 대책이 필요하다.

CDO 조직설계

CDO 조직설계 방향

디지털 트랜스포메이션에 관련된 도서 및 자료를 살펴보면 조직 부분에 대해 중요성을 강조하고 있다. 이러한 내용을 살펴보면 고객경험 발굴과 비즈니스 모델의 효과적인 개발보다는 디지털 트랜스포메이션 조직을 갖추고, 이들이 디지털 트랜스포메이션을 위한 아이디어를 제시하기를 권유하고 있다. 그러나 디지털 트랜스포메이션은 시간과의 싸움이다. 체계적으로 조직을 갖추고 실행을 하려면 정작 2~3년의 세월을 허비해야 한다.

또한 초기에 조직 전반에 걸쳐서 요란하게 디지털 트랜스포메이션을 추진한다면, 이에 대한 명확한 비전도 불투명한 상태에서 조직 내의 커다란 저항에 부딪히게 된다. 내부의 저항은 디지털 혁신에 가장 큰 장애요소이다. 성공에 대한 가시성이 뚜렷해지기 이전에는 조직을 혼란스럽게 해서는 안 된다.

따라서 본서에서는 다음과 같은 단계를 권유하고 싶다. 첫째, 초기에 최소의 조직을 갖추고 디지털 트랜스포메이션 컨설팅을 수행하고,

이 결과를 바탕으로 CDO(Chief Digital Officer) 조직을 구성한다. 둘째, 디지털 트랜스포메이션 플랫폼을 구축하는 프로젝트를 수행하면서, 필요한 조직을 점진적으로 구성하고, 참여인력의 역량을 확보하는 것이다. 셋째, 구축된 플랫폼은 파일럿 수준으로 운영하며, 이의 결과를 바탕으로 디지털 트랜스포메이션을 위한 전사 종업원에 대해 교육을 하고 참여시켜서, 조직 변화관리를 수행하는 것이다.

디지털 트랜스포메이션을 위한 조직 구성은 CDO 조직의 프로세스 설계, 조직의 구조개발, 수행 역량의 확보, 성과관리방안과 같은 절차로 진행되어야 할 것이다.

CDO 조직의 설계 및 구조 개발

CDO 조직을 설계하기 위해서는 우선 디지털 트랜스포메이션을 위한 프로세스를 결정해야 한다. 프로세스는 메타 프로세스, 메가 프로세스, 프로세스, 액티비티 순으로 세분화된다. 우선 메타 프로세스는 CDO 조직을 이끌어가는 거버넌스, CDO의 가치사슬인 '분석-모델링-플랫폼 구축 및 운영', CDO를 전체적으로 지원하는 지원 업무로 구성된다.

거버넌스 영역을 살펴보자. 디지털 트랜스포메이션과 CDO 조직의 기획은 사업과 투자에 대한 방향을 수립한다. 제도 및 표준화는 플랫폼을 가능하게 하는 각종 가이드라인과 매뉴얼 등을 개발한다. 성과관리는 디지털 트랜스포메이션을 위한 전략맵을 개발하고 핵심성과지표의 설정과 측정을 수행하고, 이에 대한 결과를 분석한다.

분석영역은 다음과 같다. 고객조사 및 연구를 통해 고객경험과 고객가치를 작성한다. 선진 사례 벤치마킹을 통해 사례연구(case study)

를 수행한다. 기술조사 및 연구는 디지털 신기술에 대한 적용 사례를 조사하고, 기술에 대한 응용방안을 연구한다. 컨택센터는 고객과의 인바운드 및 아웃바운드 소통을 담당한다.

모델링 영역을 정의해보자. 비즈니스 모델을 개발하고 지속해서 보완한다. 운영 모델은 비즈니스 모델을 구체화하기 위해, 고객가치를 통해 운영 모델을 개발하고 지속적으로 보완하는 것이다. 정보 모델은 운영 모델을 발전시켜 프로세스 및 데이터 모델을 개발한다. 기술 및 분석 모델은 디지털 기술연구, 데이터 기반분석, 인공지능 지원, 추천 알고리즘 등의 디지털 트랜스포메이션서비스의 핵심엔진을 개발하는 것이다.

플랫폼 영역은 다음과 같다. 시스템 구축은 플랫폼을 개발하고, 이를 파일럿 운영을 통해 검증하고 보완하는 것이다. 데이터 분석은 DW/OLAP, 빅데이터 등을 위해 데이터를 수집 · 가공 · 분석하는 활

CDO 조직의 업무기능 모델

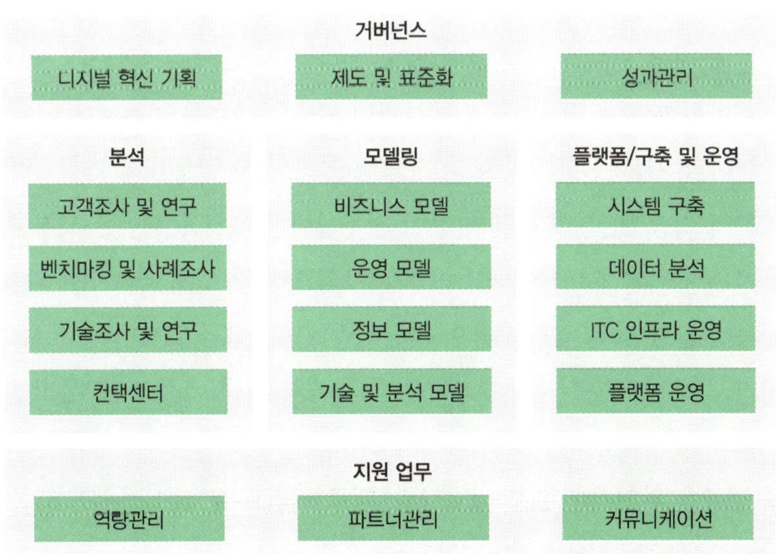

동을 수행한다. ICT 인프라 운영은 하드웨어 · 네트워크 · 소프트웨어 · 모바일 · 보안 · 인증 등에 대한 기술적 관리를 한다.

지원 업무영역을 살펴보자. 역량관리는 CDO 조직의 역량을 육성시키고 인재를 선발한다. 파트너관리는 협력업체와 계약을 수행한다. 커뮤니케이션은 대내 및 대외 홍보를 수행한다.

이러한 메타 프로세스와 메가 프로세스를 바탕으로 CDO 조직의 조직도를 개발하고 조직을 구성한다. 분석 및 모델링을 위해서는 외부 전문가 조직을 통한 컨설팅이 필요하고, 플랫폼 구축을 위해서는 시스템통합업체의 지원을 받아야 한다.

CDO 조직의 역량관리

CDO 조직이 주어진 임무를 수행하는 데 가장 필요한 것은 디지털 트랜스포메이션이라는 생소한 분야에 대한 이해와 전문 분야에 대한 역량을 확보하는 것이다. CDO 조직원에 대한 역량을 확보하기 위해서는 초기에 외부 컨설팅 조직과 함께 디지털 트랜스포메이션을 위한 컨설팅을 함께 수행함으로써 기본적인 역량의 확보가 가능하다.

분야별 전문 요원의 확보는 자체 인력의 육성을 통해서 역량을 확보하되 기술 및 분석 모델과 같이 전문성이 요구되는 분야는 외부 채용이 불가피할 것이다. 또한 고객 업무와 모델링 업무의 일부에 대하여는 필요할 경우 외부 채용이 바람직할 수도 있다. CDO 조직에서는 주기적으로 요원에 대한 역량평가를 수행하고, 지속적인 내부 및 외부교육을 통해서 역량을 강화해야 한다. 또한 거버넌스와 플랫폼 구축 업무를 위해서는 외부 컨설팅 및 외주 개발과 운영이 필수적이다.

CDO 조직 역량 확보방안

전문 분야	수행역할	확보방안		
		자체육성	외부채용	아웃소싱
거버넌스	전략기획, 제도 · 표준화, 성과관리	○		외부 컨설팅
고객 업무	고객조사 및 경험지도 개발 업무	○	(필요시)	
	컨택센터(메일링 및 콜센터)			○
모델링	비즈니스 모델, 운영 모델, 정보 모델	○	(필요시)	
	기술 및 분석 모델		○	
플랫폼	시스템 구축, 인프라관리, 운영 업무	○		외주 개발/운영
지원	역량관리, 파트너관리, 홍보	○		

CDO 조직원이 공통적으로 갖추어야 할 기본적인 디지털 트랜스포메이션 지식이 필요하다. 이는 출판된 도서와 선도기업에서 제공하는 화이트 페이퍼 등이며, 이러한 도서와 자료의 학습을 통해 디지털 트랜스포메이션의 사상을 이해하고 철학을 정립해야 한다. 다음은 주요 자료의 목록이다.

- 고객중시의 비즈니스 모델링, 도서출판 청람, 김성희 외
- 디지털 트랜스포메이션, e비즈북스, 조지 웨스터먼 외
- 4차 산업혁명의 충격, 흐름출판, 클라우스 슈밥 외
- 4차 산업혁명 환경하의 디지털 경영혁신, 맥그로힐북, 이성열 외
- 사물인터넷 비즈니스의 이해, 도서출판 청람, 임세헌 외
- e–비즈니스시스템, 도서출판 청람, 권오병
- 디지털콘텐츠 비즈니스, 도서출판 청람, 김창수 외
- 4차 산업혁명 시대의 인터넷마케팅, 도서출판 청람, 김용호 외

- World Economic Forum White Paper—Digital Transformation of Industry, WEF
- enterprise.nxt, HP
- GE Innovation Forum 2016(2016 GE글로벌혁신지표), GE
- 2017년 IT산업 메가트렌드(디지털 트랜스포메이션을 향한 여정), 한국정보산업연합회
- GE Technology Story for Disruptive Innovation(파괴적 혁신을 위한 GE의 기술 이야기), GE
- Digital Transformation—How to Become Digital Leader, ADL
- 한국경제-AT커니 Digital Business Forum 2016, AT커니
- Digital Disruption(디지털 대변혁), IBM
- Digital Transformation Review, Capgemini Consulting
- 디지털 혁명시대 격변의 9가지 패턴, 딜로이트 안진경영연구원
- GE's Digital Industrial Transformation Playbook, GE
- 왓슨 기반의 고객경험분석, IDG
- Key Issues for Digital Transformation in the G20, OECD

CDO 조직의 성과관리방안 개발

디지털 트랜스포메이션의 성공적인 추진을 위해서는 개별적인 전략요소의 정합성과 일관성이 이루어져야 한다. 그러기 위해서는 전략맵과 같이 인프라스트럭처 측면의 성장과 학습 관점, 내부 측면의 운영 모델과 플랫폼 관점, 고객 측면의 고객경험과 가치제공 관점, 재무측면의 성과 관점으로 구분하여 이에 필요한 전략요소를 배치하

였다.

성장과 학습 관점에서는 디지털 트랜스포메이션 컨설팅 수행, CDO 조직구성, 구성원의 디지털 트랜스포메이션 마인드 형성 교육을 통해 조직의 디지털 트랜스포메이션 방향성을 확보하여야 한다.

운영 모델 관점에서는 비즈니스 모델을 정교화 및 확장하여야 하고, 운영 모델의 지속적인 개선이 이루어져야 하며, 이를 통해 제공되는 서비스와 콘텐츠 개발이 되어야 한다.

플랫폼 관점에서는 플랫폼 시스템을 구축 및 운영한다. 디지털 기술 활용을 위해 모바일, SNS, Cloud, 빅데이터, IoT, O2O, 웨어러블, AI, 3D프린터, 로봇, 자율주행차, 드론, DIY, 게임화, 플랫폼, VR/AR, 블록체인, 핀테크, UX/UI, 서비스디자인 등과 같은 기술을 연구한다. 또한 인공지능, 추천시스템, 데이터 기반분석 등의 알고리즘을 적용한 지능형 엔진 개발이 수행되어야 한다.

고객경험 관점에서는 고객경험과 고객가치를 개발한다. 가치제공 관점에서는 UX/UI를 개발하고, 고객성과분석을 수행한다. 공동 측면에서는 고객조사를 수행하며, 개인별 맞춤 및 추천서비스가 제공되어야 한다.

성과 관점에서는 디지털 브랜드 인지도 강화와 신시장 개척, 고객 점유율 확대, 서비스 플랫폼 포지셔닝을 통해 전반적인 재무적 상태의 개선된 성과가 나타나야 한다.

제시된 전략맵은 7개 관점에서 19개의 전략요소가 제시되었다. 따라서 전략요소별 핵심성과지표(KPI : Key Performance Indicator)가 식별되고 정의되어야 한다. 또한 전략 맵은 성과관리를 위한 수단일 뿐만 아니라, 조직의 각 부문별로 디지털 트랜스포메이션을 위한 역할과 책임을 할당하는 좋은 도구가 될 것이다.

균형성과관리를 위한 전략 맵

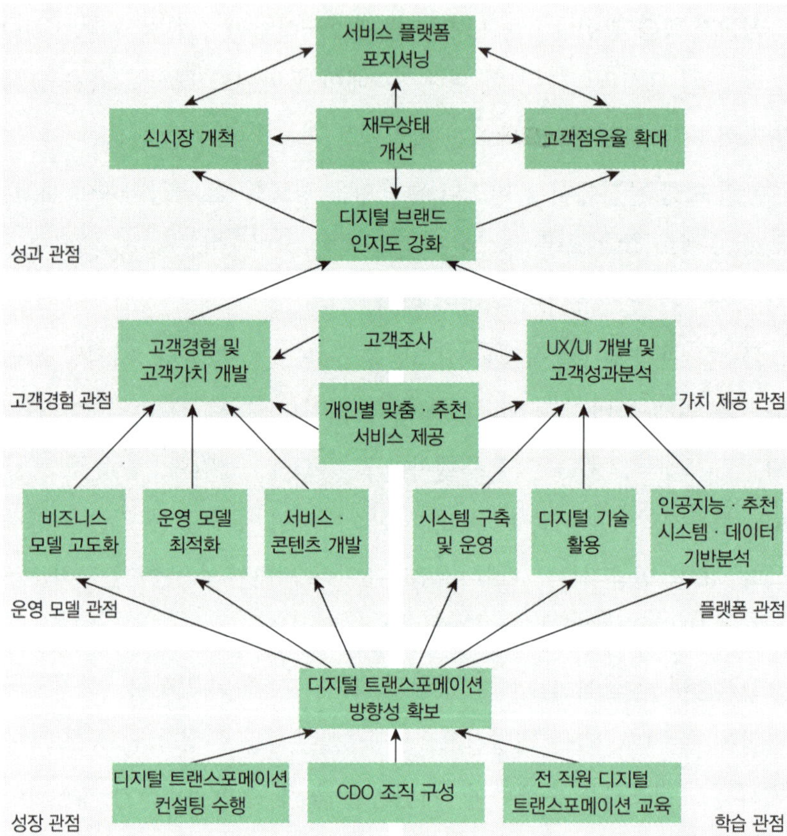

Chapter 17

이행계획 수립

이행계획 수립 절차

이행계획 수립은 프로젝트 정의, 사업계획 수립, 변화관리를 수행한다. 프로젝트 정의는 수행 업무와 예산 및 고려사항 등을 포함한 추진과제 정의, 단계별 추진 로드맵 개발, 중장기 발전계획을 작성한다. 사업계획 수립은 전체 및 단계별 일정계획, 수행조직설계, 전체 및 단계별 예산편성을 한다. 변화관리는 변화관리 프로그램을 개발하고, 추진에 장애가 되는 장벽요소를 식별하고 이를 해결하는 방안을 제시하며, 사업의 기대효과, 사업 추진의 권고방안이 포함된다.

이행계획 수립 방법론

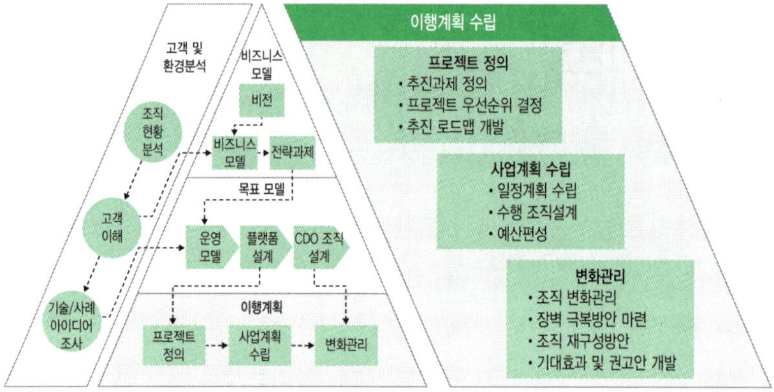

프로젝트 정의

이제 목표 모델을 기반으로 디지털 트랜스포메이션을 추진해야 하며, 플랫폼 구축을 위한 프로젝트를 진행해야 한다. 프로젝트 정의는 추진과제 정의, 추진 로드맵 개발, 중장기 발전계획으로 구성된다.

프로젝트 정의는 플랫폼 구축을 위한 응용시스템 개발, DB 구축, 소프트웨어 도입, 하드웨어 및 네트워크 구축, 콘텐츠 및 서비스 개발 등의 목록을 작성한다. 다음 단계는 단위 프로젝트별로 과제명 · 정의 · 목표 · 수행 범위 · 기대효과 · 추진기간 및 소요예산 등을 정의한다.

프로젝트 우선순위 결정을 위해서는 프로젝트의 우선순위 매트릭스를 작성한다. 이는 실행의 용이성과 비즈니스 영향력을 고려하여 혁신 역량, 서비스 역량, 경쟁 역량으로 구분한다. 혁신 역량은 디지털 트랜스포메이션을 지원하는 플랫폼의 기본기능을 의미한다. 서비스 역량은 플랫폼이 고객서비스를 충실히 하기 위한 서비스를 포함한다.

경쟁 역량은 비즈니스 분석, 고객연구 강화 등으로 어려운 과제이며, 이러한 과제를 통해 경쟁 역량을 강화하게 된다. 또한 실행의 용이성과 비즈니스 영향력을 감안하여, 1차 · 2차 · 3차 사업영역을 나누게 된다. 실행의 용이성이 어려우며, 비즈니스 영향력이 낮은 영역은 당연히 사업에서 제외된다.

추진 로드맵은 작성된 프로젝트 우선순위 매트릭스를 기반으로 개발하고, 중장기 단계별 발전계획도 작성한다.

프로젝트 우선순위 매트릭스

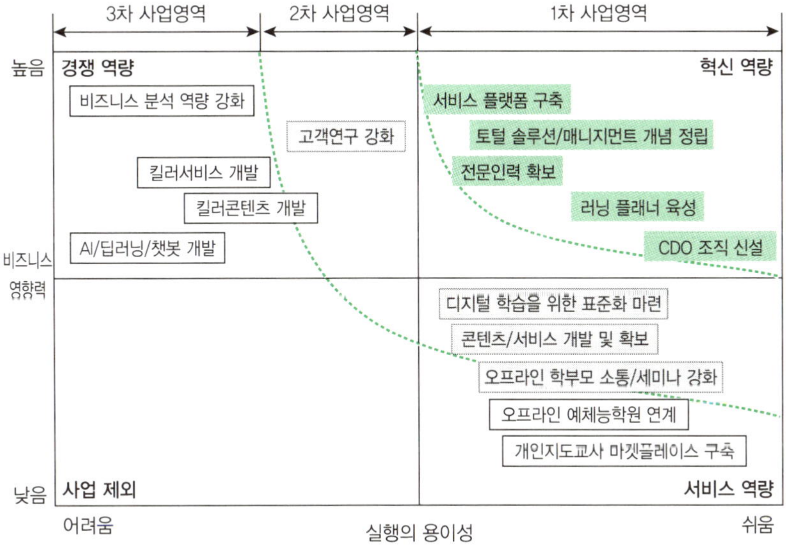

사업계획 수립

사업계획 수립은 일성계획 수립, 수행조직설계, 예산편성으로 구분된다. 일정계획은 전체 일정계획과 1차 · 2차 · 3차 사업에 대한 세부적 일정계획을 작성한다. 수행조직설계는 디지털 트랜스포메이션 구축을 위해서 조직을 개발하고, 각 프로젝트를 조직별로 할당한다. 예산편성은 전체 예산편성과 1차 · 2차 · 3차 사업별 예산과 응용 업무개발 · 인프라 구성 · 콘텐츠 개발 · 서비스 개발 · 기술 개발 등의 용도별 예산을 세부적으로 편성한다.

변화관리

디지털 트랜스포메이션의 마지막 단계는 변화관리이다. 이는 조직이 추구하는 디지털 트랜스포메이션 추진에 조직원이 동참하도록 하는 과정이다. 이는 변화를 위한 활동을 정의하고 이를 실천하는 변화관리, 디지털 트랜스포메이션을 반대하거나 소극적으로 임하는 조직원에 대한 장벽 극복방안의 마련, 전체 조직을 재구성하고 역할 및 책임을 재부여하는 조직 재구성방안, 사업의 예상되는 효과를 제시하고, 의사결정계층에게 필요한 조언을 하는 기대효과 및 권고안 개발로 이루어진다.

조직 변화관리

디지털 트랜스포메이션의 성공을 위해서는 조직 전체가 일관성을 유지하는 것이 필요하다. 따라서 CDO 조직은 이를 위한 변화관리를 추진해야 한다. 변화관리는 거버넌스, 조직 및 제도, 커뮤니케이션, 교육, 시스템 측면에서 추진한다.

거버넌스 측면에서는 전체적인 변화관리활동에 대한 계획을 수립하고, 이에 대한 원활한 진행 여부를 파악하기 위한 상황을 모니터링한다.

조직 및 제도 측면에서는 CDO 조직을 신설하고, 핵심적인 분야의 전문인력을 확보하고 육성하는 것이 우선이다. 디지털 트랜스포메이션을 위한 추진계획 수립 및 내부 규정과 같은 제도를 수립하고, 업무 표준화 및 추진을 위한 가이드라인 등을 개발한다.

커뮤니케이션 측면에서는 조직원 및 협력업체를 대상으로 디지털 트랜스포메이션의 필요성을 인식시키는 것이 중요하다. 고객을 대상으로는 매스컴과 메일 및 SNS 등의 소통 채널을 활용하여 디지털 트랜스포메이션을 통해 제공되는 고객경험 및 고객가치의 비전을 전달한다.

교육은 변화관리의 90%를 차지하는 중요한 요소이다. CDO 조직에서 내부 충원된 요원의 역량 및 마인드 확보를 위해 전문가 초빙을 통한 교육 또는 외부 전문기관을 활용한 교육이 적극적으로 시행되어야 한다. 또한 전체 조직원에 대한 마인드 형성을 위한 교육이 지속해서 반복되어야 한다.

시스템 측면에서는 디지털 트랜스포메이션의 추진에 내부 조직원이 관심을 기울이기 위해 단계별 상황을 선파하는 내부 SNS가 필요하며, 디지털 트랜스포메이션에 고객을 참여시키기 위해 브랜드 커뮤니티를 구축하고 이를 통해 고객 서베이 및 고객 아이디어 수집을 하는 활동을 전개해야 한다. 특히 디지털 트랜스포메이션 정착을 위해서는 ZARA의 야머와 같은 사내 SNS가 중요한 역할을 한다. 이는 포털과 페이스북 기능을 결합한 것으로 디지털 트랜스포메이션 선진 사례와 디지털 기술 라이브러리를 제공하며, 디지털 트랜스포메이션에 대한 종업원의 아이디어와 이를 활성화하기 위한 토론공간이 제공되어야 한다.

디지털 트랜스포메이션을 위한 조직 변화관리방안

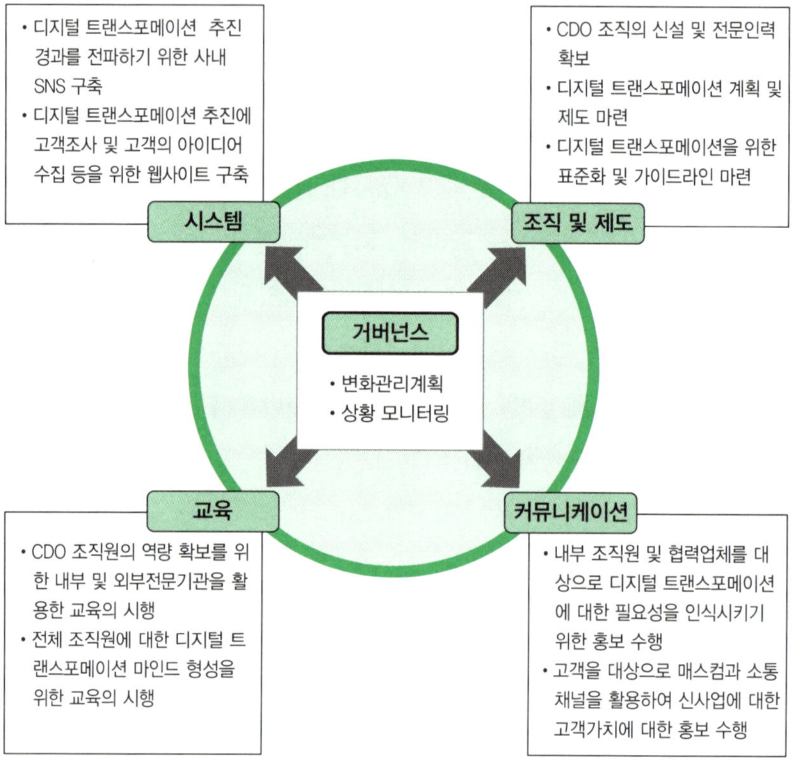

장벽 극복방안 마련

디지털 트랜스포메이션을 추진할 때에 이해관계자는 경영층, 임원, 간부, 종업원, 고객, 파트너, 기타 등으로 구분이 된다. 다양한 이해관계자는 자신들의 시각에 따라 사업에 대한 견해가 엇갈린다. 따라서 추진과정에서 예상되는 장벽 및 제약사항에 대해 유연한 극복방안을 사전에 준비하여 체계적인 대응을 하는 것이 필요하다. 경영층은 디지털 트랜스포메이션의 성공 여부 및 기대효과에 대한 확신이 결여되는 것이 가장 큰 문제이다. 이는 주먹구구식의 추진보다는 컨설팅 수행을 통해서 성공에 대한 확실한 비전을 제시하는 것이 바람직하다. 또한 디지털 트랜스포메이션에 따라 조직의 구조조정에 대한 우려가 크다. 이는 디지털 트랜스포메이션 추진이 조직의 생존을 결정하며, 추진에 따라 각자의 역할이 어느 정도 조정이 되리라는 것을 주지시켜야 하며, 이를 위해 마인드 형성 교육을 해야 한다.

예상되는 장벽 및 제약사항의 극복방안

이해관계자	추진 시 장벽 및 제약사항	극복방안
경영층	성공 여부 및 기대효과에 대한 불확신	• 디지털 트랜스포메이션의 국내외 동향에 대한 정보 제공 • 디지털 트랜스포메이션 컨설팅을 통해 성공에 대한 비전 제시
임원 및 고위 간부	디지털 트랜스포메이션 추진에 따른 자신들의 입지 축소에 대한 반발	• 디지털 트랜스포메이션에 대한 정확한 개념을 이해시킴 • 디지털 트랜스포메이션 수행을 위한 각자의 역할 및 책임 명확화
일반 간부 및 종업원	디지털 트랜스포메이션 추진에 따른 조직의 구조조정 등의 우려 및 비협조적인 자세	• 디지털 트랜스포메이션이 조직의 생존을 결정하는 수단임을 인식시킴 • 디지털 트랜스포메이션에 대한 마인드 형성 교육 실시
고객	디지털 트랜스포메이션에 다른 상품 및 서비스가 가격을 올리는 수단으로 거부감을 표시	• 고객경험을 바탕으로 고객가치를 증대시킬 수 있다는 메시지 제공 • 디지털 트랜스포메이션 추진 시 고객의 참여를 통해 아이디어 및 평가사항을 반영
파트너	디지털 트랜스포메이션 추진 시 자신들의 정확한 역할을 이해하지 못함	• 파트너십 체결 시 Give & Take 사항을 이해시키고 핵심협상요소에 대한 구체적인 방안을 제시함
기타	IT 부서, 연구소 등이 자신들의 역할에 대해 혼란을 느낌	• 기타 참여자들에 대한 새로운 역할 및 책임에 대해 구체적인 가이드라인을 제시함

조직의 재구성방안

조직구조의 재구성은 디지털 트랜스포메이션을 위한 중요한 단계이다. 전통적인 조직은 군대조직에서 진화된 피라미드 조직이다. 이는 조직별로 업무기능이 결정되면 동일한 임무를 계속 수행하는 기계적 조직이다. 그러나 디지털 시대에는 경영 환경이 급격히 변화하기 때문에 신속히 대응하기 위한 유기적인 조직으로 바뀔 필요가 있다. 디지털 트랜스포메이션을 추진하기 위해서는 오케스트라 조직으로 구성되어야 한다. 이는 CDO가 고객, 비즈니스 모델, 인프라, 거버넌스, 지원 등의 조직을 관장하며, 각 조직은 필요하면 타스크포스 개념으로 회사 내부에서 인력자원을 동원할 수 있다. 또한 특정 기술 분야의 경우는 외부의 조직을 활용한다.

디지털 트랜스포메이션을 위한 조직구조

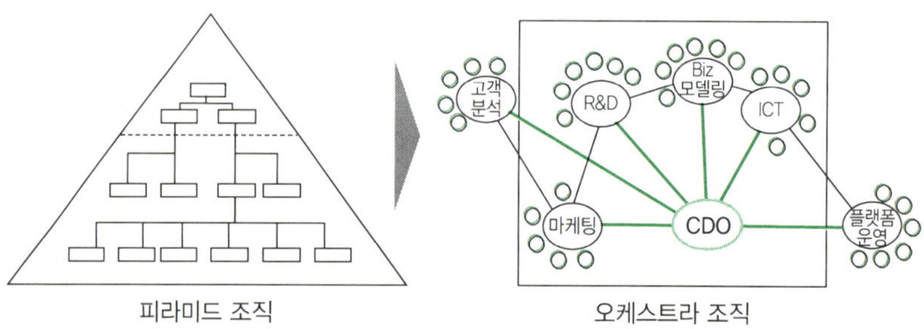

조직 구성원의 재편성은 디지털 트랜스포메이션을 수행하는 기업에서 조직구조의 재구성에 수반되어야 할 사항이다. 전통적인 기업은 'CEO–관리자–종업원'의 체계로 구성되었다. 그러나 디지털 기업은 'CDO–Thinker–종업원'으로 구성된다. CDO는 디지털 트랜스포메이션의 오케스트레이션(orchestration) 역할을 하며, Thinker는 CDO의 조직원으로 고객연구, 비즈니스 모델 연구, 운영 모델 연구, 빅데이터 및 AI를 통한 분석 업무, 플랫폼 구축 및 운영 등을 담당하게 된다.

과거에는 관리자가 작업명령을 하달하면 종업원은 디자인, 생산, 영업의 작업(working)을 수행하였다. 디지털 시대에는 전략적 아키텍처를 구상하고 운영을 하는 것이 중요하다. 따라서 CDO는 오케스트라의 지휘자 같이 수시로 조직을 편성하고 조정하는 오케스트레이션 역할을 수행한다. CDO 구성원은 제품이나 서비스를 창출하는 작업을 하지 않고, CDO의 오케스트레이션을 지원하는 생각(thinking)을 한다. 이는 작업자가 확정된 공식에 따라 일을 한다면, CDO 조직원은 작업하는 공식을 바꿔주는 역할을 하는 것이다. CDO 구성원은 전략적 아키텍처의 개념을 구상하는 사람과 개념을 구체적으로 설계하는 전문가로 구분된다.

디지털 기업의 조직 변화

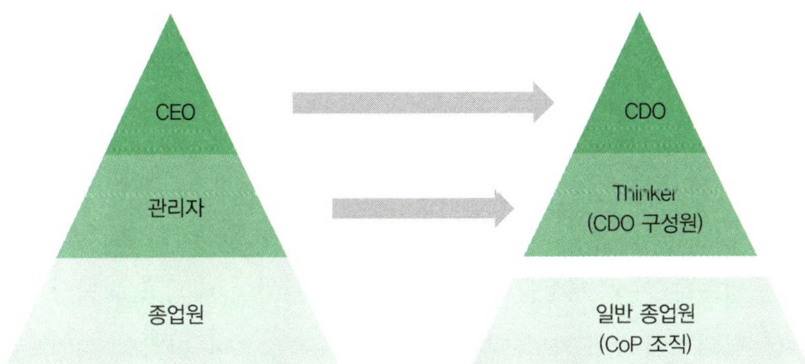

일반 종업원의 의식전환을 통해서 전사의 종업원이 디지털 트랜스포메이션에 참여해야 하는 것은 중요하다. 이는 일반 종업원에 의해서 디지털 트랜스포메이션이 수행될 뿐만 아니라, 이들의 다양한 아이디어 제공이 필수적이기 때문이다. 일반 종업원에 대해서는 디지털 트랜스포메이션을 위한 3~5일 정도의 교육이 요구된다. 이후의 단계에서는 전사적으로 학습조직(CoP : Community of Practice)을 만들어야 한다. 학습조직은 정해진 주제에 따라서 고객경험, 운영혁신, 비즈니스 모델에 대한 아이디어를 찾고, 이를 구체화하는 활동을 해야 한다. 이러한 조직 차원의 노력을 통해 성공하는 디지털 트랜스포메이션으로 접근하는 것이다. 전사 조직원의 디지털 트랜스포메이션 추진에 자발적 참여를 위해 디지털 챔피언 개념을 적용할 필요가 있다. 이는 종업원의 교육 수준 및 아이디어 제공 등의 활동 실적을 기준으로 디지털 배지를 부여한다. 배지의 등급은 플래티넘, 골드, 실버, 브론즈 등으로 나누면 될 것이다. 또한 개인별 활동 실적은 인사평가에 반영되어야 할 것이다.

기대효과 및 권고안 개발

기대효과는 정성적 효과와 정량적 효과로 나눌 수 있다. 그러나 처음 시도하는 디지털 트랜스포메이션에 대해 정량적 효과는 산정하기가 쉽지 않기 때문에 이를 제외하는 것이 바람직하다. 정성적 효과는 기업, 종업원, 공급자, 고객 측면으로 정의할 수 있다. 기업 측면의 효과는 새로운 시장 개척을 통해 매출 및 이익이 증대되고 교착상태로부터 탈피하여 선도기업 지위를 확보할 수 있으며 디지털 기업으로 지향할 수 있다. 종업원 측면으로는 새로운 도전에 대한 성취감 확보 및 디지털화된 개인 역량을 갖게 되고, 기업의 도약으로 고용의 안정화를 기대하며, 종업원의 업무 생산성 증대에 따라 임금 상승 및 복지 확대가 기대된다. 공급자 측면으로는 선도기업과의 협력 강화를 통해 새로운 역량을 확보하고, 안정적인 신시장을 개척하게 되면서 매출 및 이익을 확대할 수 있다. 고객 측면으로는 고객 중심의 서비스를 받게 되어 이를 통한 고객 이익이 확대되며, 고객의 아이디어를 반영하고 동시에 조직과 고객 간의 커뮤니케이션이 활성화된다.

정성적 기대효과

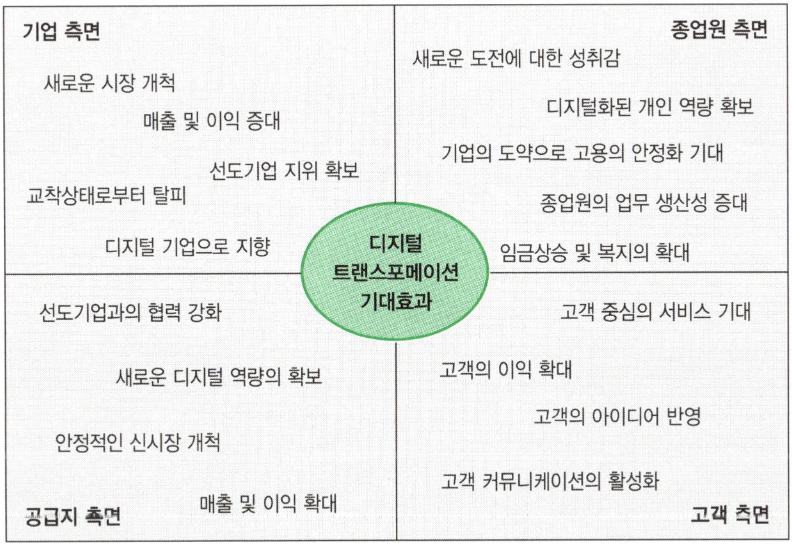

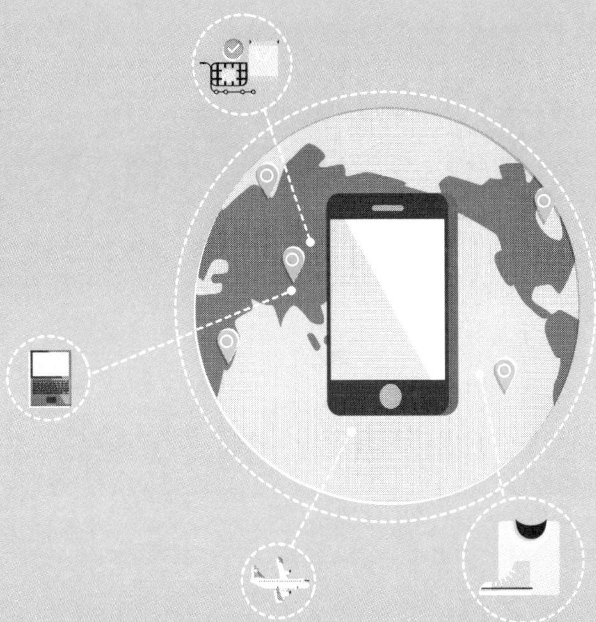

Part 5

산업별 디지털 트랜스포메이션 방향성

Chapter 18 금융산업
Chapter 19 물류산업
Chapter 20 식품산업
Chapter 21 출판산업
Chapter 22 디지털 미디어산업
Chapter 23 공공 분야

Chapter 18

금융산업

은행

은행의 디지털 트랜스포메이션은 당연히 핀테크로 요약될 수 있다. 여기서는 먼저 핀테크의 개념을 구체적으로 정립해보고, 핀테크를 통해 빠르게 변화가 진행되고 있는 4차 산업혁명 시대의 금융서비스 분야, 즉 송금과 지급결제, P2P대출과 크라우드 펀딩, 인공지능(AR)을 이용한 자산관리서비스, 인터넷전문은행, 그리고 전산보안과 블록체인, 가상화폐의 세계 등에 대하여 기술하고자 한다.

4차 산업혁명 시대의 금융은 어떤 모습일까? 소위 규제산업이라 불리는 금융산업은 비교적 규제가 느슨한 자본시장과 강력한 규제를 전제로 정부가 진입장벽을 높여 보호하는 은행으로 대표되는 제도권시장이 3차 산업혁명 시대까지 자금의 잉여부문(주로 가계)과 자금의 부족부문(주로 기업)을 연결하며 경제성장을 견인하는 역할을 수행해왔다. 자기신용과 가계 및 기업으로부터의 세금수입, 그리고 법률에 의해 주어진 권한에 따라 직간접적인 시장참여를 통해 경제성장을 촉진시키는 정부 역시 주요한 경제주체임은 주지의 사실이다. 이러한 환경 속에서 기존의 금융회사들은 다른 도전자가 없이 민간과 기업의 금융 생활을 독점해 온 것이다. 그러나 ICT의 발전된 기술은 이러한 전통적인 금융시장에 새로운 도전장을 내밀었다. 이는 또한 저금리 시대의 도래, 산업 생산성의 저하 등에 기인하여 성장 다이내믹스를 잃어가고 있던 금융 이외의 다른 산업 분야에 새로운 돌파구를 제시한 것이기도 하다. 따라서 핀테크란 4차 산업혁명 시대로 향하는 과정에서 디지털 파괴와 디지털 혁명을 통해 새로운 금융서비스를 창조하기 위한 금융(Finance)과 기술(Technology)의 융합으로서, 특히 금융기업이 아닌 ICT 기술 기반 기업들이 제공하는 금융 관련 기술과 서비스로 정의될 수 있을 것이다.

최근 글로벌 금융시장은 비즈니스의 경계를 허무는 빅블러(big blur) 현상이 진행되고 있다. 이는 수직적인 시대 변화에 비해 산업간 수평적 경계가 모호해지는(blur) 변화를 말한다. 금융에서도 금융회사들이 주도했던 과거에 소비자들은 일방적으로 서비스를 받고 대가를 지불하는 수동적인 존재에 불과하였지만, 최근 ICT, 유통 등 다른 산업군에 종사하는 기업들이 ICT 기반의 플랫폼에 오히려 더 익숙해지면서 그들의 막강한 네트워크와 기술로 금융소비자들을 주체적 프로슈머(prosumer ; 소비는 물론 생산, 판매에도 직접 참여하는 소비자)로 변모시켜줌으로써 금융시장의 새로운 주도세력으로 등장하고 있다.

예컨대, 미국의 페이팔(Paypal)은 이미 1998년부터 인터넷을 이용하여 미국 전역에 은행을 거치지 않는 송금서비스를 시작하였다. 유명한 테슬라의 최고경영자 엘론 머스크(Elon Musk)가 바로 4인의 공동창업자 중 하나이다. 이 회사는 2002년 상장되고, 곧이어 온라인 쇼핑몰 이베이에 15억 달러에 인수되어 이베이의 회원과 가맹점을 활용하여 크게 성장하였고, 국제송금거래까지 확대하여 2015년 말 현재

전 세계 200여개 국가에 1억7천여만 명의 고객을 확보하고, 16,000여 명의 직원이 일하는 세계적 기업이 되었다. 그러나 불과 수년 사이에 페이팔 같은 회사는 세상에 넘쳐나고 있으며, 은행들은 국내외 송금 서비스에서 이들 기업에 밀리고 있다. 간편성 · 편리성 · 경제성에서 모두 이들 기업에 뒤지기 때문이다. 이런 기업을 핀테크기업이라 부르는 것이다. 금융은 인간 생활의 모든 영역에 깊숙이 관련되기 때문에 ICT 기술뿐만 아니라 4차 산업혁명 시대를 대표하는 거의 모든 기술적 발전은 핀테크와 핀테크기업의 성장을 뒷받침해 나갈 것이다.

주요 핀테크영역

현재의 관련 법규에 의하면 우리나라에는 대략 7개의 금융회사영역이 존재한다. 은행 · 카드회사 · 여신전문업체(대부업체) · 보험회사 · 증권회사 · 종합금융사(기업만 거래 가능) · 벤처캐피털 등이 그것이다. 카드회사는 주로 지급결제와 대출(카드론), 대부업체는 대출과 크라우드 펀딩, 보험회사는 개인자산관리와 함께 리스크관리, 대출, 펀딩 등을 주로 담당하고, 증권회사는 개인자산관리와 자본시장상품 거래, 종합금융회사는 대출, 금융상품판매, 기업자산관리 등의 업무를 하고, 벤처 캐피털사는 주로 증권투자의 형태로 신설기업이나 벤처사에 자산을 운용하고 있으며, 은행들은 증권, 보험사들의 고유 업무를 제외한 모든 업무를 취급하고 있다.

한편 이와 관련되는 기반 ICT 기술은 우선 거래의 연결기능을 들 수 있다. 이 기술은 각급 금융회사들과 공동으로 개인신용정보와 같은 정보유통도 담당한다. 이러한 정보의 유통은 필연적으로 최상급의 보안기술이 필요하며 해킹 등 외부로부터의 불법적 정보 접근을 차단하는 기술 역시 매우 중요한 기술이다. 각 금융회사들의 고객자산관리를 위해서 신용평가, 리스크관리, 상품추천, 각종 데이터 분석 등이 필요한데, 이를 위해서는 인공지능이나 빅데이터 분석기술 등 고도의 ICT 기술들이 소요된다. 핀테크는 바로 이들 금융회사들이 필요로 하는 기술과 그 기술이 소요되는 업무영역을 ICT 기업이 직접 처리하는 새로운 방법을 창조하는 것을 말한다.

핀테크 MAP

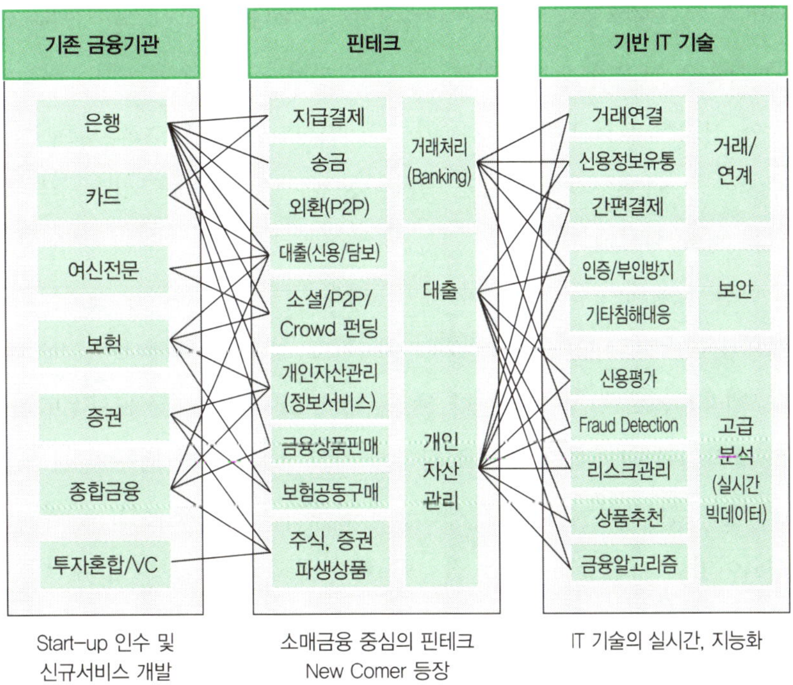

출처 : 구글 이미지 검색

지급결제와 송금 핀테크

2015년 삼성페이는 카드 없이 스마트폰으로 기존의 신용카드 가맹점 리더기에서 결제가 가능한 시스템을 개발 및 출시했다. 미국의 루프페이사를 인수하여 개발한 이 시스템은 자기장을 이용해서 신용카드의 마그네틱에 저장된 정보를 카드 리더기에 대기만 해도 카드를 긁는 효과를 내는 기술로, 리더기를 바꾸거나 추가하지 않고도 카드결제를 스마트폰 결제로 바꿀 수 있다는 장점이 있다. 근거리통신망(NFC)기능이 부착된 신용카드 가맹점들이 아직 매우 적은 상황에서 이 기술을 부착한 삼성페이는 미국에서까지도 호평을 받으며 국제시장에 진출하는 등 대세를 장악해 가고 있지만, 단순한 NFC 방식만을 추구하던 KT나 BC카드 같은 결제시장 강자들은 하루아침에 영토를 크게 잃을 위기에 처하였다.

한편 삼성페이에 대응하여 화이트카드 방식의 LG페이, 바코드 방식의 PAYCO(NHN) 등이 시장을 넓혀가고 있고, 중국에서는 "거지들도 알리페이로 결제를 받는다."는 우스갯소리가 있을 정도로 QR 코드 방식인 알리페이가 시장을 장악해 가고 있다. 또한 미국의 애플페이, 안드로이드페이 등 ICT 기업들이 전통적으로 은행, 카드회사들의 성역이었던 지급결제시장을 잠식한 후 한국시장도 넘보고 있다. 이렇게 다양한 ICT 기술들이 활용되어 지급결제시장을 ICT 기업들이 장악해 나가는 것은 향후 국제표준화나 보안 문제 등 별도의 문제를 일으킬 수도 있어 주의가 요망되는 대목이기도 하다.

이러한 간편결제시스템은 간편성과 편리성이 증대되는 대가로 자칫 오히려 경제성에서는 부담이 늘어날 수 있다. 이는 간편결제가 결국 카드회사의 카드 결제시스템을 차용하는데다 선불방식 등 불필요한 자금의 파킹이 선행되어야 한다는 문제점을 안고 있는 데 기인하는 것이다. 예컨대 신용카드로 결제하면 2%만 내던 결제수수료를 삼성페이나 페이코를 사용하는 경우 수수료율이 3.5%까지 올라갈 수도 있기 때문이다. (정유섭 국회의원)

한편, 우리나라 송금시장에서는 비바리퍼블리카의 토스(Toss)가 소위 공인인증서가 필요 없는 간편송금을 실현함으로써 혁신을 일으켰다. 토스는 선불방식으로 내부예치금을 저장하였다가 최대 5백만 원(무기명 50만 원)까지만 송금이 가능한 한계를 갖고 있지만, 기존에 공인인증서 로그인이 필요했던 은행들의 송금 행태를 바꿔놓고 있다. 게다가 최근 토스는 신용등급조회, 소액대출 등 단순한 송금 애플리케이션을 벗어나 보다 더 깊숙이 뱅킹의 영역에 도전하고 있어 향방이 주목된다. 치과의사 출신인 이승건이 2011년 창업한 토스는 '공화국 만세'라는 뜻의 독특한 사명을 통해서도 널리 알려져 있으며, 이승건은 2016년 창설된 한국핀테크산업협회 회장으로 활동하고 있기도 하다.

한편, 영국의 '트랜스퍼와이즈' 같은 핀테크기업은 외국환관리규제가 없는 EU지역에서 외국 간의 환전 및 송금서비스를 제공함으로써 사용자의 편익을 크게 제고시키고, 자사의 이익도 증가시키는 앱을 출시하여 유럽 핀테크기업의 선두주자로 자리매김하였다. 이 서비스의 핵심적인 편익은 무엇보다도 수수료절감에 있다. 은행서비스를 이용하는 경우 송금은행의 환전수수료와 송금수수료, 중개은행의 중개수수료, 국제금융통신망(SWIFT)의 통신망 이용수수료, 지급은행의 지급수수료 등 복잡한 프로세스에 기인하여 상당한 수수료가 발생한다. 그러나 이 서비스는 물리적인 환전과 송금 프로세스를 거치지 않고 P2P 플랫폼을 통해 개인 간의 송금수요와 공급을 매칭해주는 방식이기 때문에 위의 모든 수수료가 발생치 않고 단지 이 서비스를 사용하는 수수료만 부담하기 때문에 보통 은행서비스의 1/10 수준에서도 이용이 가능해지는 것이다. 그러나 이러한 편익의 이면에 문제가 없는 것은 아니다. 우선 국가별 규제가 각기 다르기 때문에 모든 나라에서 이용하기가 어렵다. 또한 양국 간 송금수요의 비대칭이 발생하기 때문에 매칭에 한계가 발생할 수 있고, 특히 달러, 유로 등 국제통화가 아닌 경우에는 그 제약성이 더욱 커지기 마련이다. 일반적으로 지급결제나 송금서비스의 경우 핀테크기업들은 소액, 단순반복적이고 거래가 빈번한 영역에서 성장세가 두드러짐을 유의해야 한다.

영국의 송금서비스 트랜스퍼와이즈

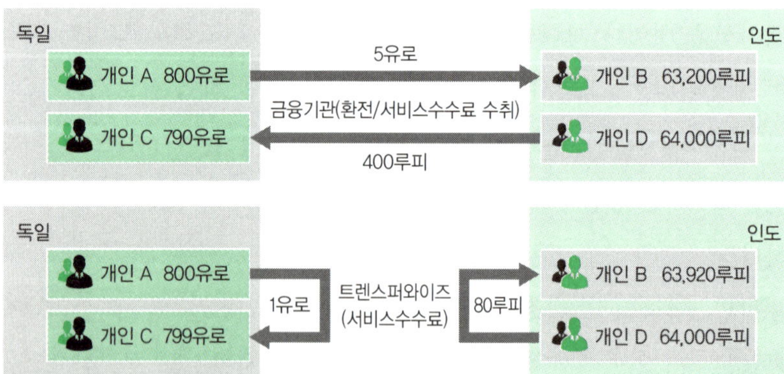

출처 : 구글 이미지 검색

P2P대출과 크라우드 펀딩

최근 주목을 받고 있는 'P2P 대출' 또한 핀테크에 의해 가능해진 금융영역이라 할 수 있다. P2P(Peer to Peer) 대출이란 개인이나 소상

공인들이 인터넷이나 모바일 같은 온라인 대출 플랫폼에 자신이 필요한 대출금액 · 금리 · 기간 등을 고지한 뒤, 다수의 대여자로부터 십시일반 대출금을 대여받아 자금을 조달하는 일종의 직접금융방식 대출을 말한다. 이 대출은 일반적으로 신용도가 낮은 개인, 자금 수요가 왕성하지만 아직 담보여력이 충분히 성장하지 못한 20~40대 개인, 창업 초기의 사업자 등 저신용자 및 소액대출 수요자들이 이용하게 된다. 이 방식에 의하면 대출 수요자들은 자신의 신용상태나 미래 비전 등에 따라 대출금리를 바게인(bargain)하여 낮출 수도 있고, 당초 수요액을 초과하여 모집되는 경우에는 대출금액을 상향시켜 받을 수도 있다. 또한 대여자들 역시 수요자의 신용도를 동료(peer)그룹들의 반응에 따라 객관적으로 평가할 수 있게 되고 소액의 자금을 고금리로 운용할 수 있는 매력이 있다.

P2P 대출은 그 방식에서도 진화를 거듭하고 있는데, 최근 모 대출회사는 장외주식을 담보로 하는 대출을 선보였다. 이 대출은 P2P 대

국내 P2P 대출서비스 현황

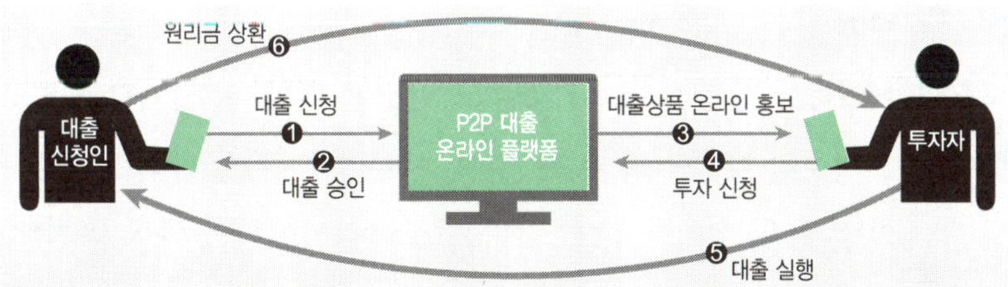

국내외 주요 P2P 대출업체 현황

이름	개인 대출한도	누적 대출액	대출금리(연 %)
렌딩클럽(미국)	최대 3만5,000달러	92억 달러(10조1,000억 원)	5~28
프로스퍼(미국)	최대 3만5,000달러	20억 달러(2조2,000억 원)	5~31
조파(영국)	1,000~2만5,000파운드	9억 파운드(1조5,700억 원)	5~12
팝펀딩(한국)	100만 원~1억 원	57억 원	6~25
8퍼센트(한국)	500만~3,000만 원	10억 원	5~13
펀다(한국)	500만~5,000만 원	1억2,000만 원	7~11

출처 : 조선일보

출을 함에 있어서 차입자가 비상장 장외주식을 담보로 제공하여 차입금리를 낮추고, 시가가 불특정한 장외주식을 무리 없이 자금화시킬 수 있다는 장점이 있다. 이와 같이 담보력이나 미래수익 가능성을 담보로 활용하는 방식의 P2P 대출은 매우 광범위하게 적용될 수 있다. 예컨대, 중소형 부동산 프로젝트 파이낸싱, 미술전시회, 문화공연, 영화제작 등 다양한 단기, 일회성 프로젝트에 대한 투자, 신규사업에 대한 투자성 대출 등 다양하게 이 방식을 활용할 수 있다는 것이다.

이러한 P2P 대출에 흔히 사용되는 자금조달방식은 크라우드 펀딩이다. 크라우드 펀딩이란 말 그대로 다중(crowd)이 십시일반으로 자금을 조달하는 방식으로서 대형 글로벌 금융회사들이 국가적 프로젝트에 대출 및 투자하는 방식인 '신디케이티드론(syndicated loan)'의 개인이나 소상공인 버전이라 이해하면 좋을 것이다. 크라우드 펀딩은 P2P 대출의 일반적인 재원조달방식이지만, 문화예술, 복지 분야나 시제품 판매 등에 비금전적 보상을 전제로 하는 기부, 후원형, 긴급자금을 필요로 하는 사업자나 개인으로부터 이자를 지급받는 형태의 대출형, 그리고 지분이나 이익배당 등을 기대하는 증권투자형 등 다양하게 활용되고 있다.

그러나 어떠한 상황에서도 크라우드 펀딩에 대한 투자는 원금을 포함한 손실위험이 도사리고 있는 것이 현실이다. 은행이자의 수배나 수십 배의 수익을 올리는 대신 그만큼의 손실위험이 있다는 말인데, 재무론에서는 이를 '수익과 위험의 상치관계(trade-off of revenue & Risk)'라 한다. 이에 따라 크라우드 펀딩을 통해 P2P 대출에 대출 및 투자하려는 금융소비자들에게 금융감독원은 아래 핵심 포인트들을 점검할 것을 권장하고 있다.

① 원금손실 위험이 있는 투자상품임을 명심할 것

② 고위험 상품이므로 리스크관리를 위해 분산투자할 것

③ 부동산 PF 상품은 부동산 담보가치가 미약한 상품을 유의할 것
④ 이자소득세(세율 27.5%)는 절세가 가능함을 염두에 둘 것
⑤ P2P업체의 평판을 확인하고, P2P금융협회 비회원사는 가급적 피할 것
⑥ 과도한 리워드나 이벤트 제공업체는 유의할 것

인공지능을 이용한 자산관리서비스

인공지능(AI : Artificial Intelligence)이란 인간의 학습능력과 추론능력, 지각능력, 이해능력 등을 컴퓨터 프로그램으로 실현한 기술로서, 컴퓨터가 인간의 지능적인 행동을 모방할 수 있도록 인간이 지능으로 할 수 있는 사고, 학습, 자기계발 등을 컴퓨터가 할 수 있도록 시현한 컴퓨터공학 및 정보기술의 한 분야를 말한다(네이버 지식백과).

사실 인공지능은 1960년대부터 주목을 받기 시작했는데 발전 속도가 더딘 편이었다. 1990년을 전후하여 인공지능은 2차 붐을 이루었는데 기계학습이 도입되고 딥러닝(deep learning)이 급속히 진전되면서 3차 붐에 진입하였다. 2000년대 이후 모바일과 이동통신이 보급되면서 구글, 애플, IBM 등 세계 최고의 ICT 기업들이 3차 붐을 일으키자 우리 생활의 각 분야에서 커다란 기대를 모으고 있다. 실제로 금융·의료·언론·경영 등 거의 모든 분야를 망라하는 광범위한 영역에 인공지능의 기여가 예상되며, 금융의 경우 로보어드바이저(RoboAdviser)에 의한 자산관리서비스, 빅데이터분석에 의한 상품추천, 경영관리에서의 업무 프로세스 개선 등 광범위한 적용이 예상된다.

금융회사의 자산관리서비스는 주로 개인 자산의 효율적 관리를 위

한 어드바이저리(advisory), 금융상품의 공동 구매 및 판매 시기와 장소의 선택 등 의사결정의 과학적 분석을 위한 도구로 사용된다. 이는 인공지능이 제한된 인력(PB나 상담사)에 의한 서비스 보편화의 한계, 자산관리의 객관성과 투명성 제고, 은행, 증권, 부동산 등 개별자산에 관한 정보수집의 한계성 등을 극복해낼 수 있는 훌륭한 도구가 되기 때문이며, 간편성, 편리성이 높아진 모바일 플랫폼 진화에도 기인한다 할 것이다.

로보어드바이저의 자산관리 프로세스

출처 : 쿼터백

로보어드바이저에 더하여 최근에는 '모바일 스크래핑(mobile scraping)' 기술을 활용한 금융자산관리서비스도 등장하였다. 예컨대, 인슈테크 맵은 휴대폰 인증 한 번이면 그동안 가입한 보험상품 내용과 보험료정보 등을 한눈에 확인할 수 있다. 중복가입, 과보장 등 이용자에게 유용한 정보를 분석해 보여준다. 보험정보를 쉽고 투명하게 파악할 수 있어 빠른 속도로 이용자가 늘고 있다. 또한 '브로콜리', '뱅크샐러드' 등 가계부 앱은 지출 내역을 하나하나 수기로 입력할 필요가 없이 공인인증서 등록 후 연결만 해두면 여러 은행계좌 예 · 적금 잔고, 대출, 신용카드 이용 내역 등이 일목요연하게 정리된다. 소비 이력과 항목 분류, 카드별 사용 실적 및 예상 혜택까지 한 곳에서 모두 확인할 수 있다. 핀테크는 이처럼 단지 간편하거나 편리한 것에 더하여 경제성을 확보해주는 유용한 세계로 소비자를 이끄는 것이다.

가상화폐와 금융보안

세상의 모든 통화는 발행 주체, 즉 각국의 중앙은행에 의하여 발행 · 유통 · 변경 · 소멸한다. 오프라인에서 통화를 대리하는 상품권이나 각종 채권 역시 발행 주체가 개별 기업이어야만 하고 통상 통화에 대용되지 않고 소멸하므로 중앙은행에 의한 통화정책에 영향을 주지는 않는다. 심지어 최근 온라인에서 사용되고 있는 일부 사이버머니(cyber money) 역시 발행기관이 존재하며, 이용자들은 이들이 구축한 지급결제 인프라를 통해 수직적이고 갇힌(closed) 결제시스템 속에서만 활용되기 때문에 역시 중앙은행의 통제를 벗어나는 일은 발생하기 어렵다. 적어도 비트코인이라는 가상화폐가 통용되기 전에는 그랬었다.

그러나 2009년 정체불명의 일본 프로그래머 사토시 나카모토(Satoshi Nakamoto)에 의해 만들어진 세계 최초의 P2P 네트워크 기반 전자금융거래시스템이자 새로운 화폐인 비트코인이 등장하면서 세계는 긴장하기 시작했다. 특히 이 화폐가 기존의 화폐체계에 대한 불신이 확산되면서 이상적인 화폐를 구현하려는 동기에서 발행되었다는 점이 그렇다. 비트코인이 주목받는 또 하나의 이유는 블록체인(block chain)이라고 하는 비트코인의 보안기술이다. 블록체인은 비트코인으로 거래할 때 발생할 수 있는 해킹을 막는 기술로서 나카모토가 이 기술을 비트코인에 채용하면서 그 진가가 드러나고 있다. 블록체인이란 거래정보를 하나의 덩어리(block)로 보고 이것을 연결한(chain) 거래장부로서 기존 금융거래의 개별금융회사 중앙집중식 거래정보 보관이 해킹에 취약한 점에 대응하여 거래정보를 분산, 중복으로 대조하는 방식의 보안시스템을 채용한 것이다. 주목할 점은 이 블록체인이라는 방식이 비트코인이라는 가상통화에 채용되면서 새롭게 조명되고 있는데, 블록체인이 달이라면 비트코인은 손가락이라고 비유하기도 한다. 사람들은 지금 달을 가리키는 손가락인 비트코인을 주목하고 있지만 정작 중요하고 신비로운 것은 달에 해당하는 블록체인이라는 비유이다.

가상화페인 비트코인과 새로운 차세대 보안시스템이라 할 블록체인을 살펴봄으로써 디지털 트랜스포메이션에서 금융부문에 대한 이해의 핵심을 차지할 가상화폐와 금융보안이라는 핀테크상 매우 중요하면서도 무궁무진한 발전 가능성을 가진 분야를 살펴보고자 한다.

가상화폐의 세계

요즘 국제금융계의 핫이슈는 가상화폐이다. 각국 중앙은행의 강력한 규제와 통제에도 불구하고 그 열기가 전혀 식지 않을뿐더러 2015년 말 대비 2017년 10월 말 기준으로만 해도 비트코인이 5배, 이더리움이 무려 30배나 가격이 폭등하는 열기를 보이는 것이다. 가상통화란 한마디로 인터넷이나 모바일에서 사용되는 디지털 민간화폐를 일컫는다. 디지털이라는 점에서 일반적인 화폐, 즉 지폐와 동전처럼 보거나 만질 수 있는 실물화폐가 아니고, 민간화폐라는 점에서 중앙은행이 발행 및 관리하는 법정화폐가 아니며 누구나 발행할 수 있다는 특색이 있다. 실제로 가상화폐의 세계는 원조 격인 비트코인과 비트코인을 제외한 모든 가상화폐의 통칭인 알트코인(alternative coin)으로 나눌 수 있는데, 가상화폐 정보사이트인 코인마켓캡(coinmarket-cap)에는 무려 1,100여 개의 가상화폐가 이미 등록되어 있다.

주요 가상화폐를 살펴보자. 비트코인과 맞상대할 만큼 전 세계적으로 인기를 끌고 있는 가상화폐 이더리움(ETH : Ethereum)은 러시아 출신 캐나다 이민자 비탈릭 부테린(Vitalik Buterin)이 2014년 개발하였다. 거래명세가 담긴 블록이 사슬처럼 이어져 있는 블록체인기술을 기반으로 하는데, 거래관계자들이 설정해둔 특정 조건이 충족되면 자동으로 거래가 이루어지도록 하는 '스마트 계약'이라는 고급기술을 적용하여 비트코인보다 한 단계 발전한 가상화폐로 평가받는다. 지난 2017년 5월 삼성SDS가 국내 기업 최초로 이더리움 기반 기업용 블록체인 연합체인 '엔터프라이즈 이더리움 얼라이언스(Enterprise Ethereum Alliance)'에 참여하면서 이더리움에 대한 신뢰도가 급증하게 되었다.

라이트코인(LTC : Light Coin)이라는 가상화폐는 구글 소프트웨어 엔지니어 출신인 찰리 리(Charlie Lee)가 "비트코인이 금이라면 라이트코인은 은이다."라며 개발하였다. 한국에서는 '라코'로 불린다. 비트코인의 단점을 보완하여 실제 화폐처럼 사용할 수 있는데 주안점을 두었다. 비트코인이 새 블록을 생성하는 데 10분가량 소요되는 데 반하여 라이트코인은 이를 2분 30초로 줄인 게 특징이다. 라이트코인은 최종적으로 비트코인의 4배인 8,400만 개를 만들도록 설계되어 있다. 또 다른 가상화폐인 리플(XRP: Ripple)은 저렴하고 빠른 글로벌 정산 네트워크를 구축하기 위해 탄생한 가상화폐이다. 국경을 넘나드는 결제서비스는 소비자, 은행, 중앙은행 등 여러 경로를 거쳐 정산이 이루어지는 만큼 시간과 비용이 많이 드는데, 리플은 2~3일 걸리는 정산 시간을 단 4초로 줄였다. 리플 본사가 발행량 중 절반 이상을 보유하도록 중앙화되어 있어 블록체인 정신에 위배된다는 비판도 있지만 상용화에는 한 걸음 더 다가간 가상화폐로 평가받는다. 실제로 미국과 독일의 여러 제도권 은행에서 리플 결제시스템 도입에 나선다는 소식이 나오고 있어 가치가 급등하고 있다. 이 밖에도 비트코인과 이더리움의 장점을 합친 퀀텀(QTUM), 익명성이 잘 보장되는 3대 가상화폐인 대시(DASH), 모네로(XMR), 제트캐시(ZEC) 등이 주목받고 있다.

비트코인

2008년 세계 경제를 강타한 미국의 금융위기에 대응하여 각국의 정부나 중앙은행의 통제 없이 민간에서 국제적으로 자유롭게 유통될 수 있는 전자적으로 암호화된 가상화폐 비트코인이 만들어졌다. 개발자 사토시 나카모토는 비트코인에 대해 다음과 같이 정의하였다. "우리는 전자화폐를 디지털 서명의 체인으로 정의합니다. 코인 소유자는 거래 내역에 디지털 서명을 한 후 다음 사람에게 전달하고, 이를 받은 사람은 자신의 공개 키를 코인 맨 뒤에 붙입니다. 돈을 받은 사람은 앞사람이 유효한 소유자였다는 것을 확인할 수 있습니다(We define an electronic coin as a chain of digital signatures. Each owner transfers the coin to the next by digitally signing a hash of the previous transaction and the public key of the next owner and adding these to the end of the coin. A payee can verify the signatures to verify the chain of ownership.)."

비트코인 채굴과정

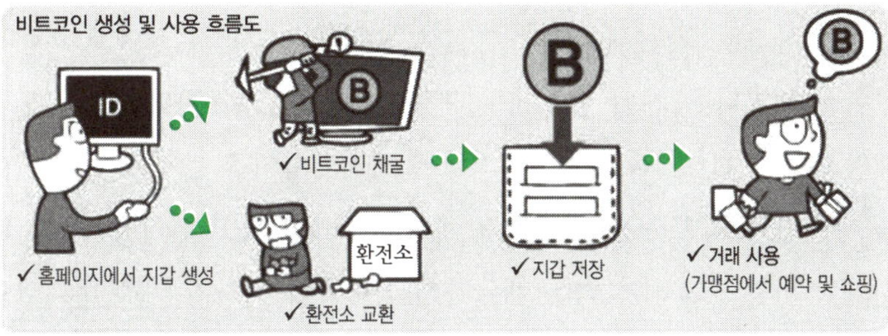

출처 : 구글 이미지 검색

인터넷과 모바일이 가져올 4차 산업혁명 시대, 그리고 국경이 없어지는 상거래의 시대에 걸맞은 가상화폐는 이렇게 탄생하였다. 향후 100년 동안 미리 정해진 2,100만 개의 화폐량 중 현재 1,500만 개가량이 이미 발행되었고 10^{-8} 즉, 0.00000001 BTC까지 쪼갤 수 있기 때문에 총 2,100조 사토시(발행자의 이름을 딴 화폐단위)가 유통될 수 있기 때문에 세계경제 총량까지도 염두에 둔 국제적 가상화폐다.

일반화폐는 물론 중앙은행이 찍어내지만, 비트코인은 그런 발행 주체가 없기 때문에 다른 방식으로 발행된다. 즉, 컴퓨터를 이용하여 암호화된 문제를 풀어내면 일정량의 비트코인이 생성되도록 보장된 것이다. 많은 컴퓨터가 문제를 풀수록 문제의 난이도가 높아져 전체 비트코인의 보안성이 더욱 강화된다. 발행 총량이 제한되어 있기 때문에 비트코인을 디지털세계의 금이라 부르기도 하는데, 비트코인 발행을 위해서는 마치 광산에서 금을 캐듯(실제로 비트코인 생성을 '채굴'이라 한다) 상당한 시간과 노력을 기울여 컴퓨터 문제를 풀어야만 한다. 발행 초기에는 개인 PC에서도 풀이가 가능했지만 지금은 수십 대의 컴퓨터를 동원해야 풀이가 가능한 수준으로 난이도가 높아지고 있다.

비트코인은 은행을 거치지 않고 개인과 개인이 직접 돈을 주고받을 수 있도록 '분산화된 거래장부'방식을 도입했다. 시스템상에서 거래가 이뤄질 때마다 공개된 장부에는 새로운 기록이 추가된다. 이를 '블록체인'이라고 한다. 블록체인에 저장된 거래기록이 맞는지 확인해 거래를 승인하는 역할을 맡은 사람을 채굴자(miner)라고 한다. 컴퓨팅 파워와 전기를 소모해야 하는 채굴자의 참여를 독려하기 위해 비트코인 시스템은 채굴자에게 새로 만들어진 비트코인을 주는 것으로 보상한다. 채굴자는 비트코인을 팔아 이익을 남길 수 있지만, 채굴자 간 경쟁이 치열해지거나 비트코인 가격이 폭락하면 어려움에 처한다.

사용자들은 인터넷에서 내려 받은 '지갑' 프로그램을 통해 인터넷뱅킹으로 계좌이체하듯 비트코인을 주고받을 수 있다. 인터넷 환전사이트에서 비트코인을 구매하거나 현금화할 수 있다. 심지어 ATM에서 현금을 넣으면 비트코인으로 교환해주는 나라도 등장하였다. 비트코인은 이미 유럽과 북미, 중국 등에서 현금처럼 쓰이는 데다 한국에서도 비트코인 거래소를 통한 거래가 꾸준히 늘고 있다. 국내 상위 3개 비트코인 거래소인 빗썸, 코빗, 코인원 기준 월평균 거래금액은 2015년 470억 원에서 2016년 말 약 950억 원으로 두 배 가까이 늘었다.

비트코인은 새로운 시대에 필요한 가치를 제공하고 있는 것으로 평가되고 있다. 첫째 비트코인은 신용카드와 달리 구매자와 판매가가 직접 결제를 하는 방식이기 때문에 거래비용이 거의 발생하지 않는다. 또한 누구나 쉽게 계정을 생성할 수 있어 해외송금이나 소액결제와 같은 거래에 매우 유용하게 사용될 수 있다. 둘째, 세계 전역에서 은행과 같은 금융서비스가 도달하지 못하는 지역이 여전히 면적으로 볼 때 70%에 해당되는 상황에서 비트코인은 외지 거주자들에게 금융

거래의 혜택을 줄 수 있는 대안이다. 셋째, 경제 상황이 불안한 지역에서 비트코인은 중앙은행이 발행한 화폐의 대안으로도 주목받고 있다. 특히 글로벌 금융 위기 이후 중앙은행이나 국가가 보장해주는 신용이 절대적이지 않다는 점이 드러났다. 재정 위기를 겪은 그리스나 스페인, 키프로스 등에서는 뱅크런(bank run, 은행의 대규모 예금 인출사태)이 일어났으며, 양적 완화를 실시한 미국, 유럽, 일본 등에서도 화폐가치가 시장의 가치와 상관없이 요동쳤다. 하지만 비트코인은 처음부터 통화량이 정해져 있고 단일 운영 주체에 의존하고 있지 않기 때문에 화폐가치가 불안할 때는 오히려 신뢰할 수 있는 지급 수단이 될 수도 있다(네이버 지식백과 일부 발췌).

그러나 비트코인에 문제점이 없는 것은 아니다. 우선 비트코인의 가장 큰 특징인 정보보안 측면에서 매우 뛰어난 장점을 갖고 있음에도 불구하고 개인들이 지닌 비트코인을 관리하는 전자지갑이 거래소에 접속하는 방식은 해킹 위험에 취약하며, 실제로 다수의 거래소에서 비트코인이 도난당하기도 했다. 둘째, 내부 운영자들의 도덕적 해이도 문제가 되고 있다. 지난해 세계 최대의 비트코인 거래소 마운트곡스(Mt. Gox)에서 전체 거래량의 5%에 해당하는 65만 비트코인(당시 시세로 약 1,200억 원)이 부당 인출되어 폐쇄되었다. 처음에는 해킹에 의한 피해인 줄 알았으나, 대부분은 회사시스템의 잔액 데이터 조작에 의해 사라진 것으로 밝혀졌다. 셋째, 비트코인을 대안화폐로 이용하려고 할 때 가장 불안한 부분은 가격 변동성이다. 비트코인이 처음 거래된 2010년 4월에 1비트코인의 가치는 미국 달러화 기준으로 14센트였지만, 2013년에는 유로존 위기와 미국, 중국 정부의 비트코인에 대한 긍정적 평가 등이 기폭제가 되어 투기와 버블이란 말이 나올 정도로 폭등해 11월에 1,200달러를 돌파하였으며, 2017년 10월에는 6,000달러까지 상승함에 따라, 가격 변동성이 지나치게 큰 문제점으로 드러나고 있다. 넷째, 비트코인의 익명성을 악용한 마약, 무기 등의 불법거래나 돈세탁, 탈세 등이 발생할 여지가 높다는 점이다. 이에 미국에서는 현행법상 불법성을 띠는 거래만 규제하겠다는 입장을 취하고 있고, 독일과 일본은 비트코인을 법정화폐로 인정하고 거래와 차익에 대해 세금을 부과하기로 했다. 또한 국제 공조도 이뤄지고 있는데, 국제자금세탁방지기구(FATF)는 가상화폐가 테러조직의 송금 등에 사용되지 않도록 공동으로 규제를 만들려고 하고 있다.

비트코인은 새로운 가치를 지니지만 동시에 문제점과 한계를 보이기도 했다. 그렇지만 비트코인은 아직 초창기에 불과하기 때문에 시행착오를 겪는 중이라고 볼 수 있다. 오픈소스를 기반으로 해서 다양한 실험과 투자가 이뤄지고 있어, 문제점을 보완하며 진화할 가능성이 높다. 비트코인이라는 화폐의 성공과 별개로, 블록체인을 통한 분산 보안시스템 기술은 효용성과 가능성을 인정받아 다양한 분야에서 활용되고 있다. 미국 장외 주식거래소인 나스닥(NASDAQ)은 비상장회사의 주식거래에 블록체인기술을 시범 적용할 계획을 밝혔다. 미국의 인터넷 쇼핑몰인 오버스톡(Overstock)은 2,500만 달러의 회사채를 블록체인기술을 이용해 발행할 것이라고 발표했다. 골드만삭스, 바클레이즈(Barclays) 등 거대 금융기관들도 자사 시스템 및 서비스의 혁신을 위해 블록체인기술에 투자하고 있다. 산탄데르(Santander)은행 소속 연구기관인 이노벤처스는 블록체인기술을 활용해 은행이 절약할 수 있는 인프라 비용이 2022년까지 150억~200억 달러에 달한다는 연구결과를 내놓기도 했다(네이버 지식백과).

블록체인

가상화폐인 비트코인에 대한 논의를 넘어 그 기반기술인 블록체인의 파급력에 대한 관심이 커지고 있다. 블록체인을 통해 만들어질 수 있는 신뢰성이 담보되는 온라인 거래 환경은 개인과 기업은 물론 공공 영역에서도 사용자의 편의성과 비용 효율성을 동시에 충족시킬 수 있기 때문이다. 기술혁신에 관심을 갖은 일부 전문가들은 블록체인이 인터넷의 발명에 버금가는 변화를 몰고 올 것으로 전망하고 있다. 블록체인이란 거래정보 기록을 특정 기관의 중앙서버가 아닌 P2P 네트워크에 분산해 참가자가 공동으로 기록하고 관리하는 분산형 네트워크 데이터베이스기술(distributed ledger technology)이다. 일정 크기의 거래정보들이 모여 블록이 형성되고, 이러한 블록들이 시간의 흐름상 순차적으로 체인으로 연결된 구조다. 블록체인 형성을 위해 네트워크 참여자들의 거래내역의 검증과 승인과정이 요구되는데, 이때 각 블록들은 바로 이선 블록의 존재를 성교하게 참고하고 있어 블록의 순서를 바꾼다거나 정보를 조작하는 것은 사실상 불가능하다. 이는 거래관계에서 서로를 신뢰하지 못해 발생하는 비효율을 제거하는 결정적 역할을 하는 것이다(LG경제연구원 한수연, 블록체인, 비트코인을 넘어 세상을 넘본다에서 일부 발췌).

블록체인이 가져올 변화의 본질은 거래 승인 권한과 정보의 민주화(democratization)로 요약할 수 있다. 이는 강력한 제3의 공인기관이나 중개자의 개입 없이 투명하고 안전한 직접거래를 가능하게 한다는 말이다. 안전한 시스템에 의한 자율적 권한 위임이 가능하므로 거의 실시간 승인이 가능해지고 정보는 네트워크 참여자들 모두에게 공개 · 보관 · 관리되므로 시스템의 신속성 · 안전성 · 투명성 · 경제성 등 사용자들의 편익을 제고시키는 효과를 가져다준다. 실제로 스페인의

블록체인 개념

블록체인 작동 프로세스

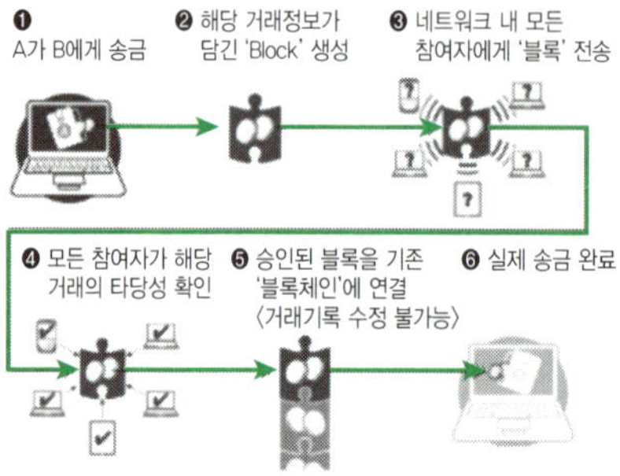

자료 : FT(2015. 11. 1.)

블록체인 보안체계

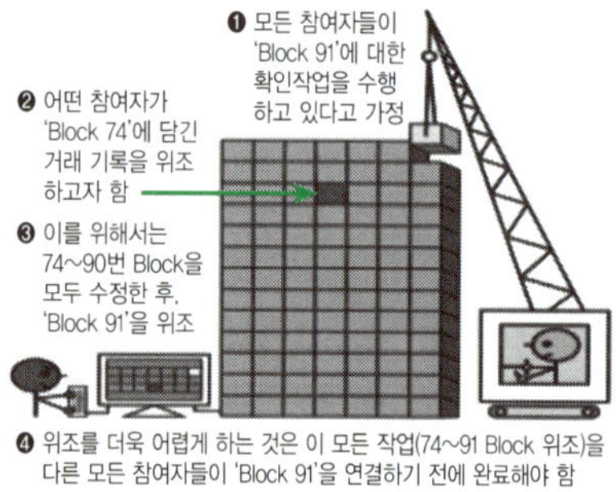

자료 : IEEE Spectrum(2015. 7.)

산탄데르은행, 스위스의 UBS 등 7개 국제은행은 앞서 언급한 바 있는 리플을 적용하여 블록체인기술을 토대로 국가 간 금융거래 결제에 나서기로 합의했다.

이러한 효과가 비트코인 활성화에 따라 입증되자 블록체인은 현재 미래 금융산업 분야에서 가장 활발하게 적용할 움직임을 보이고 있다. 우선 당장 국제송금의 경우 평균 수수료를 1/10 수준으로 절감하면서 실시간에 가까운 서비스가 세계 어느 곳에서나 가능할 것으로 기대하고 있다. 소액결제의 경제성이 블록체인 기반의 가상화폐로 확보된다면 소비자들의 온라인 콘텐츠 소비 행태에도 큰 변화가 일어날 수 있을 것이며, 스팸메일의 효과적 억제 수단으로 활용될 수도 있을 것이다. 또한 정부의 행정서비스영역에서도 블록체인 기반의 기록시스템이 도입될 경우 출생, 사망, 결혼신고 및 토지, 기업등기 같은 기능에서 공공서비스의 획기적 개선과 공유가 가능해질 것이다. 상업적으로도 블록체인에 '스마트 계약'기능을 접목한다면 사전에 합의된 조건에 따른 일체의 후속 절차가 한 치의 오류도 없이 이행되도록 통제할 수 있을 것이며 이는 불필요한 비용과 법적 분쟁을 최소화시킬 것이다.

그러나 아직 블록체인기술은 도입 초기 단계로서 해결해야만 할 과제들이 산적해 있다. 우선 네트워크 처리 용량이나 거래의 유효성 검증에 소요되는 막대한 전기 및 컴퓨팅 비용의 합리성이 추구되어야 한다. 또한 산적한 문제점을 논의하고 합의점을 도출할 수 있는 강력한 국제기구 같은 거버넌스도 여전히 해결해야 할 과제이다. 그러나 우리가 가야 할 4차 산업혁명의 시대는 새로운 도전을 기꺼이 받아들이고 승리해내는 데서 앞당겨지는 것이다. 여기서 저 유명한 '엘즈버그의 역설'을 언급함으로써 본 장을 마무리하고자 한다.

이는 알려진 모르는 것(Known unknowns)과 알려지지 않은 모르는 것(Unknown unknowns)에 대한 소비자들의 모순적 행동을 일컫는 개념이다. 두 개의 항아리가 있는데 첫 번째 항아리에는 붉은 공과 검은 공이 각각 5개씩 들어있는 것이 알려진 상황이고, 두 번째 항아리에는 붉은색과 검은색 공을 합해 10개가 들어있다는 것만 알려진 상황이나. 여기서 붉은색 공을 뽑으라고 요청하면 대부분 첫 번째 항아리에서 공을 뽑게 된다는 것이다. 왜냐하면 첫 번째 항아리에서 붉은색 공을 뽑을 확률은 0.5라는 것이 정확하게 알려져 있지만 두 번째 항아리에서의 확률에 대한 정보는 전혀 없기 때문이다. 이 논리는 우리가 미래에 대하여 투자할 때 그 성공확률이 알려지지 않은 것은 피하고, 부동산투자나 증권투자같이 기존의 질서체계하에서 경험적인 성공확률이 알려진 것에 대부분 투자하게 될 것이라는 점을 말해준다. 그러나 블록체인과 같은 기술의 적용이나 개발과 같은 곳에 투자하는 것은 미래를 향해 도전하는 생산적인 일이지만 부동산이나 증권에 대한 투자는 투기 또는 관리의 다른 이름인 것을 부인하기는 어렵다. 도전은 독자들의 몫이다.

보험회사

미국에서는 집에서 가든파티를 하게 되면 반드시 초대하는 사람이 있다고 한다. 성직자, 변호사, 보험설계사, 홈닥터 등이다. 이처럼 미국의 보험설계사는 한 사람의 인생에 밀접한 관계가 있다. 내가 아는 보험설계사가 있다. 그의 매출은 다른 동료와 비교하여 50배는 넘는다. 그의 특이한 영업방식을 살펴본다면 보험회사가 추구하는 디지털 트랜스포메이션의 방향을 설정할 수 있다.

- 그는 7가지의 재무설계에 관련된 자격증을 갖고 있다. 어떤 자격은 5년간 준비를 해서 미국에서 자격증을 획득하였다. 이러한 자격들은 고객에게 신뢰를 준다.
- 고객은 100~150명 정도이다. 주로 부유층을 상대로 한다. 그는 현재의 고객으로부터 또 다른 미래의 고객을 추천받는다.
- 그는 고객에게 유망한 주식 종목을 알려준다. 아마도 특별한 소스에 의한 것으로 추측이 된다. 그가 추천한 종목을 투자해서 이익을 실현한 고객은 그의 제안을 전적으로 믿는다.
- 포트폴리오 제안은 재무설계에서 15%를 주식에 투자해서 생활비를 충당하게 하고, 자녀 결혼 등의 자금계획에 따라 보험상품을 안배하고, 50% 이상을 '변액 유니버설 종신보험'에 가입하도록 하여 자신의 매출실적을 극대화한다.
- 그는 고객이 원하는 것은 무엇이든 심부름을 해준다. 이사 갈 아파트를 알아봐준다든지, 자녀들의 해외유학을 위한 학교를 소개해주고, 강원도에 전원주택을 짓는 곳에 따라가서 일을 도와준다.
- 그는 자정이 넘어도 고객이 낚시터에 있다고 하면 먹을 것을 가

지고 가서 같이 술을 마시고 밤을 지새우면서 살아가는 세상사를 논하기도 한다.

- 그는 고객이 무엇을 필요로 하는지를 알아서, 도움이 되는 다른 사람(아마도 또 다른 고객일 수 있음)을 연결해준다.
- 그는 고객들을 서로 만나게 해서 친구가 되게 해주고, 그의 고객들은 서로 간의 안부를 확인할 정도로 친해진다. 그의 고객집단은 하나의 생태계인 것이다.
- 그는 고객이 원하는 것뿐만 아니라 고객이 미처 생각하지 못했던 것을 해결해주려고 함으로써, 고객에게 이바지한다. 그러므로 고객들은 그의 영업활동을 발 벗고 나서서 도와준다.
- 그는 항상 열심히 일하고, 즐겁게 일하고, 고객의 행복을 자신의 보람으로 생각한다. 그가 영업에 노력하는 것은 5%에 불과하다. 나머지 95%는 고객을 도와주는 일이다. 그는 머리로 접근하지 않고 가슴으로 상대한다.

위의 사례를 보면 이제 보험도 상품으로 파는 것뿐만 아니라 개인의 모든 것을 밀착하여 도와주는 생활설계사로 변해야 함을 알 수 있다.

기존의 보험은 상품 중심의 거래이다. 새로운 상품이 출시되었는데 너무 좋으니 가입을 하라고 권유하는 것이다. 보험의 목적은 위험을 분산하는 것이다. 과거에는 위험이 주로 건강, 자동차사고, 화재 등이었지만 100세 시대에서는 자산을 효율적으로 운영하여, 살아가는 동안 재무적인 위험을 회피하는 것이 중요하다.

글로벌 컨설팅회사에서 제시하는 보험산업의 핵심역량은 타깃 마케팅 외에 8개 항목이 있다. 이 보험설계사의 활동을 여기에 대입하여 비교했다. 그는 사업설계는 타깃 마케팅, 상품 및 서비스설계, 니즈분석 및 충족, 채널 로지스틱스, 리스크관리서비스, 고객서비스의 6개 항목을 만족시키고 있다. 이로써 이 설계사의 비즈니스 모델은 매우 바람직하다고 평가할 만하다.

보험산업 핵심역량	충족 여부	제공 내역
타깃 마케팅	○	VIP를 대상으로 타기팅하여 영업한다.
상품/서비스 설계	○	VIP를 대상으로 개인당 10억 이상의 상품을 판매하고, 서비스를 제공한다.
니즈분석 및 충족	○	VIP들이 원하는 니즈를 이해하고, 다양한 서비스를 통해서 고객욕구를 충족시킨다.
채널 로지스틱스	○	기존 고객과 연계된 지인들을 대상으로 입소문 마케팅 및 소개로 영업을 한다.
리스크관리 서비스	○	투자비의 50% 수준을 변액 유니버설 종신보험을 가입하게 하고 15%는 주식투자를 통해 생활비를 벌게 해주며, 보험상품을 통해 지속적으로 나오는 지급금을 통해 목돈이 필요한 라이프사이클인 결혼, 주택마련 등에 대처할 수 있도록 한다.
리스크 평가 및 프라이싱	본사 차원	–
고객서비스	○	고객이 필요한 시간, 장소, 서비스를 가리지 않고 지원을 한다.
클레임서비스	본사 차원	–
투자관리	본사 차원	–

생활 밀착형 보험설계사의 경험지도를 그려보자. 이는 중상류층에 해당하는 VIP 고객을 대상으로 하는 변액 종신보험 및 생활 밀착형 보험설계사에 대한 사전서비스, 계약서비스, 후속서비스 측면에서 고객의 원츠와 이를 지원하는 서비스를 제시하였다.

VIP 보험 고객경험지도

단계	사전서비스	계약서비스	후속서비스
고객 느낌	나의 자산 운영에 대한 효과적인 방법을 알고 싶다. 내 평생의 재무 포트폴리오를 알고 싶다.	재무적 리스크 회피를 하고 싶다.	생활에 도움이 되는 동반자가 필요하다. 타인에게 상품을 추천하고 싶다.
요구되는 경험	• 수입을 반영하여 재무적 지출을 고려한 포트폴리오를 통해 자산운영방법을 설계해준다. • 시점별로 요구되는 재무적 부담의 스케줄을 알려주는 포트폴리오 설계	• 변액 종신보험을 통하여 노후보장이 가능한 재무 솔루션 제공 • 자산 15%에 해당하는 자금을 주식투자를 통해 기본 생활비를 충족하도록 투자를 위한 정보서비스 제공	• 다양한 생활 밀착형 정보 및 서비스 제공 • 개인에게 맞는 사람들을 소개해줌 • 다양한 이벤트를 제공해줌 • 상품 추천 및 이에 대한 리베이트 제공

Chapter 19

물류산업

우체국서비스

국내 물류산업의 한 축을 담당하는 우체국은 디지털 시대에도 여전히 고객이 붐비며, 아직도 필요한 사회 인프라이다. 하지만 사무실이 밀집한 지역의 우체국에 가면 번호표를 받고 수십 분을 기다려야 하는 불편을 겪는다. 또한 우편집중국에는 카드사 및 통신사 등에서 발송하는 5만 건 이상의 다량 우편물 때문에 업무가 마비될 정도이다. 우체국의 가장 관심이 높은 이슈는 당연히 디지털 시대에 서장 우편물을 어떻게 감소시키고, 이를 온라인화하면서도 어떻게 우체국의 업무영역으로 속하게 하느냐이다. 우체국 종업원 관점에서의 경험지도에서 제시된 몇 가지 과제에 대하여 상세한 추진 방향을 생각해보기로 한다.

우체국 종업원 경험지도

단계	창구	집중국	배달	사이버 서장
고객 느낌	창구 대기시간을 줄임 비대면 접수 채널 활성화	다량 우편물의 취급을 간소화 집중국 내부 물류 효율화	사전에 배달 자원을 확보 등기 우편물의 배달 실패율을 낮춤	우편 물류 수량을 감소시킴 디지털 시대에 포스트의 역할?
요구되는 경험	• 많은 등기우편 발송 시 사전에 우편 라벨 부착 • 자동 접수기의 설치 기준 정립 • 상품 개발을 통한 비대면 접수	• 다량 우편물 요금 선불제 시행 • 팔레트 국명 자동화 인식 • 팔레트 자동 추적 방안	• 다량 우편물 선불제를 통한 도착 우체국의 배달 물량 시뮬레이션 • 등기 우편물의 발송을 알리고 수신자가 배달 주소를 변경하도록 함	• PDF로 발송을 하고, 수신처에서 인쇄하여 배달 • 개인을 위한 공인 전자메일주소 시스템 구축

우체국 창구 간소화

도심의 우체국을 방문하여 번호표를 받고서 창구에서 서비스를 받기까지는 오랜 시간을 기다려야 한다. 이러한 원인은 중소기업 등의 사무실에서 등기를 수십 통 이상을 발송하는데, 이 우편물에 대해 창구에서 주소 입력작업을 하기 때문이다. 이는 창구인력의 생산성 저하를 유발하여 인건비 상승을 초래할 뿐만 아니라, 고객의 창구 대기시간을 지연시킨다.

이러한 문제의 개선안은 DIY 개념을 적용하여 우편물 발송처는 사무실에서 수신지 주소를 입력하고, 출력된 주소 라벨을 부착하면 간단한 일이다. 또한 우체국은 신속 창구를 개설하여 주소 라벨 및 우편물 무게를 자동 인식할 수 있는 장비를 통해 빠른 업무를 수행할 수 있다. 이러한 발송처와 우체국의 협업을 위해서는 발송처를 위한 주소 등록 및 라벨 출력 프로그램을 제공하고, 주소 등록의 경우 5자리

우편번호와 상세 주소를 4 State 바코드로 출력할 수 있도록 하는 제도 표준화가 수반되어야 한다.

이를 통해 접수요구, 상품분류, 고객정보 입력의 프로세스가 제거되고, 우편물 접수시간 단축, 타 고객 대기시간 감소, 입력 오류율 감소, 창구인력을 감소시켜준다.

우체국 창구 간소화 개념도

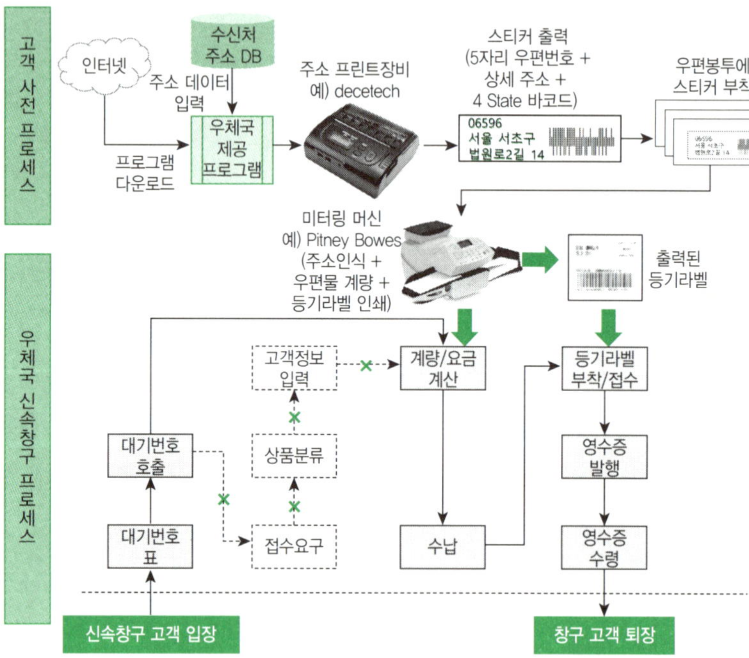

우편집중국 다량 우편물 처리의 간소화

다량 우편물이란 은행, 카드사, 보험사, 통신사, 관공서 등에서 5만 ~ 1,000만 통까지 발송하는 상상을 초월하는 규모의 우편물이다. 집중국에서는 견본을 채취하여 우편물을 확인하고, 종별 판정 및 계량을 한다. 이를 기준으로 전체 우편물의 무게를 계량하고 우편물 수량을 산정하여 우편요금을 부과한다.

이러한 다량 우편물은 집중국의 수량 카운트를 위한 업무 가중뿐만 아니라, 도착 우체국은 시간제 작업자를 임시 고용하거나, 집배 차량 및 우편물운반 팔레트 등을 사전에 확보해야 하는 업무의 부담이 크다.

따라서 이를 해결하려는 방안으로는 다량 우편물요금 선불제방안이 필요하다. 이는 다량 우편물 발송기관에서 다량 우편물을 위한 요금을 선납 입금하고, 자체 보유한 미터링 머신으로 우편라벨을 인쇄하는 순간에 요금이 자동으로 정산된다. 요금 정산과 라벨링이 완료된 우편물은 집중국에서 즉시 인수되어 수량 확인, 요금계산, 익월 정산 등의 프로세스가 제거된다. 이는 집중국의 업무 간소화뿐만 아니라, 익월 정산에 따른 금융비용을 절감하며, 사전 라벨링 단계에서 도

집중국 다량 우편물 처리 개념도

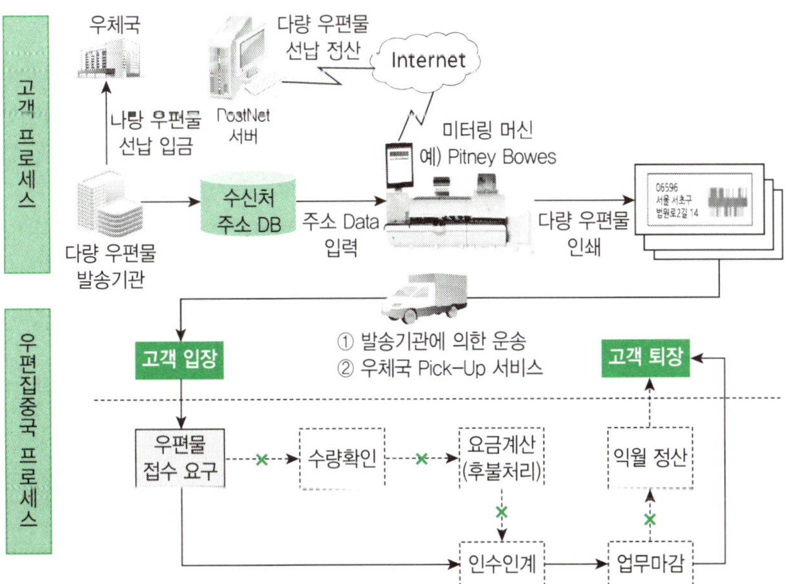

착 우체국의 집배 물량을 사전에 시뮬레이션해서 인력, 차량, 장비 등의 자원을 사전에 확보할 수 있는 기능을 제공할 수 있다.

디지털 포스트 구축

우체국은 아날로그 시대에 물리적인 수단을 이용해서 물리적인 서장 상품을 배달하는 서비스로 출발하였다. 그러나 인터넷 시대에는 이메일 등의 대체 수단에 의해 우체국의 사업영역이 위협을 받고 있다. 또한 택배회사, 퀵서비스 등의 출현으로 많은 사업영역에서 경쟁해야 하는 상황이다. 따라서 아날로그 시대의 물류산업을 대표하는 "우체국은 디지털 시대에서 어떻게 대응하는가?"는 대단히 중요한 이슈이다.

현재 우체국의 상품 중 소포나 택배업무는 물리적인 실체가 있으므로 이에 대한 디지털화 실현은 한계가 있지만, 서장 우편물은 PDF와 같은 파일로 디지털화가 가능하다. 실제로 미국과 사업상 계약서를 발송할 때에는 PDF 파일을 전자메일로 주고받는 경우가 있다.

이를 위해서는 공공기관 및 기업들이 활용하고 있는 샵(#)메일처럼, 국가와 개인 간에 디지털화된 소통을 위하여 개인과 법인을 대상으로 '공인 전자메일주소'시스템을 구축하는 것이 필요하다. 이는 공공기관이 개인과 법인에게 메일을 발송할 수 있고, 개인이나 법인도 공공기관에 문서접수나 민원에 활용이 될 수 있다.

집전화나 휴대전화 번호는 변경이 되지만, 우체국이 정부의 수탁사업으로 공인 전자메일주소사업을 한다면 개인과 법인은 생애주기 동안 등록된 공인 전자메일주소를 변경할 필요가 없다. 이는 공인인증서를 통해 쉽게 가입할 수 있을 것이다.

공인 전자메일주소시스템은 활용범위가 다양할 것이다. 관공서에서 개인과 법인에 안내문, 고지서 등을 손쉽게 발송할 수 있다. 현재는 관공서가 개인과 법인에 대해 공식적으로 전화번호, 이메일주소에 대해 정보를 유지할 수 없는 제도상의 한계를 극복할 수 있다. 이러한 제도의 혁신은 디지털 강국이라고 자부하는 우리나라가 주도적으로 추진해야 할 과제라 생각한다.

이를 위한 벤치마킹이 필요하다면 덴마크 우체국의 디지털 우편함인 'e-boks'가 도움이 될 것이다. 이는 기업 및 공공기관이 거래를 위해 개인에게 발송하는 수단이다. e-boks로 가능한 서장 전달은 사적 서류, 사적 문서, 공적 문서, 유가증권, 증명서, 금융 관련 업무 등이 포함된다. 또한 e-boks는 문서를 보관하는 온라인 아카이브를 제공하고, 문서 내용의 보안기능을 제공하며, 법적 구속력이 있는 전자기록으로 간주한다. 이는 덴마크 성인의 80%가 가입할 정도로 보편화되어 있다.

e-boks 업무 처리 흐름도

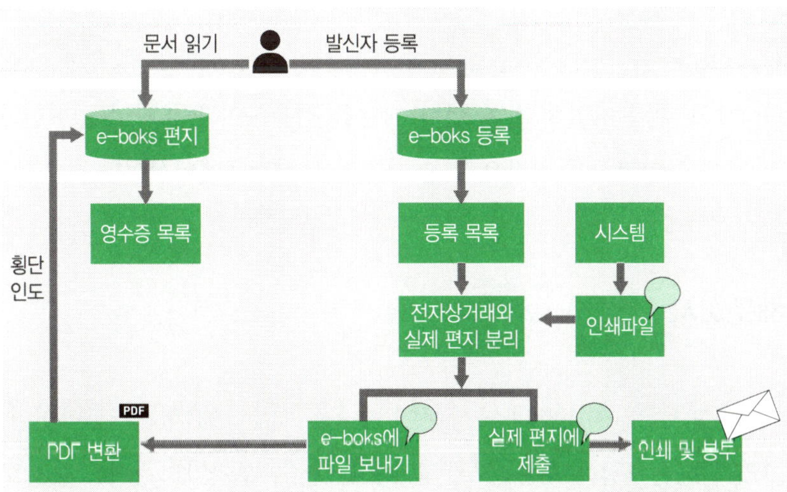

출처 : e-boks 웹사이트

택배 및 해운산업

택배기업

국내 택배기업은 경쟁이 치열하다. 빅3업체뿐만 아니라 추가로 생긴 택배업체로 인해 시장은 이미 포화상태이다. 온라인 쇼핑의 증가에 따라 신생 택배회사가 우후죽순으로 진입을 했기 때문이다. 정상적인 택배요금은 건당 7천 원 수준인데, 기업에서 개인에게 보내는 택배비는 2,500원을 전후한다. 이러한 법인 택배가 전체 택배 물량의 95% 수준에 이른다. 따라서 택배회사에서는 디지털 트랜스포메이션을 추진한다면, 고객경험이나 비즈니스 모델 측면에서의 혁신은 기대하기가 어렵다.

일본의 우유회사의 경우 영업은 각 회사가 하며, 지역별로 회사들이 나누어서 통합배달을 한다. 아마도 국내 택배도 영업은 택배회사별로 하되, 물류 측면에서 상품의 수집 및 배달을 지역별로 나누어서 통합 운영을 한다면, 경쟁력이 있으리라 판단된다. 이를 위해서는 차량과 물류 터미널의 공동 운영과 정보시스템의 연계가 필요할 것이다. 산업 내의 기업체 간의 협력 개념을 적용하여 물류관리를 혁신하는 것은 운영혁신을 기반으로 한 디지털 트랜스포메이션이다.

해운회사

해운회사는 e-비즈니스 때문에 주목을 받는 물류산업 분야이다. 그러나 해운산업은 주문, 보관 및 재고, 운송, 부가가치서비스 등으로 기능이 구성된다. 그 중에 가장 복잡한 부분이 원가관리이다. 해운산업은 '도어 투 도어' 개념으로 이루어진다. 예를 들어, 국내의 TV 공장에서 상품을 인수받아, 도로 운송으로 인천항에 도착하고, 인천부터 홍콩까지 대형 컨테이너 선박으로 운송하며, 홍콩에서 라오스까지 중소 선박으로 운송을 한다. 이후에는 트럭으로 상품을 운반하다가, 최종적으로는 당나귀를 이용해서 산악지역까지 TV를 운반한다. 운송전표는 한 장이지만, 5개의 운송경로를 각기 다른 운반수단을 이용한다. 그래서 고객으로부터 운송 의뢰를 받을 경우 원가산정이 어렵다. 따라서 해운 비즈니스는 앞으로 남고 뒤로 손해를 보는 경우가 허다하다. 이를 해서 필요한 개념이 서비스 구성표(BOS : Bill Of Service)를 적용한 원가관리이다. 이는 생산현장에서 사용하는 부품구성표(BOM : Bill Of Material) 개념을 변형한 것이다. 서비스 운송기간을 마치 부품처럼 단위 구간관리를 하는 것이다. 이러한 개념을 적용하여 원가관리를 혁신하는 것은 운영혁신을 기반으로 한 디지털 트랜스포메이션이다.

Chapter 20
식품산업

맞춤형 건강식품

요즘 현대인들은 섭생(攝生)에 관심이 높다. 섭생이란 병에 걸리지 않도록 건강관리를 잘하여 오래 살기를 꾀함이다. 건강하기 위해서는 운동을 하여야 하지만, 체질에 적합한 음식을 섭취하는 것이 필요하다. 최근에 섭생하는 사람들의 동기는 안티 에이징 · 브레인 푸드 · 갱년기 회복 · 다이어트 · 아토피 치료 · 면역력 강화 등과 같이 다양하다.

히포크라테스는 “음식으로 고치지 못하는 병은 약으로도 고칠 수 없다.”고 했다. 사람들은 섭생지도센터를 방문해서 전문가에게 상담을 받지만 바쁜 현대인들이 처방에 따라 건강음료와 건강식단을 만들어서 제때에 먹는 실천을 하기란 쉽지 않다. 특히 직장인들 같은 경우는 더욱 그러하다.

우리나라도 평균수명 100세 시대를 지향하고 있다. 그래서 과일효소, 건강차, 야채주스, 건강식단 등의 건강에 대한 정보가 홍수처럼 밀려온다. 일반인들은 이러한 건강의 실천을 몇 번 흉내는 낼 수 있지만 이를 제대로 실행하기 위해서는 보다 전문적이고 신뢰성 있는 서비스를 간절히 요구하고 있다.

또한 국내에 건강음료와 건강식품을 대표하는 기업체는 발효유, 야채 주스, 녹즙, 기능성 건강식품 등을 제공하고 있다. 그러나 요즘의 트렌드는 누구에게나 좋은 건강식음료가 아니라 나에게 적합한 맞춤형 신선식음료를 원하는 것이다.

직장인의 경우 아침을 거르는 경우가 허다하다. 또한 점심식사 역시 사무실 밀집 지역에서는 7~8천 원씩 하는 비싼 음식을 허겁지겁 먹어야 하는 현실 속에서 살고 있다. 이제 같은 메뉴를 반복해서 점심을 먹는 것도 지겨울 정도이다.

이러한 상황을 해결하기 위한 좋은 방안은 무엇일까? 이를 위해서는 직장인에게 아침 출근길에 지하철역 근처에서 조식을 대체하는 맞춤형 건강야채주스와 점심식사를 위한 맞춤형 건강야채샐러드 도시락을 제공하면 좋을 듯하다.

맞춤형 신선식음료 고객의 경험시도를 살펴보자. 사전서비스는 내 몸의 상태를 알고 싶은 예비고객에게 자가 건강진단을 할 수 있는 시드(sheet)를 제공하고, 이를 바탕으로 영상통화를 이용한 건강상담을 할 수 있다. 그리고 내 체질에 맞는 음료와 식사방법을 처방받기 위해 체질 개선을 할 수 있는 조식용 건강야채주스와 중식용 건강야채샐러드 도시락을 추천받는다. 추가로 나에게 적합한 맞춤형 운동법 역시 제공이 필요하다.

계약기간 중 서비스를 위해 공장에서는 유기농 채소와 과일을 원료로 하여 생산을 하고, 12시간 이내에 상품을 배송하여 고객에게 전달한다. 이는 맞춤형 야채건강주스와 건강야채샐러드 도시락을 제공하고, 추가적으로 퇴근하는 고객에게 저녁 도시락도 제공하게 된다. 이러한 맞춤형 식음료는 매일 레시피에 대한 변화를 주는 것이 필요

맞춤형 신선식음료 경험지도

단계	사전서비스	계약서비스	후속서비스
고객 느낌	내 몸의 상태를 알고 싶다.	신선한 식음료의 요구	변화된 건강을 확인하고 싶다.
	나에게 맞는 음료와 식사방법은?	다양한 상품 제공	타인에게 상품을 추천하고 싶다.
	나에게 맞는 운동법을 알고 싶다.	배달의 편의성	
요구되는 경험	• 자가 건강진단 시트 제공 • 영상통화 건강상담 • 체질에 맞는 건강야채주스 추천 • 체질을 개선하는 건강야채샐러드 도시락 추천 • 자가 운동진단 시트 제공 • 영상통화 운동 상담 • 운동 따라 하기 동영상 제공	• 유기농 채소와 과일을 원료로 함 • 12시간 이내에 생산된 제품을 배송 • 맞춤형 야채 건강주스 제공 • 맞춤형 건강야채샐러드 도시락 제공 • 저녁 도시락 제공 • 매일 레시피의 변화를 추구함 • 전국 어디서나, 언제든지 상품 인도 가능 • 12시간 이전에 인수 위치 요청	• 건강검진 할인쿠폰 제공 • 건강검진 결과에 대한 평가 제공 • 상품 추천 • 상품에 대한 후기 작성

하다.

후속서비스(post service)는 타인에게 상품을 추천하거나, 상품에 대한 후기를 작성할 수 있게 하고, 변화된 건강을 확인하기 위해 계약된 의료기관과의 건강검진을 위한 할인쿠폰 제공과 건강검진 결과에 대한 분석 및 평가를 제공함으로써 고객은 자신의 건강 개선에 대한 효과를 확인할 수 있다.

맞춤형 건강식음료서비스 플랫폼에 대한 비즈니스 모델 구조도를 작성해보자. 서비스 플랫폼은 모바일 및 PC 채널과 콜센터를 통해서 고객, 생산공장, 물류센터, 식품건강연구소에 대한 정보를 관리한다.

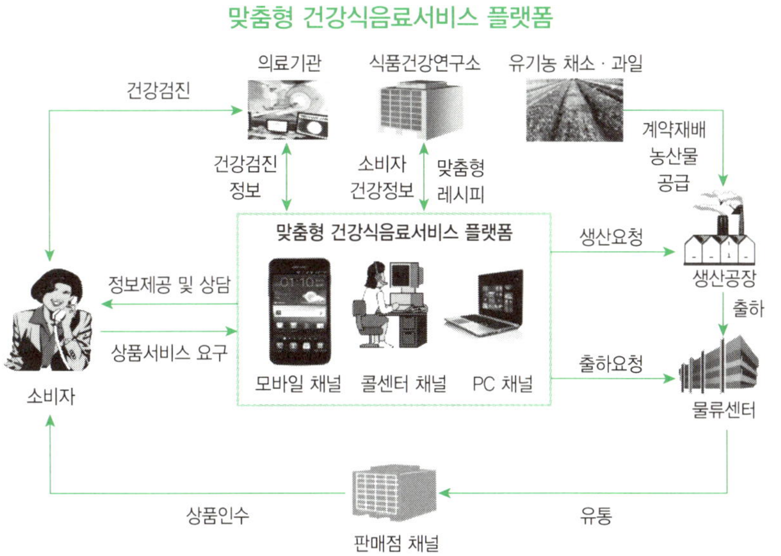

친환경 농축산물 오픈마켓

최근 살충제 계란 문제는 유럽뿐만 아니라 국내에서도 커다란 이슈로 부각이 되고 있다. 유럽에서는 햄 · 소시지에 E형 간염 발생위험이 있다고 한다. 이처럼 먹거리의 안전성 논란이 가열되고 있으며, 앞으로도 새로운 위험이 어떻게 닥쳐올지 모른다. 국내에는 연간 매출액이 1억 원이 넘는 농가가 10만 가구 정도 된다. 이들 농가는 매출액의 10% 정도를 살충제, 살균제, 제초제 등의 농약을 구매하는 비용으로 지불한다. 그러나 일부 농가는 비용을 절감하기 위해 중국산 및 인도산 농약을 1/3 가격으로 구매한다. 일반적으로 신젠타와 같은 글로벌 기업의 농약은 살포 후 2일 정도면 농약의 잔류치가 낮아진다. 그러한 이유는 농약에 미세량의 첨가제가 포함되어 있기 때문이다. 그러나 중국과 인도에서 생산된 값싼 농약은 살포 후 1주일이 지나도 잔류치가 낮아지지 않는다. 이러한 채소는 값싸게 유통이 되어 우리의 체내에 농약성분이 쌓이게 되는 것이다. 실제로 대표적인 농업기업은 종자와 농약을 같이 공급한다. 따라서 나는 이런 기업들이 자기들의 제품을 사용하고 인증된 방법으로 농사를 짓는 경우에 이러한 농산물에 대해서 '친환경 농축산물 오픈마켓'을 운영한다면 주부들이 안심을 하고 먹을 수 있을 것이다. 또한 오픈마켓에서 공급한 식재료로 식당을 운영한다면, '친환경 식재료 사용 식당'의 인증과 보험을 가입시켜 국민에 먹거리 안전을 지켜줄 수 있을 것이다. 이를 위해서는 축산농가와 사료회사를 포함시키고, 유통을 위한 마트, 편의점 등을 유통 체인으로 연결할 수 있을 것이다.

친환경 농산물 오픈마켓

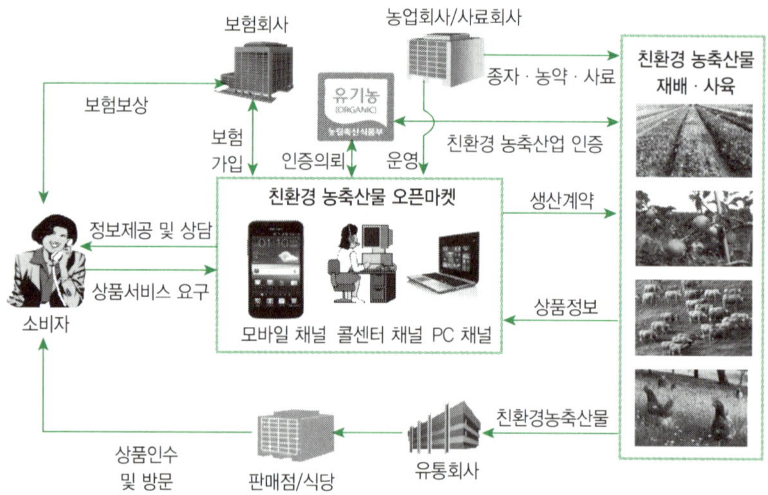

Chapter 21

출판산업

대형서점

나는 시간적 여유가 있으면 서점을 자주 가는 편이다. 약속 장소도 대형서점에서 만나기로 한다. 책을 구경할 수 있어서 편하고, 상대방이 조금 늦게 오더라도 기다리면서 지루해할 필요가 없다. 나는 필요에 의해서 도서를 구매한다. 그러나 책을 구입하고 실망하는 경우도 많다.

요즘 화두인 '4차 산업혁명'에 관한 책을 고르려고 하면 십여 권 중에 어떤 것을 골라야 하는지 망설여진다. 저자의 지명도를 볼 것인지?, 유명 출판사를 따질 것인지?, 몇 쇄를 출판했는가를 볼 것인지?, 국내 저자의 책을 선택할지?, 번역판을 구입할지? 도서의 선택은 정말로 간단한 문제가 아니다. 책을 잘못 선택하고 나서, 나 자신의 경솔함을 책망한 적이 한두 번이 아니다.

따라서 도서를 유통하는 대형서점은 이러한 고객에 대한 경험을 바탕으로 서비스를 개선해야 하지만, 요즘 서점은 화려한 인테리어만 신경 쓸 뿐 고객경험에 대해서는 전혀 무관심하다. 뿐만 아니라 혼탁

한 유통 질서는 출판사의 도서 사재기 등으로 인해 독자들에게 상처를 주고 있을 뿐이다.

책을 읽는 것은 도서 구매 이전과 도서를 구입해서 읽는 과정 그리고 독서를 완료한 이후로 나눌 수 있다. 대형서점 고객경험을 8가지 관점으로 정리해볼 수 있다.

예를 들어, 30대 직장인이 자기계발이나 인문학을 공부하고 싶다고 하면, 이를 위한 키워드 랭킹을 제공하여 트렌드를 알게 해주고, 필요하다면 자기계발이나 인문학에 대해서 어디서부터 시작해야 할지 모르는 독자에게 가이드를 제공하는 것도 방법일 것이다. 아마존은 전

대형서점 경험지도

단계	도서 선정 단계	구매 및 읽기 단계	독서 이후 단계
고객 느낌	최근의 추세를 알고 싶다. 나에게 맞는 도서는 무엇인가? 신뢰 있는 도서인가?	도서 구매를 하고 싶다. 책 읽기를 쉽게 접근하고 싶다. 도서 내용의 궁금한 것을 묻고 싶다.	독서의 소감을 남기고 싶다. 타인에게 도서를 추천하고 싶다.
요구되는 경험	• 도서 랭킹정보 제공 • 키워드 랭킹 제공 • 최근 인기 키워드에 대한 설명 • 자기계발, 인문학 등을 위한 가이드 제공 • 협력 필터링에 의한 도서 추천 • 내 프로필을 기반으로 도서 추천 • '★★★★★' 정보 제공 • 유명인이 읽은 도서 목록 제공 • 독자 리뷰정보 제공	• 바구니에 쇼핑목록 담기 • 온라인 쇼핑 제공 • 지점별 재고정보 제공 • 서적 위치정보 제공 앱 지원 • 도서 개요 제공 • 독자의 독후감 제공 • 매스컴에 소개된 특정 도서의 자세한 소개 기사 • 저자 인터뷰 동영상 제공 • 독자 간의 묻고 답하기 코너 개설 • 저자에게 묻기 코너 개설	• 독자 리뷰 작성 • 독후감 작성 • 랭킹정보 등록

체 도서의 랭킹 500을 제공한다. 이것을 보면 미국이라는 사회의 관심이 어디로 향하고 있는지를 쉽게 알 수 있다.

"나에게 맞는 도서가 무엇인가?"를 위해서 협력 필터링 알고리즘을 통한 도서 추천을 하거나, 고객 프로필을 기반으로 도서를 추천할 수 있다. 한 걸음 나아가서 포털 사이트와 연계를 하여 내가 검색한 키워드를 바탕으로 도서 추천도 가능할 것이다.

특정 주제에 대한 도서를 구매할 때에 여러 권의 도서 중에서 어떤 것을 선택할지에 대한 의사결정을 위해 아마존과 같이 '★★★★★' 정보를 제공하는 것이 바람직하다.

도서를 구매하기 위해서는 서점 웹 사이트의 바구니에 나의 쇼핑 목록에 담고 서점에 와서 앱을 통해 이를 확인하는 것이 바람직하다. 나의 경우는 서점에 와서 분명히 사려고 했던 책이 있었는데 생각이 나지 않아서 곤란한 경험이 많았다. 대형서점에서는 PC 검색을 통해 도서 재고의 위치를 출력할 수 있는데 이는 순서를 기다리는 불편함과 뒷사람을 의식하여 마음껏 검색을 못 하는 어려움이 있다. 디지털 시대에는 당연히 앱으로 해결을 해주어야 한다.

사실 우리는 도서를 구매하고 끝까지 다 읽는 경우가 그리 흔하지 않다. 그 이유는 책이 읽기 어렵게 쓰여 있거나, 책의 구조를 이해하지 못해서 접근이 어렵기 때문이다. 따라서 도서 개요, 독후감, 저자의 인터뷰 등을 제공한다면 완독에 대한 성공률이 높을 것이다.

책을 읽다 보면 내용이 어렵거나 궁금한 사항이 있을 것이다. 이를 위해서 독자끼리 묻고 답해주는 '지식iN' 같은 공간이 제공된다면 더할 나위 없이 좋을 것이다. 현대인들은 남으로부터 답을 얻음으로써 기쁘기도 하지만, 내가 아는 것을 남을 위해 가르쳐줄 때는 더욱 보람을 느낄 수 있다.

독서 이후에는 남에게 도서를 추천하거나 랭킹정보를 등록해서 정보를 공유할 수 있다. 또한 독자 리뷰를 남길 수도 있다. 그러나 최근에는 독자 리뷰가 저자의 주변인들이 의도적으로 작성하는 경우가 있어서 일반인들은 반신반의하면서 참고하는 경우가 있다. 따라서 독후감 코너를 만들어서 보다 구체적이고 진정성 있는 글을 남기도록 한다면, 도서를 구매하는 고객에게 보다 도움이 되는 견해를 제공할 수 있을 것이다.

출판사

요즘 국내 출판계는 불황이다. 그러한 이유는 독자들이 필요로 하지 않는 책들이 많이 출판되기 때문이다. 홍수에 먹을 물이 없다고 하듯이, 도서 출판의 홍수 속에서 정작 독자가 필요로 하는 책은 없는 것이다. 따라서 디지털 트랜스포메이션의 주요 사상인 크라우드 소싱을 출판에 적용해보기로 한다.

우선 도서의 주제를 정하기 위해서 빅데이터를 이용하여 사회적 키워드를 추출한다. 추출된 키워드 목록은 우선순위를 정하여 독자들에게 공개한다.

독자들은 관심 있는 키워드에 대해 게시판을 개설하고, 도서의 개념과 포함되어야 하는 내용을 제시한다. 그리고 주제에 관해 적합한 저자를 추천할 수도 있다.

출판사는 독자들의 참여 정도를 고려하여 도서에 대한 수요를 예측하고, 예상 저자를 복수로 선정하며, 출판에 대한 의사결정을 한다.

출판사는 저자를 섭외하고, 도서 출판 계획서를 접수받는다. 출판사는 출판 계획서에 대해 자체 심사와 독자들의 투표로 저자를 선정하고, 독자의 사전구매 신청을 받으며, 출판비용에 대해 크라우드 펀딩을 받는다. 통상 관심 인구의 1% 정도가 적극적으로 행동을 한다고 한다. 따라서 판매 부수는 사전구매 건수에 100을 곱하면 될 것이다.

도서 집필 의뢰를 받는 저자는 집필하고, 출판사는 작성된 원고를 몇 명의 독자에게 추가할 사항과 수정할 부분에 대해 의견을 수렴하며, 최종적으로 도서 인쇄 작업을 하게 된다.

출판된 도서는 사전구매를 신청한 독자에게 배본하고, 온라인 및 오프라인 서점에 도서를 유통한다.

출판사의 크라우드 소싱 비즈니스 모델

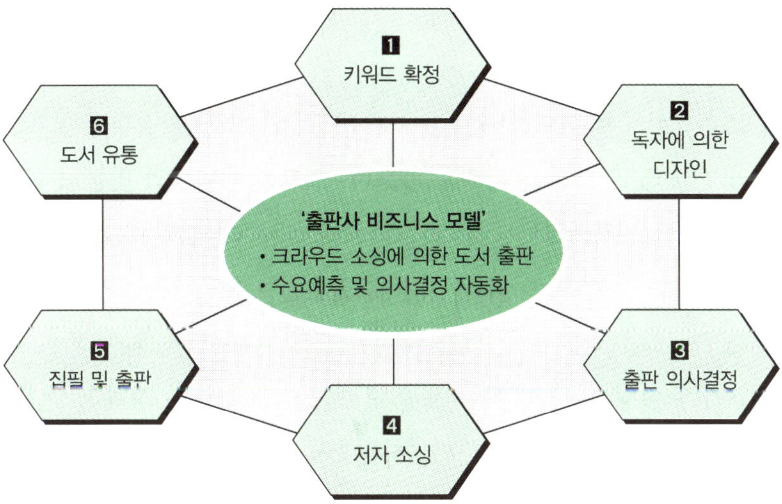

Chapter 22

디지털 미디어산업

TV 화상 포털

TV는 전 세계 어느 가정이나 보유하고 있는 디지털장비이다. 많은 나라가 IPTV 인프라를 갖추고 있으며, 초고속 인터넷과 맞물려 있다. 따라서 삼성전자와 같이 글로벌 TV 시장점유율이 30% 이상인 업체에서는 TV를 기반으로 하는 화상 포털이 충분히 가능하리라 판단된다.

그러기 위해서는 TV 화상 포털 플랫폼을 구축하고, 휴대폰 전화번호 또는 이메일주소를 기반으로 하는 DB 기반의 교환기(soft switch)를 갖추어야 할 것이다. 그리고 사용의 편의를 위해 블루투스 키보드 또는 AirPlay와 같이 노트북과 연동이 되어야 하며, TV에는 화상 카메라를 부착한다.

사용자는 회원가입을 하고, 자신을 소개하는 동영상을 등록한다. 또한 자신의 성별 · 나이 · 지역 · 직업 등을 포함한 프로필을 등록하고, 자신의 사진이나 동영상 등을 업로드할 수 있다.

플랫폼에서는 사용자 간의 외국어 회화 개인 지도와 같은 비즈니스를 지원하거나, 단순한 커뮤니케이션을 위해 상호 간에 검색할 수 있도록 하며, 필요하다면 추천시스템을 통해 추천도 가능하다.

사용자는 자신이 외국어 회화를 배우고 싶다면, 마켓플레이스기능을 통해서 해당하는 국가의 해당하는 외국어 강사를 찾으면 된다. 강사의 프로필을 조회하고 동영상 자기소개서를 통해 강사의 발음이나 강의방식을 검토하고 접속을 시도하면 된다. 시간당 강의료를 조회할 수도 있고, 필요하다면 강의료를 협상할 수도 있다. 비용은 플랫폼에서 제공하는 결제 수단을 이용한다. TV와 연동된 노트북으로 교재 내용을 보여줄 수 있고, 이미지나 동영상 공유가 가능하기도 하다.

TV 화상 포털 개념도

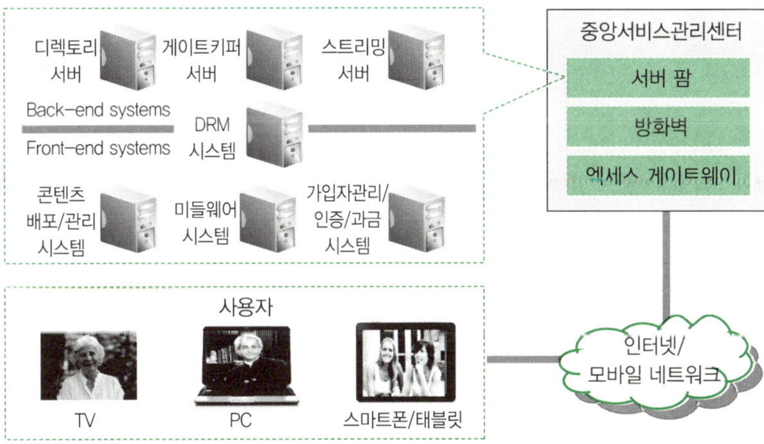

한국에 있는 해운회사는 선원 면접을 위해서 중국이나 동남아시아 지사에 설치된 TV를 통해서 현지인들에 대한 면접을 진행할 수 있다. 실제로 한 해운회사는 중국에서 선원을 면접 보기 위해 보름에 한 번씩 직원이 출장을 간다고 한다. TV 화상 포털은 이러한 비용 · 노력 · 시간 등을 절약할 수 있다.

경상남도 창원에 있는 제조업체는 액션러닝을 통해 품질개선 프로젝트를 진행하고 있다. 최초 일주일간은 서울에 있는 품질관리 전문가가 방문하여 오프라인 교육을 통해서 품질관리 지도를 하고, 이후는 공장 QC 요원들이 품질개선을 위한 프로젝트를 수행한다. 매주 한 번씩 진행하는 품질개선 과제의 진행 회의는 TV 화상 포털을 활용하여 서울에 있는 전문가와 창원 간에 온라인으로 진행된다. 서울의 품질 전문가는 출장을 위한 왕복 10시간의 이동을 줄일 수 있다.

어느 임플란트회사에서 전국에 있는 치과의사들이 3일간에 걸쳐서 임플란트 시술에 대하여 집체교육을 받는다. 이후에 현장에서 임플란트 시술을 하는 의사들은 수시로 궁금한 점에 대해서 문의해야 한다. TV 화상 포털은 이러한 문제점을 간단히 해결할 수 있다. 원격지에서도 TV를 통해 궁금한 것을 화상회의를 통해 물어보고 시연하는 것을 보여줄 수 있기 때문이다.

요즘 스마트폰에는 소개팅 앱이 많이 제공된다. 그러나 스마트폰으로 영상 대화를 하는 것은 자연스럽지 못하다. 따라서 TV 화상 포털이 구축된다면 앱 개발회사는 당연히 TV를 기반으로 앱을 서비스하게 될 것이다.

최근에는 나이든 부모와 젊은 자녀들이 떨어져 사는 것은 매우 흔한 일이다. 부모들은 자녀와 손주들을 TV를 통해서 만날 수 있다. 나아가 홀로 지내는 노인들과 대화를 해주는 봉사도 가능하다. 노인들은 가족이나 다른 사람들과 대화를 통해서 고독감에서 해방이 될 수 있다.

TV 화상 포털은 어려운 기술이 없고, 비즈니스 모델도 쉽다. 서드파티(3rd party)업체들이 다양한 앱을 개발할 수 있도록 소프트웨어 개발 도구(SDK : Software Development Kit)를 제공하면 된다. 이러한 생태계는 TV 제조업체가 용이하게 추진할 수 있고, 타사의 진입이 쉽지 않다는 장점이 있다.

2017년 1분기에 글로벌시장에서 1,500달러 이상의 TV 시장점유율은 삼성전자 45.9%, LG전자 24.6%이며, 합쳐서 70.5%이다. 이 정도의 점유율을 감안할 경우, 삼성전자와 LG전자가 컨소시엄을 통해서 TV 화상 포털을 구축한다면 대단한 파괴력을 갖게 될 것이다.

TV 화상 포털 응용 분야

콘텐츠	V-자기소개, V-메일, V-개인방송
커뮤니티	V-카페, V-채팅, V-SNS, V-회의
커머스	V-러닝(외국어 회화, 액션러닝), V-쇼핑, V-중계(부동산 등)
콜라보레이션	원격진료, 공공기관 민원서비스, 은행 VIP 서비스, 공조수사, 사이버 파출소

매스컴

신문사와 같은 매스컴은 디지털 시대를 경영위기로 인식한다. 인터넷 매체가 난립하며, 독자의 채널이 인쇄 매체에서 온라인 매체로 전환되기 때문이다. 신문사의 전통적인 프로세스는 '취재(source) → 편집(message) → 유통(channel) → 독자(receiver) → 반응(effect)'이다. 이러한 프로세스는 편집 단계에서 보수 및 진보 성향 등에 따른 편집권이 남용된다. 따라서 매스컴은 경영권과 편집권을 분리해야 한다는 목소리가 높았다. 현행의 문제점들은 독자들이 신문 구독을 외면하게 되고, 신문사는 경영위기에 처해있다. 4대 일간지의 매출을 합쳐도 네이버의 매출을 따라갈 수 없다는 신문사 내부의 자조적인 목소리가 나올 정도이다. 이런 상황은 아마존이 워싱턴포스트지를 인수한 것만 봐도 자명하다.

따라서 이러한 문제점을 개선하기 위한 매스컴의 비즈니스 모델을 제안해보고자 한다. 첫째 개념은 취재 소스에 대한 크라우드 소싱이다. 둘째는 기자들이 취재한 기사가 모두 지면에 기사화되는 것은 아니다. 그러나 일부 계층들은 신문에 인쇄된 내용뿐만 아니라 취재된 모든 기사를 실시간으로 접하고 싶어 한다. 특히 주식에 투자하는 사람들은 가장 빠른 방법으로 경제 상황을 접하기를 원한다. 이들은 프리미엄서비스를 받고자 하며, 이를 위해 기꺼이 비용을 지불할 의지가 있다. 셋째, 프리미엄서비스를 받는 독자들의 취향을 분석하여 고객 중심의 콘텐츠 큐레이션을 하고, 이를 기사화할 수 있다. 1920년에 조선일보와 동아일보가 창간되었다. 이제 거의 100년이 되어가는 사업구조를 디지털 환경에 적합한 비즈니스 모델로 바꿔야 한다.

매스컴 비즈니스 모델

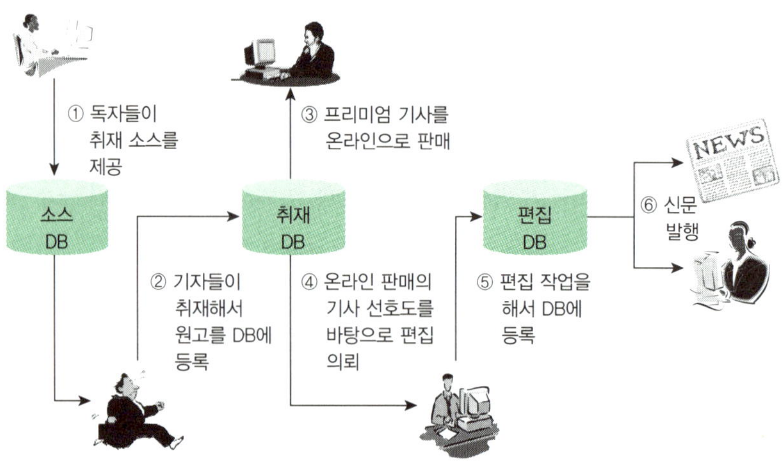

디지털 콘텐츠 유통

디지털 시대에는 문서, 이미지, 오디오, 동영상 등의 다양한 콘텐츠가 범람한다. 이러한 콘텐츠는 포털, 유튜브, 페이스북, 인스타그램 등을 통하여 무료로 유통이 된다. 그러나 정작 내가 필요해서 가격을 지불하고 정당하게 콘텐츠를 구하는 것은 한계가 있다. IPTV를 통해 VOD를 시청하거나, 웹하드에서 편법적인 자료를 다운로드받아야 한다. 이러한 경로는 제한적인 콘텐츠를 얻을 수 있으나, 보다 가치 있는 콘텐츠를 확보하는 것에는 한계가 있다. 따라서 크라우드 소싱을 통한 디지털 콘텐츠의 유통 플랫폼이 요구되고 있다.

비즈니스 모델의 주요 흐름은 크라우드 소싱을 통해 콘텐츠를 수집

디지털 콘텐츠 마켓플레이스 비즈니스 모델

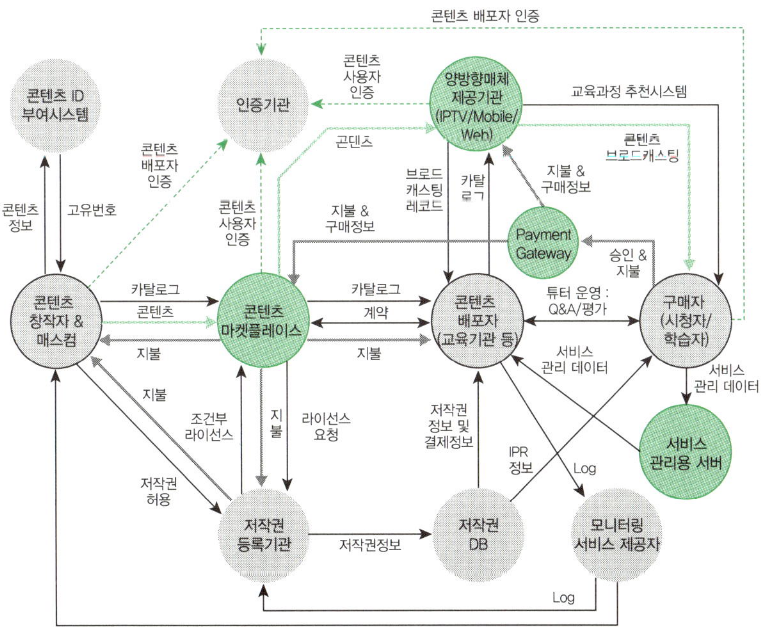

하고 마켓플레이스는 복수의 콘텐츠 배포자를 통해서 구매자에게 콘텐츠를 제공하는 방식이다. 사용자에게 콘텐츠를 제공하는 채널로는 IPTV, 모바일 통신회사 등의 양방향 매체 제공기관이 있으며, 과금을 위해 지불 결제 사업자(payment gateway)가 있다. 모든 콘텐츠는 인증기관과 저작권 등록기관의 확인이 필요하다.

디지털 콘텐츠 마켓플레이스의 필요성은 보다 넓은 범위에서 콘텐츠를 확보하고, 합법적인 콘텐츠를 유통할 수 있으며, 정상적인 대가의 지불을 통해 품질이 우수한 콘텐츠를 접할 수 있다는 점이다.

Chapter 23

공공 분야

건강보험

우리나라의 건강보험제도는 세계적으로 선진 사례이다. 연간 40조 원 정도의 엄청난 규모에 예산이 집행되고 있다. 그러나 아직도 운영 측면에서 합리화와 최적화가 요구되고 있다. 이제는 건강보험공단의 내부 운영을 어떻게 최적화할 것인지는 중요한 관점이 아니다. 건강보험예산을 줄이기 위해서는 예산의 사용 대상이 되는 환자 발생을 줄여야 하고, 의료기관의 원가를 절감해야 한다.

가입자의 생각은 환자가 되어서 납부한 보험료를 타는 것이 아니라, 스스로가 건강하게 사는 것이다. 그러기 위해서는 국민건강 실태 조사와 주요 질환별 환자들의 생활 행태에 대한 연구가 필요하다. 이를 통하여 국민의 생활방식과 운동하는 방법을 근본적으로 개선해야 한다. 이는 질병에 걸린 사람을 사후서비스(after service)하기보다는 건강한 삶을 유지하게 하는 사전서비스(before service)로 서비스 개념을 전환하는 것을 의미한다.

선진국의 경우 의료비 부담에 있어서, 본인이 건강관리를 소홀히

했을 때는 환자 부담을 가중한다. 우리나라의 경우 건강에 해로운 음식은 부지런히 먹으면서 건강관리를 위한 운동은 소홀히 하는 사람들이 너무 많다. 이러한 사람들을 방지하기 위해서 건강검진을 의무화하고 이행하지 않은 사람에게 개인 부담금을 가중시켜야 한다. 국민건강보험공단의 '건강인' 앱은 운동관리를 위한 기능을 추가시켜야 한다. 환자의 경우 운동 실적이 확인되었을 경우 본인 부담금을 경감시켜준다면 운동을 열심히 할 것이다.

환자별 치료 원가를 절감하는 것도 중요하다. 의사들에게 질병 유형별로 좋은 치료방법을 딕셔너리로 제공해야 한다. 어떤 의사들은 구닥다리 약을 처방하여 진료효과를 의심하게 한다. 심지어는 자신들이 고칠 수 없는 병을 고치겠다고 하여 환자가 포기할 때까지 물고 늘어진다. 나의 경우 어깨가 아파서 동네 정형외과에 수차례 다녔는데 효과가 없어서, 한의원을 십여 차례 다니면서 침술 처방을 받은 적이 있었다. 결국은 척추관절 전문병원에서 회전근개 파열로 진단을 받고 수술을 하였다. 이는 건강보험료를 낭비할 뿐만 아니라 환자에게도 심한 고통이다. 이러한 경우는 치료 이력을 추적하여 나쁜 의료 관행을 유지하는 의료기관에 페널티를 부여하여야 한다.

의료기관의 경영합리화도 필요하다. 우선 의료기관의 물류비용이 전체 예산의 50%를 차지한다. 국내 대형 의료기관은 OCS, EMR 등 진료를 위한 정보시스템은 세계 최고 수준이지만, 병원 물류정보시스템은 아주 열악한 수준이다. 미국의 경우 병원 물류의 개선을 통해서 5%의 비용을 절감하였다고 한다. 이러한 비용절감을 위하여 국민건강보험공단에서는 병원 물류 ERP를 제공할 필요가 있다.

병원의 의료장비에 대한 무분별한 도입도 문제이다. 병원 간의 과당경쟁 때문에 수십억 원씩 하는 고가의 의료장비를 도입한다. 의료장비는 매뉴얼이 영어나 독일어로 되어서 운영요원들이 장비에 대해 이해하지 못한다. 또한 장비 고장이 났을 때에 해외에서 기술자가 오려면 많은 시간이 필요하고 2~3주간 가동을 못 하면, 병원의 경영에 심대한 타격을 주게 마련이다. 따라서 고가 의료장비는 지역 내의 병원들이 공동으로 활용할 수 있게 하고, 의료장비 매뉴얼의 한글화와 운영요원 교육체계를 의무적으로 이행하고, 의료장비의 정기적인 예방정비를 통하여 장비 가동률을 높일 수 있는 제도적 보완이 따라야 한다.

2차 및 3차 진료기관의 경우 비싼 토지 구입과 병원 건축비를 고려한다면 진료비가 높아질 수밖에 없다. 지방자치단체가 보유한 토지를 반영구적으로 제공하거나 건물 건축을 위한 비용을 지원해야 한다. 버스의 준공영제처럼 의료기관에도 유사한 개념을 도입할 필요가 있다.

건강보험은 국민 모두에게 편익을 제공하는 시스템이다. 따라서 문제를 공단 내부의 운영 최적화에 초점을 맞추지 말고, 국민 및 의료기관 등으로 확대할 필요가 있다.

건강보험 비용절감 로직 트리

또한 공단과 국민의 접점인 '건강인' 앱을 일반인이 친밀하게 접근할 수 있도록 콘텐츠를 확대해야 한다. 건강에 관련된 TV 방송 콘텐츠를 질병별로 편집하여 제공할 필요가 있다. 민간요법이나 건강보조식품 등에 대한 정보도 검증된 것이라면 제공이 필요하다. 운동을 위한 앱은 운동한 만큼 마일리지를 부여하고 이에 상응하는 디지털 배지가 나타나게 한다. 마일리지는 아바타를 구매할 수 있게 하거나, 취업 시 반영하여 청소년들의 관심을 유도할 수 있다.

이제 100세 시대이다. 누구나 건강하게 살아야 하고, 건강보험예산

'건강인' 앱의 고객경험지도

단계	사전서비스	계약서비스	후속서비스
고객 느낌	내 몸의 상태를 알고 싶다. 나의 운동생활은 어떠한가? 나에게 맞는 식생활 습관을 처방받고 싶다.	건강검진/치료정보를 확인하고 싶다. 나에게 맞는 건강생활 정보는 무엇인가? 건강 콘텐츠는 어떤 것을 보아야 하나?	변화된 건강을 확인하고 싶다. 건강검진/진료를 받아야 하나?
요구되는 경험	• 자가 건강진단 시트 제공 • 개인별로 발병이 예상되는 질병의 목록 제공 • 개인 특성을 고려한 음식정보 및 운동정보 제공 • 운동 처방 제공 • 운동 실적 평가 및 분석 • 운동 마일리지 부여 • 자가 식단진단 시트 제공 • 맞춤형 추천 식음료 목록 제공 • 맞춤형 금지 식음료 목록 제공	• 나의 건강검진 기록 확인 • 질병 치료 기록 확인 • 발병 가능한 질병의 확률을 반영하여 예측하여 줌 • 개인이 보아야 할 맞춤형 건강정보 추천 목록 제공 • TV에서 방영된 질병별 건강 콘텐츠 • 민간요법 및 건강보조식품 콘텐츠	• 자가 건강진단 시트 및 건강검진 기록 등을 종합하여 연도별 건강상태 비교표 제공 • 건강검진/진료에 대한 추천 항목을 통지

을 효율적으로 집행하여 많은 사람에게 혜택이 가도록 해야 한다. 이러한 노력을 위해서는 디지털 트랜스포메이션은 필수적이다. 따라서 일반인이 찾아가는 건강정보가 아니라 맞춤형 건강정보가 '건강인' 앱을 통해서 능동적으로 제공되어야 한다.

스마트 워

우리나라를 비롯한 동북아시아는 최근에 전쟁에 대한 위협이 고조되고 있다. 전쟁 역시 아날로그 시대와 디지털 시대에는 확연히 다르게 바뀌고 있다. 과거의 전쟁에서 어려운 측면들이 있다. 이러한 문제를 살펴보자.

첫째, 작전 도로이다. 1, 2차선 도로에 통행할 수 있는 기동 순서는 포병, 기갑부대, 탄약, 유류가 우선이다. 밥차는 우선순위가 마지막이어서 병사들은 밥 굶기를 밥 먹듯이 해야 한다.

둘째, 탄약이다. 무기 구매에 예산이 집중되어서 적정량의 탄약 보유는 꿈과 같은 일이다. 보통 일주일 분량의 탄약으로 전쟁을 하게 되며, 일선에서는 탄약이 부족하여 항상 아슬아슬한 순간을 보내야 한다.

셋째, 통신의 문제이다. 주로 공격은 무선으로, 방어는 유선으로 해결하는데, 통신이 원활치 않으면 전투원들은 극도의 공포감을 느끼게 되기 때문이다. 2003년에 발발한 이라크전쟁에서 가장 애로사항은 역시 통신이었다. 동시에 수만 대의 항공기, 함정, 탱크 및 장갑차 등이 진격을 하는데, 무선 주파수 할당이 제대로 되지 않으면 통신이 셧다운되는 것이다. 이런 상태에서는 많은 전투장비가 명령을 받을 수 없어서 전진을 못 하고 우왕좌왕해야 한다. 당시 미군은 네트워크 시뮬레이션을 통해 주파수의 충돌 없이 원활하게 주파수를 할당하였다고 한다.

넷째, 공격목표 할당이다. 쿠웨이트전쟁 당시 미국은 육군, 공군, 해군, 해병대 항공기의 공격목표가 적정하게 할당이 되지 않고 중복이 되는 바람에 공격에 혼선을 초래하였다. 미군은 각 군의 데이터베이스관리시스템이 달라서 이를 통합하는 데 3개월이 소요되었고, 그 사이에 전쟁이 끝났다고 한다.

다섯째, 명령하달 및 임무완수 확인에 대한 문제이다. 사방에서 전투기가 날아다니고, 미사일이 발사되는데 이것은 실시간 데이터베이스관리시스템을 통해서 자동으로 명령을 하달하고 임무완수에 대한 집계가 이루어져야 한다. 영국은 1982년 포클랜드전쟁 당시에 군함에 설치된 실시간 데이터베이스관리시스템인 잉그레스(Ingres) DBMS를 통해서 지휘(command) · 통제(control) · 통신(communication) · 컴퓨터 (computer) · 정보(intelligence)를 통합하는 진정한 '전술지휘통제 자동화체계(C4I)'를 이루어 아르헨티나와의 싸움에서 승리를 거두었다. 그때가 지금부터 35년 전의 사건임을 감안하면 정말 놀라운 일이다.

그러나 정작 중요한 것은 전쟁 개념의 발전이다. 제2차 세계대전에는 제공권 확보를 위해 전투기가 중요한 역할을 했고, 월남전에는 밀림 폭격을 위해 폭격기가 중요했으며, 현대전에는 병력과 전투물자의 신속한 수송이 필요하다. 따라서 미국 공군 참모총장은 제2차 세계대전 시에는 전투기 조종사 출신이, 월남전 때는 폭격기 조종사 출신이, 요즘에는 수송기 조종사 출신이 맡는다고 한다.

디지털 시대의 전쟁 개념은 다음처럼 변화한다. 미군의 군부대 배치 개념도 과거에는 전 세계 모든 곳에 병력이 주둔하였다. 그러나

1980년대 이후에는 전쟁이 일어날 확률이 높은 유럽과 한국에 주된 병력이 주둔한다. 하지만 21세기에는 전 세계 어느 곳에서 전쟁이 발발할지를 예측할 수 없는 지경이 되었다. 그래서 미군은 이를 해결하려는 방법으로 스마트 워(smart war) 개념을 도입하였다.

스마트 워란 전 세계 어디에서 전쟁이 일어나더라도 미군을 신속하게 투입하는 것이다. 이러한 이동전략 개념은 주둔하는 병력에 비해 전쟁의 원가를 절감시킬 수 있다. 이러기 위해서는 위성을 통해 모든 작전 상황을 모니터링하고 통제하며, 무인항공기, ICBM, 전략 폭격기, 스텔스기, 레이저포, 레일건 등의 디지털 무기체계를 구축하여야 한다.

디지털 시대의 전쟁은 개전 후 5분 이내에 판세가 갈라지고, 하루만에 승부가 결정된다. 따라서 전쟁은 실전보다는 준비가 더 치밀해야 하는 것이다. 그래서 전쟁은 먼저 보고(see), 먼저 판단하고(think), 먼저 쏘는(mission) 것이란 원칙 위에 세트 플레이가 펼쳐져야 한다. 이를 위해서 스마트 워를 위한 미군의 경험지도를 가상적으로 제시하여 보았다.

문제는 한반도에서 전쟁이 일어나는 경우이다. 이제는 무전기가 아니라 스마트폰으로 통화하고, 작전 명령도를 이미지 파일로 전송받을 것이다. 전차, 장갑차, 자주포, 트럭 등의 위치와 이동 상황은 IoT를 통해 실시간 파악이 될 것이다.

포병의 관측 장교는 드론을 띄워서 GPS 좌표를 확인할 것이며, 포병의 계산병은 계산자가 아니라, 스마트폰 앱을 이용해서 포의 방향과 사각을 산출해낼 것이다. 드론을 조정하는 병사는 적군의 벙커 속에 쉽게 포탄을 떨어트릴 것이다.

한국전쟁 당시의 지역별 전투 상황에 대한 기록을 데이터베이스화하여, 작전하는 지휘관의 스마트폰으로 정보를 제공해준다면 작전 수

스마트 워를 위한 미군 경험지도

단계	정보(See)	판단(Think)	작전(Mission)
고객 느낌	정보 수집	의사결정	무선통신 셧다운 방지
	정보분석		작전 수행
	정보해석		작전 수행 통제
요구되는 경험	• 위성사진 • 무인기 정찰 • 무선감청 • 빅데이터분석 • 이동 및 통신활동 증가 여부 판단 • 통신데이터분석 • 인공지능을 활용한 분석 • 정보분석 전문가활동	• 군사적/정치적 판단 • 사전 작전 개념 수립 • 군수/작전 시뮬레이션	• 네트워크 시뮬레이션 수행 • 부대별 주파수/통신 시간 할당 • 전략 수송기를 통한 자원 이동 • 다양한 무기체계 운영 • 공격 목표 통합 DB 구축 • Real Time DBMS를 통한 전장 상황관리

행에 도움이 될 것이다.

공군 전투기는 GPS 위치 기반 운행기술인 MSS(Mission Support System)를 장착하여 북한군의 SAM 미사일을 피해 공중 이동을 할 수 있는 방안이 강구되어야 한다.

여기서 제일 중요한 것은 기지국의 이동 문제이다. 휴전선 남쪽에는 기지국이 설치되어 있지만, 북쪽으로 진군할 때에는 기지국도 같이 이동해야 한다. 아마도 스마트폰과 IoT를 위한 위성 기지국이 있으면 좋을 것이다. 한 걸음 더 나아가 우리도 군사위성을 띄워서 위성통신 제공과 전장 상황을 관리할 수 있으면 더할 나위 없을 것이다.

우리 군도 디지털 기술을 활용하여 한국 실정에 적합한 스마트 워의 개념을 구상해야 할 것이다.

가로등 제어

요즘 거리에는 어두운 밤을 밝혀주는 가로등이 있다. 그러나 가로등을 관리하는 일은 매우 번거롭다. 어두워지면 가로등이 켜지게 되는데, 가로등 센서의 불량으로 점등 및 소등의 조작이 원활치 않고, 특별행사 때에는 주간 가로등 점등을 위한 절차도 복잡하다. 또한 가로등 전력소비가 과다하고, 가로등 고장진단이 어려우며, 장마철 감전사고가 발생하기도 한다.

따라서 디지털 시대에는 IoT 기술을 활용한 개선이 필요하다. 일반적으로 가로등은 6개당 1개소에 분전반이 있다. 이를 무선 인터넷이 가능한 모바일 컨트롤러를 설치하여 원격지에서 점등 및 소등을 조작하면 된다.

IoT를 활용한 가로등 분전반 컨트롤시스템은 조기 점등 및 지연 소등으로 인한 전력 에너지 낭비를 차단하고, 오동작으로 인한 민원 문제 발생을 해소하며, 유지보수의 업무 효율성을 극대화할 수 있다. 그

가로등 제어시스템

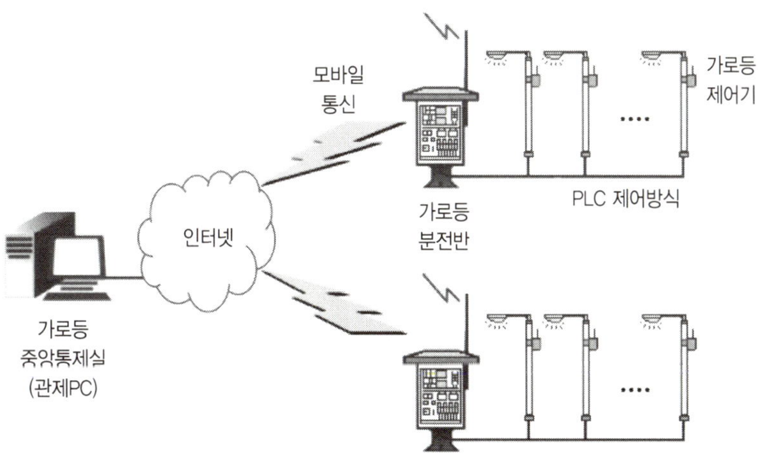

리고 가로등 분전함 혹은 각각의 개별 가로등 주에 대하여 지능적인 점등 및 소등 제어가 가능하고, 장마철 감전사고 예방도 할 수 있다.

■ 찾아보기 ■

ㄱ

가로등 제어시스템 301
가상커뮤니티 모델 59
가상화폐 253
가치사슬서비스 제공 모델 59
가치사슬통합 55
가치사슬통합 모델 59
가치제안 64, 75
개념설계 107
거버넌스 영역 222
건강보험제도 293
게토레이 125
경매형 모델 59
경쟁전략 73
고객가치 116
고객경험(customer experience) 110, 112
고객경험지도(customer experience map) 114, 174, 180
고객고통 120
고객과의 접점 205
고객관계 65
고객본질(customer essence) 110, 111
고객성과 측정 110
고객세분화 64, 174
고객 시나리오 141
고객응축 183
고객이해 171
고객 핵심질문(key question) 179
고객화(self customization) 105
공유가치(shared value) 190
공유경제 151
관찰 124
교세라 세라믹 식칼 135
구현과제 211
금전등록기 123
기대효과 238
기브 앤 테이크(Give & Take) 모델 197
기술 및 사례조사 171
기술설계 108
기술혁신 40
기업자원관리(ERP : Enterprise Resource Planning) 24

ㄴ

논리설계 108
누코 철강 121
니즈(needs) 38
니즈 & 원츠 206

ㄷ

대형서점 경험지도 282
데이터 기반분석 16
데이터 모델링 214
도큐먼트산업 133
디-마케팅(de-marketing) 155
디지털 가치 30
디지털 경영 102, 103
디지털 고객경험(DCX : Digital Customer eXperience) 116
디지털 교과서 156
디지털 시대 10
디지털 시대의 경영이론 10
디지털 콘텐츠 291
디지털 트랜스포메이션 2, 20
디지털 트윈(digital twin) 90
디지털 포스트 272
디지털 플라이휠(digital flywheel) 79
딥러닝(deep learning) 251

ㄹ

로보어드바이저(RoboAdviser) 251
롱테일(long tail) 법칙 68

ㅁ

맞춤형 신선식음료 경험지도 278
매스컴 289
맥도날드 50
모델링 영역 223
모바일 결제 단말기 123
모바일뱅킹(mobile banking) 96
모바일 스크래핑(mobile scraping) 252
모바일 인터넷 15
몰형 모델 59
미쓰비시 중공업 69

ㅂ

반응형 마케팅 39
베이킹소다 126
변화관리 232
보안인증 모델 59
보험회사 264
봉고 승합차 125
부가가치 제공자 역할 75
분산형 네트워크 데이터베이스기술(distributed ledger technology) 261
분석 모델 217
분석영역 222
블록체인(block chain) 254, 261
비용구조 65
비전(vision) 189
비전 수립 188
비즈니스 모델 62
비즈니스 모델 개발 188
비즈니스 모델 구조도 193
비즈니스 모델 캔버스 195
비즈니스분석(business analytics) 11
비즈니스 트랜스포메이션 19
비트코인 253, 256
빅데이터 218
빅블러(big blur) 243

빌바오 비스카야 아르헨타리아 은행 (BBVA) 93

ㅅ

사물인터넷(IoT : Internet of Things) 25
사업계획 수립 229, 231
사업 목표(objective) 189
사업설계(business design) 40, 41, 191
사용 상황(use or application) 124, 130
사우스웨스트 항공(Southwest Airlines) 45
사이버머니(cyber money) 253
사전서비스(before service) 105
사회적 트렌드 160
사후서비스(after service) 105
산업변형 56
산업 사물인터넷(IIoT : Industrial Internet of Things) 89
산업융합 57
삼성페이 246
상점형 모델 58
상품가치 30
상품수명주기관리(PLM : Product Life cycle Management)시스템 25
서비스 가치 30
서비스 모델 216
서술적 분석(descriptive analytics) 12
선도기업 34
설문조사 128
소니 워크맨 135
수 노래방 122
수익 확보 75
수익흐름 65
스마트 워(smart war) 299
스마트폰 15
스타벅스 79
신디케이티드론(syndicated loan) 250
심리학적 변수 128
싸이월드의 미니홈피 136

ㅇ

아날로그 시대 10
아날로그 시대의 경영이론 9
아마존 67
아마존 고(Amazon Go) 158
아메리소스버신(Amerisource Bergen) 146
아이북랜드 127
아이팟 121
아이폰 124
알트코인(alternative coin) 255
어드바이저리(advisory) 252
에듀윌 122
에어비앤비(airbnb) 88
엘리베이터 123
엘즈버그의 역설 263
역량설계 108
예견형 마케팅 39
예측분석(predictive analytics) 12
오퍼링 커버리지(offering coverage)

196
우버 151
우체국서비스 268
운영 모델 개발 202
운영전략 192
원츠(wants) 38
위니아 만도 127
유튜브 125
은행 242
응용업무(application) 219
의사결정분석(decision analytics) 12
이케아 41
이해관계자 식별 204
이행계획 수립 229
인공지능(AI : Artificial Intelligence) 16, 251
인구통계학적 변수 128
인더스트리 4.0 2, 25
인스타그램 137
인에이블러 74, 208
인터넷전문은행 98
일반경쟁기업 35
잉크젯 프린터 132

ㅈ

자동차보험 155
자산전략 73
전략과제 188, 200
전자구매(e-Procurement) 145
정보 모델링 213
정보중개형 모델 59
정보화 시대의 경영이론 9
정유회사 126
제3장터 59
제공서비스 207
조달형 모델 59
조직 구성원의 재편성 236
조직구조의 재구성 236
조직설계 202
조직 현황분석 170
증권회사 154
지리적 변수 128
지시적 분석(prescriptive analytics) 12
지원 업무영역 224

ㅊ

참조 모델(reference model) 185
채널 64
채널전략 74
채널 확장 55
추진 로드맵 231
추천시스템 217

ㅋ

카카오톡 137
카피캣 의류 125
커머스 196
커뮤니티 196
콘텐츠 및 서비스 196
콜라보레이션 196
크라우드 소싱 130
클라우드(cloud)서비스 16

ㅌ

택배기업 274
텍트로닉스(Tektronix) 149
토즈 122
퇴보기업 35
트랜스포메이션 19
트위터 136

ㅍ

페이스북 136
페이팔(Paypal) 243
포드 T형 카 123
표적시장 73
표적집단면접법 175
프레딕스(Predix) 89
프로세스 모델링 213
프로세스 혁신 40
프로젝트 우선순위 결정 230
프로젝트 정의 230
플랫폼 17
플랫폼 설계 202, 212
플랫폼 영역 223
핀테크(FinTech) 98, 243
필요창조형 마케팅 39

ㅎ

학습조직(CoP : Community of Practice) 238
해운회사 274
핵심가치(core value) 189
핵심성과지표(KPI : Key Performance Indicator) 227
핵심자원 65
핵심파트너 65
핵심활동 65
험비 132
협력 플랫폼 모델 59
협업 필터링(collaborative filtering) 105
확장된 기업자원관리(X-ERP : Extended-Enterprise Resource Planning) 24
후속서비스(post service) 105

기타

3D 프린터 16
4차 산업혁명 3, 27
ANX(Automotive Network Exchange) 71
AWS(Amazon Web Services) 91
CDO(Chief Digital Officer) 222
DW/OLAP 218
e-마케팅 60
e-비즈니스 55
e-트랜스포메이션 20, 66
FGI(Focus Group Interview) 126, 175
GE 75
IaaS(Infrastructure as a Service) 105
ICT 기술 244
MOT(Moment of Truth) 205
P2P(Peer to Peer) 대출 248
PaaS(Platform as a Service) 105
PEST(Political, Economic, Social,

Technological) 7
SNS 15
SWOT 분석 199
T map 내비게이션 144
TV 화상 포털 286
UX/UI(User eXperience/User Interface) 110
ZARA 83

| 저자소개 |

■ **권병일**

- 에버밸류컨설팅 컨설턴트
- 전 현대정보기술 컨설팅 팀장
- 전 인터솔브 코리아 대표
- 전 딜로이트컨설팅 컨설턴트

권병일 박사는 1989년부터 컨설팅 분야에 종사하면서 29년간 국내 대기업과 공공기관의 IT전략, 프로세스 혁신, ERP 구축, CRM, e-비즈니스, e-러닝 등의 컨설팅을 50여 회 수행해왔다. 한양대 산업공학 석사와 서울벤처대학원대학교에서 디지털 미디어 박사를 취득했다. 특히 대학에서 컨설팅 분야와 디지털 비즈니스 모델에 대한 강의를 해왔으며 현재는 디지털 비즈니스 모델과 플랫폼 관련 프로젝트에 관심을 두고 있다.

e-mail : bikwon57@daum.net

■ **안동규**

- 중앙대학교 산업창업경영대학원 겸임교수
- 한국핀테크산업협회 자문위원
- 전 한국금융안전 부사장
- 전 기업은행 수석부행장

안동규 박사는 IBK기업은행에서 32년간 근무하면서 뉴욕지점장, 마케팅본부장, 글로벌자금시장본부장을 역임하였다. 서울대와 미국 IOWA대학(MBA) 및 계명대학교(환경학 박사)에서 공부하였다. 기업금융, 투자금융 및 글로벌금융 전문가이며, 제4차 산업혁명 대응의 일환으로 스마트 금융과 핀테크 금융 관련 프로젝트를 수행한 바 있다. 기업의 지속 가능성과 금융기관의 디지털 트랜스포메이션 및 핀테크 창업 등에 관심을 두고 있다.

e-mail : andyahn23@gmail.com

■ **권서림**

- 직업상담 컨설턴트
- 전 에버밸류컨설팅 컨설턴트

권서림은 이러닝 및 공공기관 정보기술 컨설턴트로 활동하였다. 덕성여대에서 정보통계학을 전공하였다. 현재는 직업상담 및 직업훈련 분야에서 컨설턴트활동을 하고 있으며, 플랫폼 비즈니스에 관심을 두고 있다.

4차 산업혁명의 실천

디지털 트랜스포메이션

2018년 2월 5일 1판 1쇄 인쇄
2018년 2월 10일 1판 1쇄 발행

저　　자 | 권병일 · 안동규 · 권서림
발 행 인 | 이수영
발 행 처 | 도서출판 청람
서울시 마포구 독막로 288(대흥동, 세양상가 109호)
전　　화 | 02)3272-2601~2
팩　　스 | 02)3272-2603
이 메 일 | crbooks@daum.net
홈페이지 | www.crbooks.co.kr
등　　록 | 2000년 8월 26일 제6-0509호

ISBN 978-89-5972-616-5 93320 [정가 25,000원]